DIREITO, RAZÃO, DISCURSO
Estudos para a filosofia do direito

Título original: Recht, Vernunft, Diskurs: Studien zur
Rechtsphilosophie - 1. Auflage
Copyright © 1995 Suhrkamp Verlag Frankfurt am Main

A384d   Alexy, Robert
       Direito, razão, discurso: estudos para a filosofia do direito / Robert
Alexy; trad. rev. Luís Afonso Heck. 2. ed. rev. – Porto Alegre: Livraria
do Advogado Editora, 2015.
       224 p.;   23 cm.
       ISBN   978-85-7348-956-9

       1. Filosofia do direito. 2. Direito. 3. Lógica jurídica. I. Heck, Luís
Afonso, trad. II. Título.

CDU –   340.12

Índices para catálogo sistemático:

Direito	34
Filosofia do direito	340.12
Lógica jurídica	340.132

(Bibliotecária responsável: Marta Roberto, CRB-10/652)

ROBERT ALEXY

DIREITO, RAZÃO, DISCURSO
Estudos para a filosofia do direito

Tradução e Revisão
Luís Afonso Heck

2ª EDIÇÃO
revista

Porto Alegre, 2015

© Robert Alexy, 2015

Capa, projeto gráfico e diagramação
Livraria do Advogado Editora

Tradução e revisão
Luís Afonso Heck

Direitos desta edição reservados por
Livraria do Advogado Editora Ltda.
Rua Riachuelo, 1338
90010-273 Porto Alegre RS
Fone/fax: 0800-51-7522
editora@livrariadoadvogado.com.br
www.doadvogado.com.br

Impresso no Brasil / Printed in Brazil

Robert Alexy, nascido em 1945, é professor para direito público e filosofia do direito na Christian-Albrechts-Universität, em Kiel. Outras publicações de livros: *Theorie der juristischen Argumentation*, 1978, 3. Aufl. 1996; *Theorie der Grundrechte*, 1985, 3. Aufl. 1996; *Begriff und Geltung des Rechts*, 1992, 4. Aufl. 2005.

Nota do tradutor

Robert Alexy nasceu em 9 de setembro de 1945, em Oldenburg. Após o exame final do ensino secundário, ele prestou serviço três anos no exército federal, o último ano, como segundo-tenente. No semestre de verão de 1968, ele iniciou o estudo da ciência do direito e da filosofia, na universidade Georg-August, em Göttingen. Na disciplina filosofia, ele estudou, sobretudo, com Günther Patzig.

Depois do primeiro exame estatal jurídico, no ano de 1973, ele trabalhou, até 1976, em sua dissertação "Teoria da argumentação jurídica". Ele foi, nisso, como já antes do exame, fomentado pela fundação de estudos do povo alemão. Em 1982, ele obteve por essa investigação, aparecida impressa pela primeira vez em 1978, o prêmio da classe histórico-filológica da academia da ciência, em Göttingen. Em 1976, ele iniciou o serviço de preparação jurídica, que ele concluiu com o segundo exame estatal jurídico, em 1978. Ele foi, a seguir, até 1984, assistente de Ralf Dreier na cátedra de teoria do direito geral, em Göttingen. Em 1984, ele habilitou-se na faculdade de direito, da universidade de Göttingen, para as disciplinas de direito público e filosofia do direito. O tema do seu escrito de habilitação diz: "Teoria dos direitos fundamentais."

Seguiram-se representações de cátedras em Regensburg e Kiel. Após recusa de um chamamento da universidade de Regensburg, ele, em 1986, aceitou o chamamento da universidade Christian-Albrechts, em Kiel. Em março de 1991, ele recusou um chamamento da universidade Karl-Franzens, em Graz (sucessão de Ota Weinberger). Em 1992, apareceu o livro "Conceito e validez do direito". De 1994-1998, ele foi presidente da seção alemã da associação internacional para filosofia do direito e filosofia social. Em 1997, ele recebeu um chamamento da universidade Georg-August, em Göttingen (sucessão de Ralf Dreier), que ele, em fevereiro de 1998, recusou. Ele é, desde 2002, membro ordinário da classe histórico-filológica da academia das ciências, em Göttingen.

A um agradecimento de coração eu estou obrigado, aqui, a Robert Alexy. Por um lado, pelas inúmeras vezes em que, sempre, atenciosa e amavelmente, auxiliou-me na solução das dificuldades que se apresentaram no decorrer da tradução; por outro, por ter-me acolhido durante uma semana, tanto na Christian-Albrechts-Universität, em Kiel, onde, entre outras coisas, foram resolvidas questões, então ainda pendentes, relativas à tradução deste livro, como na Otto-Friedrich-Universität, em Bamberg, na qual, nos dias 23 e 24 de fevereiro, de 2006, teve lugar a conferência especializada internacional sob o título "Teoria dos direitos fundamentais".

Porto Alegre, outono de 2006.

Luís Afonso Heck
Prof. da UFRGS

Conteúdo

Nota do tradutor 7
Prefácio 11
Prefácio para a edição brasileira 15

I. LÓGICA E INTERPRETAÇÃO

1. A análise lógica de decisões jurídicas 17
2. Fundamentação de normas e aplicação de normas 46
3. Interpretação jurídica 61

II. DISCURSO E DIREITO

4. A ideia de uma teoria procedimental da argumentação jurídica 77
5. Problemas da teoria do discurso 87
6. Teoria do discurso e direitos do homem 101
7. A teoria do discurso jurídico de Jürgen Habermas 128

III. DIREITOS E PRINCÍPIOS

8. Sobre o conceito do princípio de direito 137
9. Sistema jurídico e razão prática 162
10. Direitos individuais e bens coletivos 176
11. Direitos fundamentais como direitos subjetivos e como normas objetivas 199

Abreviaturas 219
Documentações de impressão 221
Registro de pessoas 222

Prefácio

Este volume contém onze trabalhos, de cerca de quinze anos, para três temas: para a interpretação jurídica, para a relação entre discurso e direito e para a estrutura dos direitos e princípios.

O começo forma uma tentativa, exposta em 1978, em München, em um congresso da sessão alemã da associação internacional para filosofia do direito e filosofia social, da análise lógica de uma decisão jurídica. Eu encontrei nessa investigação, de certo modo, como que espontaneamente, alguns traços fundamentais da teoria dos princípios. Já isso me parece uma justificante para a fecundidade da análise lógica no direito. No segundo artigo, trata-se da distinção entre a fundamentação e a aplicação de normas, à qual é conferida um significado fundamental por Klaus Günther e Jürgen Habermas. A ela devem corresponder duas formas de discurso completamente distintas: o discurso de fundamentação e o discurso de aplicação. Cada um irá aprovar a ambos os autores nisto, que fundamentações de normas e aplicações de normas deixam distinguir-se. Duvidoso é somente se a essa distinção cabe o significado essencial sustentado. Eu tento expor que isso não é o caso. Meu argumento principal é que cada discurso de aplicação abarca um discurso de fundamentação. Isso vale, em todo o caso, então, quando se persevera em uma prática de decisão universalista. Abandoná-la, significaria renunciar a uma das exigências mais importantes da racionalidade prática. Com isso, simultaneamente, está dito que a distinção entre a fundamentação e a aplicação de uma norma pode contribuir somente pouco para o problema, no estado constitucional democrático tão central, da delimitação das competências do legislativo daquelas do poder judicial. O terceiro trabalho do primeiro título, o artigo "interpretação jurídica", prossegue minhas reflexões antigas a esse tema. São distinguidos três tipos do círculo hermenêutico, aos quais correspondem três postulados de racionalidade, essenciais para a teoria da argumentação jurídica, ou seja, o da reflexão, o da coerência e o da completitude. Novo também é a divisão dos argumentos jurídicos em somente quatro categorias, e precisamente, em argumentos linguísticos, genéticos, sistemáticos e práticos gerais. A divisão, proposta por mim, em 1978, na "teoria da argumentação jurídica", com isso, não é declarada como falsa. Classificações são uma questão de conformidade com a finalidade. A nova divisão tem a vantagem da simplicidade. Ela abre, além disso, a possibilidade de tratar amplamente uma das ideias mais profundas da doutrina da interpretação jurídica, a ideia da coerência, sob um ponto de vista, o da argumentação sistemática.

Os estudos para a relação entre discurso e direito iniciam com uma exposição, feita em 1979, em Helsinki, na qual eu tento, pela primeira vez, aplicar a teoria do discurso não só à teoria da argumentação jurídica, mas, mais além, no fundo, ampliar a uma teoria do direito. A teoria do discurso do direito proposta enlaça quatro procedimentos: o do discurso prático geral, o da criação do direito estatal, o da argumentação jurídica e o do processo judicial. Somente em uma tal união do institucional com o não institucional pode razão prática tornar-se real. O artigo "problemas da teoria do discurso" aprofunda isso. Trata-se, nele, sobretudo, da relação entre o discurso e a verdade ou correção. Em discursos reais pode, em princípio, ser obtida somente uma correção relativa. Contudo, a ideia da correção absoluta não deve ser abandonada. Os participantes de um discurso prático real devem, independente disto, se sempre existe uma resposta unicamente correta, promover a pretensão, que sua resposta é a unicamente correta, se suas sustentações e fundamentações devem ser convenientes. A correção absoluta tem, com isso, o caráter de uma ideia regulativa necessária. A ela corresponde a ideia do discurso ideal. O tratado, "teoria do discurso e direitos do homem", eu escrevi, especialmente, para este volume. Trata-se, nele, da questão se os direitos do homem deixam fundamentar-se com auxílio da teoria do discurso. Eu sustento que isso é o caso. Minha fundamentação teórico-discursiva dos direitos do homem compõe-se de dois passos. Em um primeiro passo, eu tento fundamentar as regras do discurso, em um segundo, a seguir, sobre sua base, os direitos do homem. A fundamentação das regras do discurso descansa sobre três colunas: um argumento transcendental, um argumento que direciona para a maximização da utilidade e uma tese antropológica. Nessa fundamentação fundem-se linhas kantianas e hobbesianas. A tese antropológica também pode ser interpretada aristotelicamente. Um problema principal da fundamentação teórico-discursiva dos direitos do homem consiste nisto, que as regras do discurso somente são regras para o discurso. Delas ainda não resultam imediatamente nenhumas regras para a atuação, portanto, ainda nenhuns direitos do homem. Para fundamentá-los é necessário, por conseguinte, um segundo passo. Nele, eu tento, com auxílio de três argumentos, das regras do discurso chegar aos direitos do homem. Nesses argumentos trata-se da autonomia, do consenso e da democracia. O último artigo do título sobre a relação entre discurso e direito ocupa-se com algumas teses de Jürgen Habermas sobre o discurso jurídico do seu livro, publicado em 1992, "faticidade e validade". Eu tento expor que as objeções de Habermas contra a teoria dos princípios e a tese do caso especial são infundadas.

No terceiro título, trata-se da estrutura dos direitos e princípios. Também aqui está, no início, um trabalho mais antigo, o artigo, publicado em 1979, "para o conceito do princípio de direito". Nele, eu discuto, em disputa com a distinção feita por Ronald Dworkin, a delimitação de regras e princípios. O resultado é a classificação dos princípios como mandamentos de otimização e a caracterização do dever, por eles expresso, como "dever ideal". Segue minha conferência inaugural de Kiel, do ano de 1987, na qual eu tento unir a teoria dos princípios com a teoria do discurso para uma teoria do estado constitucional democrático, que eu designo como "constitucionalista". No artigo "direitos individuais e bens coletivos" trata-se, primeiro, de uma análise conceitual e, depois, de uma normativa dessa dicotomia, empregada, tão frequentemente, sem qualquer determinação circunstanciada. Eu esforço-me para mostrar que existem possibilidades distintas de reduzir um ao outro conceitualmente. Contra tais reduções falam, contudo, fundamentos normativos. Em todo sistema normativo, suscetível de justificação, deve ter tanto direitos individuais como bens coletivos com força própria. Nisso, a relação entre ambos deve ser determinada por uma primazia-prima facie em favor dos direitos individuais. A conclusão do volume forma um artigo sobre os direitos fundamentais como direitos subjetivos e como normas objetivas. A análise da estrutura dos direitos e princípios conduz, aqui, imediatamente na dogmática dos direitos fundamentais. Minha tese nuclear para a relação entre a dimensão subjetiva e a objetiva dos direitos fundamentais é a tese da subjetivação. Ela indica que a cada dever jurídico-fundamental vinculativo do estado correspondem, em princípio, direitos fundamentais em forma de direitos públicos subjetivos.

Os onze artigos, aqui reunidos, distinguem-se por seus objetos e tipo de apresentação. O que os liga são o método analítico e as ideias liberais da autonomia e da universalidade. Se a minha presunção é exata, que entre aquele método e estas ideias existe uma relação mais estreita, poderia pensar-se nisto, de falar de um "liberalismo analítico".

Os artigos deste volume foram favorecidos por sugestões e crítica de vários lados. Para isso eu agradeço. Eu devo agradecer, ademais, a senhora Heinke Dietmair por seu cuidado na organização da maioria dos manuscritos, assim como a Stefanie Borchardt, Madis Ernits, Nicola Fenner, Petra Grommeck, Antje Hentschel e Birgit Staenke pela assistência na leitura das correções.

Kiel, em setembro de 1994

Robert Alexy

Prefácio para a edição brasileira

Existem, sem dúvida, muitas diferenças entre os sistemas jurídicos deste mundo. Em contrapartida, porém, as comunidades não podem ser ignoradas. Essas intensificam-se nesta medida, na qual os sistemas jurídicos distintos compartilham os ideais dos direitos do homem e da democracia. Sobre essa base torna-se possível uma ciência do direito universal, que é capaz de prestar contribuições para uma globalização da razão prática.

Diante desse fundo é, para mim, uma alegria particular que este volume, publicado em alemão, pela primeira vez, em 1995, agora, aparece em português. Meu agradecimento de coração vale para o meu respeitado colega Luís Afonso Heck, que tomou a si o grande esforço da tradução. De bom grado eu recordo-me das conversações que nós conduzimos na marcha da tradução. Eu estou muito contente por tê-lo encontrado como tradutor deste volume.

Kiel, abril 2006

Robert Alexy

I – LÓGICA E INTERPRETAÇÃO

1. A análise lógica de decisões jurídicas

I. Programa e instrumentário

Gottlob Frege comparou, no prefácio de seu escrito sobre conceitos, publicado em 1879, a lógica matemática com um microscópio que, sem dúvida, ao olho, em sua imagem do idioma natural, é inferior em mobilidade, mas que o sobrepõe amplamente em nitidez.[1] Nem toda a atividade requer a precisão de um tal instrumento. Uma a pede, em todo o caso: aquela, na qual se trata "de examinar a concisão de uma cadeia de conclusões de modo mais seguro e de declarar cada pressuposto, que desapercebidamente quer introduzir-se furtivamente, para que este possa ser investigado em sua origem".[2] Frege, que tentou realizar na área da matemática o programa com isso aludido, realça que a linguagem de fórmulas, por ele desenvolvida, tem "um significado que ultrapassa a matemática".[3] O desenvolvimento da lógica, desde Frege, assim como a história do êxito de seu emprego a numerosas áreas confirmaram essa estimativa.

No âmbito da ciência do direito, a tentativa de, com auxílio do instrumento da lógica moderna, chegar a novos conhecimentos há muito não é mais nada de novo.[4] Uma área, na qual a aplicação da lógica moderna particularmente se sugere, é a análise lógica dos fundamentos de decisão jurídicos realmente expostos em conjunto. Tanto mais deve causar surpresa que esse campo até em tempo mais

---

[1] G. Frege, Begriffsschrift. Eine der arithmetischen nachgebildete Formelsprache des reinen Denkens, Halle 1879, S. V.

[2] Ders., (nota 1), S. IV.s

[3] Ders., Über die wissenschaftliche Berechtigung einer Begriffsschrift, in: Zeitschrift für Philosophie und philosophische Kritik 81 (1882), S. 56.

[4] Comparar para isso, por exemplo, U. Klug, Juristische Logik, 3. Aufl., Berlin/Heidelberg/New York 1966; R. Schreiber, Logik des Rechts, Berlin/Göttingen/Heidelberg 1962; J. Rödig, Die Denkform der Alternative in der Jurisprudenz, Berlin/Heidelberg/New York 1969; H. Wagner/K. Haag, Die moderne Logik in der Rechtswissenschaft, Bad Homburg/Berlin/Zürich 1970; O. Weinberger, Rechtslogik, Wien/New York 1970; I. Tammelo/G. Moens, Logische Verfahren der juristischen Begründung, Wien/New York 1976; C. Weinberger/O. Weinberger, Logik, Semantik, Hermeneutik, München 1979.

recente[5] mal foi trabalhado.[6] Um método para tais análises não existe. Das discussões gerais, por exemplo, da lógica deôntica,[7] da estrutura lógica das normas jurídicas[8] e conceitos jurídicos,[9] do silogismo jurídico[10] e formas de argumentos jurídicos[11] deixam, certamente, sem dúvida, retirar-se alusões importantes. Os problemas que se colocam na análise lógica de fundamentações de decisão devem, contudo, pelo menos, em parte, ser considerados como nem sequer ainda formulados. Nisso, análises de decisão abrem não só a possibilidade, bem-vinda do interesse prático, de saber mais sobre as fundamentações de sentenças, mas também a oportunidade, louvável de pontos de vista teórico-jurídicos, de uma revisão e continuação dos resultados de discussões, em geral, conduzidas pontual e abstratamente. Acena, como recompensa, a relevância. Se der bom resultado desenvolver um procedimento de análise sólido, que pode ser aprendido e aplicável facilmente, também por juristas não especializados em lógica, que é idôneo para trazer à luz suficientemente resultados interessantes, poderia a lógica proporcionar a contribuição para a marcha da ciência do direito, que lhe deveria parecer a mais fácil: a de um instrumento que permite melhor compreender e apreciar argumentos.

---

[5] Uma exceção formam as análises, ainda não publicadas, no quadro do projeto "teoria da argumentação jurídica", dirigido por H. -J. Koch e H. Rottleuthner e apoiado pela comunidade de investigação alemã, de H. Steitz, H. Spengler, R. Trapp e H. Zimmermann. Uma disputa com eles não pôde mais aqui se realizar.

[6] Se no contexto de análises lógicas são abordadas decisões judiciais, então isso ocorre, em geral, para citar exemplos para uma figura a ser analisada (comparar, por exemplo, U. Klug (nota 4), S. 120). Também Rödig, que na sua "teoria do procedimento de conhecimento judicial" põe à disposição um aparato lógico plenamente desenvolvido, renuncia, no fim dessa investigação, na discussão de uma série de decisões, ao emprego de meios formais e discute somente alguns aspectos das decisões sob pontos de vista lógicos (J. Rödig, Die Theorie des gerichtlichen Erkenntnisverfahren, Berlin/Heidelberg/New York 1973, S. 307 ff.). Um certo parentesco para com o programa aqui perseguido mostra uma análise de E. v. Savigny de uma sentença penal (BGHSt 2, 194; E. v. Savigny, Übereinstimmende Merkmale in der Struktur strafrechtsdogmatischer und empirischer Argumentation, in: U. Neumann/J. Rahlf/E. v. Savigny, Juristische Dogmatik und Wissenschaftstheorie, München 1976, S. 120 ff.). Em v. Savigny, todavia, estão no primeiro plano questões teórico-científicas e não problemas de análise lógica. Ao lado da análise lógica existe uma série de outras formas de análise. Assim, podem, por exemplo, análises ser feitas sob pontos de vista teórico-jurídicos (comparar para isso, K. Lüdersen, Erfahrung als Rechtsquelle. Abduktion und Falsifikation von Hypothesen im juristischen Entscheidungsprozeß. Eine Fallstudie aus dem Kartellstrafrecht, Frankfurt a. M. 1972), metodológicos (comparar para isso, Fr. Müller, Fallanalysen zur juristischen Methodik, Berlin 1974) e linguísticos (comparar para isso, Th. –M. Seibert, Argumentationsbeispiele aus dem Rechtsbereich. Handlungs- und Inhaltsaspekte praktischer juristischer Argumentation, in: M. Schencker (Hg.), Theorie der Argumentation, Tübingen 1976). Pode ser presumido que a análise lógica é de utilidade para todas essas formas de análise como, especialmente, também para a análise dogmática tradicional. A fecundidade do emprego da lógica moderna na solução de problemas dogmáticos mostra expressivamente H. Rüßmann, Zur Abgrenzung von Rechts- und Tatfrage, in: H. –J. Koch (Hg.), Juristische Methodenlehre und analytische Philosophie, Kronberg/Ts. 1976, S. 242 ff.

[7] Comparar para isso as coletâneas R. Hilpinen (Hg.), Deontic Logic: Introductory and Systematic Readings, Dordrecht 1971; H. Lenk (Hg.), Normenlogik, Pullach 1974.

[8] Comparar, por exemplo, K. Makkonen, Zur Problematik der juridischen Entscheidung, Turku 1965, S. 30 ff.

[9] Comparar, por exemplo, H. H. Keuth, Zur Logik der Normen, Berlin 1972.

[10] Comparar, por exemplo, J. Rödig (nota 6), S. 163 ff.; W. Hassemer, Tatbestand und Typus, Köln/Berlin/Bonn/München 1968, S. 17 ff., H. Rüßmann (nota 6), S. 244 f.

[11] Comparar, por exemplo, Th. Heller, Logik und Axiologie der analogen Rechtsanwendung, Berlin 1961.

1. Fundamentação e consequência lógica

A análise de decisões jurídicas é a análise de fundamentações.[12] Pode ser considerado como uma proposição verdadeira analiticamente, que cada fundamentação ou é correta, acertada ou boa ou, então, falsa, não acertada ou ruim.[13] [14] Quem considera uma consequência de proposições somente sob o ponto de vista se ela move ou motiva alguém para a suposição de uma determinada proposição não a trata como fundamentação. Isso ocorre primeiro quando se trata disto, se ela dirime algo para essa proposição, apoia-a ou justifica-a.[15]

Entre o conceito da fundamentação e o da consequência lógica[16] existem relações estreitas.[17] Sem dúvida, as expressões "fundamentação" e "consequência lógica", de modo nenhum, são sinônimas. O conceito de fundamentação abrange mais do que a consequência lógica. Mas a consequência lógica é o candidato mais prometedor para a determinação da parte nuclear de um conceito adequado da fundamentação de sentenças jurídicas. Ela é a relação, formulável mais seguramente, entre proposições, que dirimem algo para uma proposição, e essa proposição. No âmbito da ciência do direito, alternativas para essa relação, sem dúvida, frequentemente foram consideradas e propostas, mas, até agora, apresentadas nem precisas suficientemente nem convincentemente. Até uma tal apresentação precisa e convincente, por conseguinte, tudo fala em favor de transformar a relação de conclusão em ponto de partida da análise de fundamentações jurídicas. Como condição mínima para uma fundamentação, que dá bom resultado, de uma sentença judicial deve ser exigido que a decisão seja reconstruível de modo

[12] Sentenças judiciais são não só, em regra, fundamentadas, é, abstraindo de exceções estreitamente limitadas, também ordenado juridicamente que elas sejam fundamentadas. Comparar, por exemplo, os §§ 30, alínea 1, da lei sobre o tribunal constitucional federal [essa lei foi traduzida e encontra-se publicada no livro "Jurisdição constitucional e legislação pertinente no direito comparado". Porto Alegre: Livraria do Advogado, 2006, página 67 e seguintes], 313, alínea 1, número 6, da ordenação processual civil, 267 da ordenação processual penal, 117, alínea 2, número 5, da ordenação da organização da jurisdição administrativa, 60, alínea 2, 75, alínea 2, 96, alínea 2, da lei do tribunal do trabalho. O peso do dever de fundamentação pode ser reconhecido no § 551, número 7, da ordenação processual penal, que determina que a falta de fundamentos é um fundamento de revisão absoluto. Para o dever de fundamentação, comparar J. Brüggemann, Die richterliche Begründungspflicht, Berlin 1971.

[13] Uma concepção correspondente referente ao conceito do argumento encontra-se em Urmson: "Isso poderia ser bem pensado para ser analítico, que cada argumento é ou válido ou inválido" (J. O. Urmson, The Emotive Theory of Ethics, London 1968, S. 86).

[14] Se isso é exato e se é exato que existe um dever de fundamentação judicial, então se sugere a conclusão que existe um dever de fundamentar sentenças judiciais corretamente. Isso é um argumento contra concepções que acham compreendê-lo suficientemente com a análise dos efeitos de atividade de fundamentação jurídica e um argumento para a relevância de esforços para aprofundar critérios para fundamentações jurídicas corretas.

[15] A diferença entre motivar e justificar, à qual corresponde a diferença entre argumentos efetivos e válidos, foi destacada com toda a clareza na discussão, conduzida no âmbito da ética analítica, sobre o emotivismo. Para o emotivismo, comparar Ch. L. Stevenson, Ethics and Language, New Haven/London 1944; para sua apresentação e crítica, comparar R. Alexy, Theorie der juristischen Argumentation, Frankfurt a. M. 1978, S. 60 ff.

[16] Para o conceito da consequência lógica, comparar A. Tarski, On the Concept of Logical Consequence, in: ders., Logic, Semantics, Metamathematics, Oxford 1956, S. 409 ff.

[17] Sobre algumas diferenças chama a atenção E. Morscher, Philosophische Begründung von Rechtsnormen?, in: H. Köchler (Hg.), Philosophie und Politik, Innsbruck 1973, S. 31 ff.

que a sentença resulte logicamente das proposições citadas nos fundamentos, juntamente com proposições lá pressupostas, em que essas proposições (ex falso quodlibet)* devem ser livres de contradição.[18]

2. Justificação interna e externa

O cumprimento desse critério, todavia, como o conceito da fundamentação é mais amplo do que o da consequência lógica, é somente uma condição necessária, não já, uma suficiente, de uma fundamentação que dá bom resultado. A sentença deve não só resultar corretamente de uma quantidade de proposições determinadas, as proposições, das quais ela é deduzida, devem, mais além, ser verdadeiras, corretas ou aceitáveis.[19] Deixam, por conseguinte, distinguir-se dois aspectos da fundamentação de sentenças jurídicas: a *justificação interna*, na qual se trata, se a sentença resulta logicamente dos preceitos citados para a fundamentação, e a *justificação externa*, cujo objeto é a verdade, correção ou aceitabilidade das premissas da justificação interna.[20]

Pode designar-se a justificação externa, com bons fundamentos, como o verdadeiro campo da argumentação jurídica ou do discurso jurídico.[21] Sobre ela deve, por conseguinte, ficar situado o peso maior de cada teoria da argumentação jurídica. Disso, deduzir que a justificação interna é insignificante ou somente de significado técnico, seria, contudo, uma conclusão defeituosa. Por ela é determinado o objeto e, em amplo pedaço, também a estrutura da justificação externa. O último, todavia, somente em extensão limitada. Por conseguinte, ainda não resulta da teoria, a ser aqui exposta, da justificação interna nenhuma teoria determinada da justificação externa. Ela é compatível com teorias distintas da justificação externa e, sob esse aspecto, com teorias distintas da argumentação jurídica. Isso, porque os pressupostos da teoria da justificação interna são tão fracos que não facilmente se deixa fundamentar uma teoria da justificação externa que a contradiz. Segundo a proposição geral, que "uma teoria ... (é) tanto mais forte quanto mais fracas são as premissas das quais ela deriva seus teoremas",[22] é essa fraqueza, simultaneamente, sua fortidão.

---

* Nota do tradutor: do falso (resulta) qualquer.

[18] Para uma tal exigência, comparar J. Rödig (nota 6), S. 163; H. Rüßmann (nota 6), S. 250.

[19] Comparar para isso, E. Morscher (nota 17), S. 31 ff.

[20] Para o par conceitual justificação interna e externa, comparar J. Wróblewski, Legal Syllogism and Rationality of Judical Decision, in: Rechtstheorie 5 (1974), S. 39 ff.; dens., Legal Decision and its Justification, in: H. Hubien (Hg.), Le Raisonnement Juridique, Akten des Weltkongresses für Rechts- und Sozialphilosophie Brüssel 1971, Brüssel 1971, S. 412 ff., assim como Alexy (nota 15), S. 273 ff. Na matéria, acha o mesmo Rüßmann quando ele fala da "prova lógica" e da "extralógica" (Rüßmann (nota 6), S. 250).

[21] Para isso R. Alexy (nota 15), S. 283 ff.

[22] G. Patzig, Die Begründung moralischer Normen, in: Logik, Ethik, Theorie der Geisteswissenschaften, XI. Deutscher Kongreß für Philosophie Göttingen 1975, Hamburg 1977, S. 13.

3. Para a teoria do silogismo jurídico

Com a condição da dedutibilidade de uma quantidade de premissas livre de contradição não estão esgotadas as exigências a serem postas à justificação interna. Se estivessem, seria a fundamentação de uma sentença judicial por essa sentença uma justificação interna que dá bom resultado, pois cada proposição resulta de si mesma. Isso torna claro, que é recomendável, além da dedutibilidade, pôr exigências adicionais à estrutura lógica da justificação interna. Tais exigências são discutidas na teoria do silogismo jurídico. Disso resulta que a teoria do silogismo jurídico não é nenhuma teoria puramente lógica. Objeto da teoria do silogismo jurídico é, ao lado do exame da validade de esquemas de conclusão, a marca de algumas formas válidas como normativamente vinculativas ou/e realmente empregadas.

A exigência mais importante é esta, que, pelo menos, uma premissa deve ser a formulação de uma norma universal. Essa exigência entende-se, em geral, por si, uma vez que a teoria do silogismo jurídico é, em primeiro lugar, uma teoria da aplicação da lei e leis são, em regra, normas universais. Ela vale, contudo, também para os casos nos quais nenhuma norma de lei está à disposição. O fundamento para isso consiste nisto, que sentenças sobre aquilo que está ordenado, proibido ou permitido devem apoiar-se em uma regra universal. O princípio da universalidade,[23] com isso formulado, que corresponde ao princípio da justiça formal,[24] exclui que em dois casos, cujos aspectos relevantes para a decisão podem ser descritos de modo igual completamente, sejam pronunciadas sentenças distintas. Ele impede arbítrio na relação entre os fundamentos e a sentença e transforma, com isso, os fundamentos primeiro em fundamentos.[25] Com isso, ele é condição para a realização de uma série de objetivos desejáveis, como a certeza jurídica, a justiça e a consistência e o controle racional de decisões.

4. A hipótese de reconstrução

A utilidade e os problemas da análise lógica de decisões jurídicas devem ser apresentados aqui com base em uma análise de uma sentença judicial. Nisso, serve como hipótese de reconstrução uma forma, simultaneamente, geral e rudimentar, de justificação interna, que contém as exigências estruturais mais importantes do tipo, agora mesmo, mencionado.

---

[23] Para o conceito de universalidade, assim como para o princípio da universalidade, comparar R. M. Hare, Freedom and Reason, Oxford 1963, S. 10 ff., 30 ff.; R. Alexy (nota 15), S. 90 ff.

[24] Sob o conceito da justiça formal é, aqui, com Perelman, entendido a exigência "de observar uma regra, que formula a obrigação de tratar todos os seres de uma determinada categoria de um determinado modo" (Ch. Perelman, Eine Studie über die Gerechtigkeit, in: ders., Über die Gerechtigkeit, München 1967, S. 58).

[25] Sobre a conexão entre o conceito de fundamento e o de regra chamou a atenção Hare: "A noção de razão, como sempre, traz consigo a noção de uma regra que estabelece que alguma coisa é uma razão para alguma outra coisa" (R. M. Hare (nota 23), S. 21).

Ela funda-se na forma mais simples da justificação interna, que tem a seguinte estrutura:

(IR.1)   . (1) $(x)\ (Tx \to ORx)$

. (2) Ta

(3) ORa (1), (2)[26]

"x" é uma variável individual sobre o âmbito das pessoas, das atuações ou dos outros objetos, sobre a qual é falado no discurso jurídico, "T", um predicado, que reúne os pressupostos do tipo de uma norma como qualidade de um indivíduo de um dos tipos mencionados, e "R", um predicado, que faz aquilo correspondente com respeito àquilo que deve ser. "a", finalmente, é o nome ou a descrição determinada de uma pessoa, de uma atuação ou de um outro indivíduo. Os pontos à esquerda, antes das linhas, declaram que essas premissas não são derivadas de nenhumas outras premissas da dedução. Os números à direita da última linha declaram que essa linha resulta logicamente das premissas mencionadas. (1) reproduz a formulação de uma norma, (2) a descrição de um fato e (3) uma sentença de dever jurídica concreta.[27]

(1) e (3) foram formuladas com auxílio do operador deôntico "O". A necessidade de um tal operador e, com isso, a necessidade da lógica deôntica é debatida. Klug,[28] Rödig[29] e Yoshino[30] concebem os conceitos fundamentais normativos como predicados normais ou como conceitos definíveis por predicados normais. Rösig e Yoshino sustentam expressamente a tese que a lógica deôntica é supér-

---

[26] "(x)" é o quantor universal (para todos x vale, ...), "$\to$" o sinal para o condicional (sempre quando ..., então ...) e "O" um operador deôntico (operador mandamental: é indicado, que ...). Para o esclarecimento dos símbolos, da literatura de introdução ampla, seja aqui, sobretudo, remetido a W. V. O. Quine, Grundzüge der Logik, 2. Aufl., Frankfurt a. M. 1978; D. Hilbert/W. Ackermann, Grundzüge der theoretischen Logik, 5. Aufl., Berlin/Heidelberg/New York 1967; A. Tarski, Einführung in die mathematische Logik, 2. Aufl., Göttingen 1966, e W. K. Essler, Einführung in die Logik, 2. Aufl., Stuttgart 1969. Os operadores deônticos são usados no sentido do sistema padrão da lógica deôntica que, com leves modificações, encontra-se, por exemplo, em G. H. v. Wright, An Essay in Deontic Logic and the General Theory of Action, Amsterdam 1968, S. 17, e D. Føllesdal/R. Hilpinen, Deontic Logic: An Introduction, in: R. Hilpinen (nota 7), S. 13. Debatida é a posição do operador deôntico na formalização de obrigações condicionadas. Em favor da posição atrás da condicional, fala que, desse modo, a separação e, com isso, (IR. 1) não causa nenhumas dificuldades. Para argumentos para a formalização aqui escolhida, comparar Fr. v. Kutschera, Einführung in die Logik der Normen, Werte und Entscheidungen, Freiburg/München 1973, S. 24 ff.; H. Lenk, Zur logischen Symbolisierung bedingter Normsätze, in: H. Lenk (nota 7), S. 112 ff. Para objeções, comparar A. Ross, Directives and Norms, London 1968, S. 167.

[27] Para esse conceito, comparar K. Engisch, Logische Studien zur Gesetzesanwendung, 3. Aufl., Heidelberg 1963, S. 3 ff.

[28] U. Klug (nota 4), S. 51 ff.

[29] J. Rödig, Über die Notwendigkeit einer besonderen Logik der Normen, in: Jahrbuch für Rechtssoziologie und Rechtstheorie 2 (1972), S. 163 ff.; ders., Logik und Rechtswissenschaft, in: D. Grimm (Hg.), Rechtswissenschaft und Nachbarwissenschaften, Bd. 2, München 1976, S. 60 ff.; ders., Kritik des normlogischen Schließens, in: Theory and Decision 2 (1971), S. 79 ff.

[30] H. Yoshino, Über die Notwendigkeit einer besonderen Normenlogik als Methode der juristischen Logik, in: U. Klug/Th. Ramm/F. Rittner/B. Schmiedel (Hg.), Gesetzgebungstheorie, Juristische Logik, Zivil- und Prozeßrecht. Gedächtnisschrift für Jürgen Rödig, Berlin/Heidelberg/New York 1978, S. 140 ff.

flua. Esse litígio, aqui, não pode ser abordado.[31] Seja apenas exposta a presunção que ambos os caminhos são possíveis e a escolha de uma das alternativas do procedimento formal é uma questão da conformidade com a finalidade e elegância. Os problemas, criados espontaneamente pela lógica deôntica em sua fase inicial,[32] podem, hoje, ser considerados como solucionados ou, em princípio, solucionáveis.[33] Além disso, deve ser presumido que então, se a tese da alternatividade formal é exata, as dificuldades conhecidas também na formalização rödigxiana apresentam-se e somente ainda não foram descobertas, porque esse procedimento, até agora, não foi investigado aproximativamente tão intensivamente como a lógica deôntica. A escolha depende, com isso, somente disto, qual procedimento é mais simples e fecundo. Sob esse ponto de vista, por causa de sua não complexidade – podem, por exemplo, operadores deônticos ser postos antes de proposições sem que problemas de grau lógico superior se apresentem – e sua força analítica, que irá mostrar-se na reconstrução, a lógica deôntica deve ser preferida. (IR.1) não reproduz todos os passos da derivação. Para essa finalidade ela deve, pela linha:

$$(1') \ Ta \rightarrow ORa$$

ser complementada, que nasce de (1) por eliminação do quantor universal e emprego de constantes individuais. O último é, em virtude de uma regra de eliminação universal ou de subsunção, formulável em um cálculo do concluir natural,[34] admissível.[35] Uma tal regra não indica outra coisa do que aquilo que vale para tudo também vale para cada particular. De (1') e (2) resulta (3) então, em virtude da regra de separação, do modus ponendo ponens. Se se quer aclarar os passos particulares, o esquema deve adquirir a forma seguinte:

---

[31] Sobre argumentos para a necessidade de uma lógica particular das normas, comparar O. Weinberger, Bemerkungen zur Grundlegung der Theorie des juristischen Denkens, in: Jahrbuch für Rechtssoziologie und Rechtstheorie 2 (1972), S. 148 ff.; ders., Bemerkungen zu J. Rödig's "Kritik des normlogischen Schließens", in: Theory and Decision 3 (1973), S. 311 ff.; E. Morscher/G. Zecha, Wozu deontische Logik?, in: Archiv für Rechts- und Sozialphilosophie 58 (1972), S. 363 ff.

[32] Aqui deve ser chamada a atenção especialmente sobre as chamadas paradoxias da lógica deôntica numerosas (paradoxo de obrigação derivada, paradoxo de compromisso, paradoxo dos imperativos-contrários-ao-dever). Comparar para isso, por exemplo, R. M. Chisholm, Contrary-to-Duty-Imperatives and Deontic Logic, in: Analysis 24 (1963), S. 33 ff.; G. H. v. Wright (nota 26), S. 77; B. Hansson, An Analysis of Some Deontic Logics, in: R. Hilpinen (nota 7), S. 133.

[33] Nas paradoxias da lógica deôntica trata-se, em parte, de variantes das chamadas paradoxias da implicação material, em parte, trata-se de problemas da reprodução ideomático-corrente de formas lógicas e, em parte, elas são expressão de problemas interessantes, que podem, especialmente com métodos teórico-modelares, ser discutidos fecundamente, mas não precisam inibir o uso prático do sistema padrão. Para a dissolução das chamadas paradoxias, comparar Fr. v. Kutschera (nota 26), S. 24 ff.; D. Føllesdal/R. Hilpinen (nota 26), S. 21 ff.; para inícios teórico-modelares na lógica deôntica, comparar, por exemplo, J. Hintikka, Some Main Problems of Deontic Logic, in: R. Hilpinen (nota 7), S. 59 ff.

[34] Para cálculos do concluir natural, que, por causa de sua simplicidade, para a análise de argumentações idiomático-especializadas e idiomático-correntes deveriam ser particularmente idôneos, comparar W. V. O. Quine (nota 26), assim como W. K. Essler (nota 26).

[35] Para uma tal regra, comparar W. V. O. Quine (nota 26), S. 194 ff., 253 f.; W. K. Essler (nota 26), S. 121.

(IR.1')   .(1) (x) $(Tx \to ORx)$

        (1') $Ta \to ORa$ (1) regra de eliminação universal

        .(2) Ta

        (3) ORa (1'), (2) regra de separação

Outras caracterizações técnicas[36] são possíveis e, frequentemente, conforme a finalidade. Aqui, deve bastar a forma apresentada. Além disso, por causa da simplicidade, no que segue, é renunciado ao escrever de linhas como (1') e à indicação de regras de conclusão. Elas entendem-se, em regra, por si mesmas.

(IR.1) não basta em todos os casos complicados. Tais casos existem, por um lado, então, quando a norma jurídica a ser pressuposta tem uma estrutura complexa, portanto, por exemplo, contém vários elementos do tipo alternativos, deve ser complementada por normas jurídicas esclarecedoras ou limitativas ou põe à escolha várias consequências jurídicas. Mas eles existem, por outro lado, sobretudo, também então, quando a formulação de uma norma admite várias interpretações, quando, portanto, nem com segurança pode ser dito que a é um T nem que a não é um T, ou, quando é confuso o que significa que a deve ser um R. Neste lugar devem ser tratados somente os problemas concernentes ao tipo (T).

Quando é confuso se a é um T ou não é um T, tem T um espaço semântico. É conforme a finalidade distinguir três tipos de espaços semânticos: ambiguidade, vagueza e abertura valorativa.[37] Uma expressão é *ambígua* quando ela pode ser empregada segundo várias regras semânticas distintas.[38] O caso praticamente mais significativo de um espaço semântico é a vagueza. Uma expressão é *vaga* quando, em virtude de suas regras de emprego, nem seguramente pode ser dito que a é um T nem que a não é um T, portanto, segundo suas regras de emprego tanto é possível que a é um T como que a não é um T.[39] Um subcaso da vagueza forma, como já diz sua definição como vagueza potencial, a porosidade.[40] *Valorativamente abertos*, finalmente, são expressões como "bom", "justo", "antimoral", e assim por diante. Especialmente Hare mostrou que essas expressões, em significado valorativo constante, podem ser usadas segundo regras diferentes,

---

[36] Comparar para isso, ao lado de W. K. Essler (nota 26), S. 41 ff., por exemplo, J. Rödig, Logik und Rechtswissenschaft (nota 29), S. 69 ff.

[37] Para uma classificação de espaços semânticos, comparar H. –J. Koch, Über juristisch-dogmatisches Argumentieren im Staatsrecht, in: ders. (Hg.), Seminar: Die juristische Methode im Staatsrecht, Frankfurt a. M. 1977, S. 41 ff., assim como W. P. Alston, Vagueness, in: The Encyclopedia of Philosophy, hg v. P. Edwards, New York/London 1967, Bd. 8, S. 218 ff.

[38] Para isso, como também para o caso parente da ambiguidade, comparar H. –J. Koch (nota 37), S. 41 f.

[39] Comparar para isso, R. Alexy (nota 15), S. 289 f.

[40] Para a porosidade, comparar, fundamentalmente, Fr. Waismann, Verifizierbarkeit, in: R. Bubner (Hg.), Sprache und Analysis, Göttingen 1968, S. 154 ff.

formuláveis com expressões descritivas.[41] Essa possibilidade de várias regras apresenta um caso particular de um espaço semântico.[42]

A ambiguidade é, em regra, eliminada pelo contexto. No caso da vagueza e da abertura valorativa, contudo, não é possível uma decisão somente em virtude de comprovações sobre o uso do idioma. A decisão pressupõe uma fixação para o idioma.[43] Uma tal fixação pode ser formulada como regra semântica,[44] que precisa o significado, por exemplo, de uma expressão vaga, pelo fato de ela acrescentar às suas regras de emprego, até agora vigentes, uma outra. Para a estrutura lógica da justificação interna isso significa que então, quando é confuso se a é um T e deve ser determinado que a deve ser considerado como T, deve ser estabelecida uma regra, que indica que sempre então, quando um determinado complexo de características M, que está dado em a, existe, o indivíduo afetado é um T.

Essa regra tem a forma:

$$(x) \ (Mx \rightarrow Tx).^{45}$$

---

[41] R. M. Hare (nota 23), S. 23 f., ders., The Language of Morals, London/Oxford/New York 1952, S. 118 f., 148 f.

[42] Sob esse aspecto, não pode ser aprovada a análise de Koch. Koch é da opinião que também em expressões valorativas "para a questão da aplicação da lei somente o componente de significado descritivo" é "de interesse", os componentes de significado valorativo de expressões valorativas no caso da aplicação da lei, no que concerne a espaços semânticos, portanto, é sem significado (H. –J. Koch (nota 37), S. 54). Ele fundamenta isso com isto, que o dador de leis expressa suas valorações já pelo fato da dação de normas e que, por conseguinte, não é adequado reconstruir o emprego de expressões valorativas em formulações de lei, outra vez, no sentido do ato de falar da recomendação. O conceito de Koch do significado valorativo, contudo, é muito estreito. Ele corresponde à chamada "conclusão defeituosa-ato de falar" (para esse conceito, comparar J. R. Searle, Speech Acts, Cambridge 1969, S. 147) de Hare antes da correção dela por ele. A correção, entrementes feita por Hare, de sua antiga concepção refere-se às comprovações, que expressões valorativas não só podem ser empregadas para recomendar algo, mas, por exemplo, também para perguntar se algo é recomendável ou para presumir ou afirmar isso (comparar R. M. Hare, Austins's Distinction between Locutionary and Illocutionary Acts, in: ders., Practical Inferences, London/Basingstoke 1971, S. 107 ff.; ders., Meaning and Speech Acts, in: ders., Practical Inferences, S. 30 ff.; comparar para isso, R. Alexy (nota 15), S. 87 ff.). A esse modo de emprego corresponde a ordenação de fazer o bom, exigível ou recomendável. A qualidade particular de expressões valorativas, de poderem ser usadas com significados descritivos distintos, leva em tais modos de emprego a um tipo particular do espaço semântico, à abertura valorativa, que consiste em que determinações descritivas diferentes daquilo que é bom, exigível ou recomendável são possíveis. O ordenador pode, sob esse aspecto, ter uma ideia rigorosamente determinada, ele pode pensar uma limitação determinada e ele pode não ter ideias. Se ele não tem ideias ele irá, em regra, partir disto, que os destinatários tomam por base suas ideias ou as de outros. Se ele tem ideias, ele pode partir disto, que os aplicadores conhecem suas ideias e observam rigorosamente ou as observam em geral ou não as observam, mas colocam em seu lugar suas ideias ou as ideias de outros. Mas ele pode também partir disto, que os destinatários não conhecem suas ideias e já, por conseguinte, têm de apoiar-se nas próprias ou nas de outros. Já essas poucas distinções mostram quão complicada é uma análise do emprego de expressões valorativas em leis.

[43] Para esses conceitos, comparar E. v. Savigny, Grundkurs im wissenschaftlichen Definieren, München 1970, S. 22 f.

[44] Comparar para isso, H. –J. Koch (nota 37), S. 38 ff.; H. Rüßmann (nota 6), S. 253 ff.; ders., Sprache und Recht, in: J. Zimmermann (Hg.), Sprache und Welterfahrung, München 1978, S. 222. A relação entre regras semânticas e hipóteses de lei empíricas deverá ser abordada mais abaixo.

[45] Para o caráter universal de regras semânticas ou de significado, comparar R. M. Hare (nota 23), S. 15. Que regras universais devem ser tomadas por base resulta dos mesmos fundamentos que acima já foram citados para o caráter universal da norma a ser pressuposta. Sem regras de significado universais, normas universais iriam,

Ela também pode na forma mais forte:

$(x) (Mx \leftrightarrow Tx)$

ser estabelecida.[46]

Tais regras podem ser formuladas imediatamente com vista a expressões da norma. Mas também pode ser que uma regra $(x) (M^1 x \to Tx)$ já vale e é confuso se a é um M^1. Nessa situação, deve ser formulada uma outra regra que deve ser notada como "$(x) (M^2x \to M^1x)$". Para M^2 pode ser formulada terceira regra correspondente, e assim por diante. A qualidade de uma fundamentação ascende quando, passo a passo, são determinadas regras até um ponto no qual não existe mais nenhuma dúvida ou nenhum litígio sobre a aplicabilidade de uma expressão.

Um tribunal irá considerar esse ponto como obtido quando ele mesmo não mais tiver dúvida e achar que ninguém, de modo razoável, pode impugnar a aplicabilidade de uma expressão.[47] O predicado, que nesse sentido é empregado, deve ser notado como "S". Como forma geral e rudimentar da justificação interna resulta, com isso, o esquema:

(IR.2) .(1) $(x) (Tx \to ORx)$

.(2) $(x) (M^1x \to Tx)$

.(3) $(x) (M^2x \to M^1x)$

.

.

.

.(4) $(x) (Sx \to M^nx)$

.(5) Sa

(6) ORa (1) – (5)[48] [49]

---

em casos duvidosos, perder a sua força excludente de arbitrariedade. Dois indivíduos, iguais em todos os sentidos relevantes, a e b podem, uma vez, ser tratados como T e, uma vez, não como T. Para a exigência por regras de significado universais, comparar E. v. Savigny, Die Rolle der Dogmatik – wissenschaftstheoretisch gesehen, in: U. Neumann/J. Rahlf/E. v. Savigny (nota 6), S. 104 ff.; R. Alexy (nota 15), S. 278 f.

[46] "$\leftrightarrow$" é o sinal para o bicondicional (rigorosamente então, quando ..., então ...). Comparar para isso, W. V. O. Quine (nota 26), S. 43 f.

[47] Para esse problema, comparar H. Rüßmann (nota 14), S. 218 ff.

[48] Rödig designa a indicação de regras como (2)–(4) como substancialização (J. Rödig (nota 6), S. 173). No quadro da substancialização, ele distingue, mais além, a precisação e a atualização. Sob precisação, ele entende a "formulação >mais rigorosa<, orientada por critérios relevantes juridicamente, de uma norma", sob atualização, "a adaptação das condições de um caso particular às condições descritas pela formulação precisada da norma". Nisso, ele realça que "a forma lógica da atualização de uma norma concorda com aquela de sua precisação" (ders. (nota 6), S. 180). Com isso, está, simultaneamente, dito que a distinção de Rödig somente então tem sentido, se existe um critério extralógico para isto, em uma regra da forma $(x) (M^kx \to M^ix)$, decidir sempre suficientemente seguro se ela serve à precisação ou à atualização. Rödig mesmo fala da "dificuldade da distinção" (ders. (nota 6), S. 181). Se não se quer trivializar o problema ao se conceber sempre a última premissa universal $((x) (Sx \to M^nx))$ como atualização, um critério utilizável só dificilmente deveria ser descoberto. Como cada uma das regras é universal, cada uma delas é idônea para determinar mais de perto os conceitos empregados na norma ou em uma regra precisadora. Que isso resulta com vista a um caso concreto nada modifica nisto, que por esse meio acontece uma separação dos casos compreendidos pela norma daqueles casos não compreendidos pela norma, rigorosamente, aquilo que, segundo Rödig, é o objetivo da precisação

(IR.2) é rudimentar, porque ele não tem em conta a possibilidade de estruturas mais complicadas do tipo e das consequências jurídicas. (IR.2) é geral, porque ele torna claro a estrutura lógica de cada desenvolvimento de elementos do tipo particulares com vista à descrição do estado de coisas (*Sa*). Nisso, tem importância que (IR.2) reproduz a estrutura lógica de cada justificação interna, relativa aos lados do tipo, de sentenças judiciais, também daquela na qual não se parte de uma norma jurídica positiva. Não é compreendida em (IR.2) a estrutura lógica da concretização da consequência jurídica. Como ela, como mostraram Rödig[50] e Wróblewski,[51] tem de ocorrer em uma modificação, situada antes de (IR.2), da primeira premissa, (IR.2) não é tocado por esse meio. Com vista à premissa modificada, (IR.2) é aplicado ilimitadamente.

(IR.2) é a forma fundamental da justificação interna. Correspondentemente a (IR.2), poderiam as formas fundamentais da justificação externa, aqui, ser apresentadas como hipóteses de reconstrução. A isso, não por último, por causa de sua multiplicidade, é renunciado por razões de espaço.[52] Algumas formas importantes deverão ser discutidas na análise a ser feita agora. (IR.2) permite fazer avançar a reconstrução inicialmente até ao ponto no qual essas formas tornam-se relevantes. Ao isso ser tentado pode, simultaneamente, ser revisada a utilidade de (IR.2).

II. A reconstrução lógica da sentença-Lebach do tribunal constitucional federal

1. Estado de coisas

Na noite de 19 para 20 de janeiro, de 1969, dois homens mataram quatro soldados adormecidos do corpo de guarda de um depósito de munição, do

---

(ders. (nota 6), S. 183). Se se considera isso e o fato que a distinção de Rödig, na reconstrução de sentenças judiciais, como se irá mostrar, não é necessária, então tudo fala em favor disto, não a utilizar. Conveniente é, todavia, classificar as premissas universais da justificação interna em modos distintos, por exemplo, distinguir entre proposições dogmáticas, proposições empíricas, proposições prejudiciais, afirmações de precisação novas do tribunal, e assim por diante. Tais distinções, todavia, não deveriam convergir com a distinção de Rödig. A expressão "precisação", como também a expressão, com isso empregada, "concretização", por conseguinte, aqui, não será empregada no sentido de Rödig.

[49] Para esse esquema, comparar R. Alexy (nota 15), S. 276 ff. Na matéria, esquemas equivalentes foram desenvolvidos no quadro do projeto-DFG, dirigido por H. –J. Koch e H. Rottleuthner, "teoria da argumentação jurídica" (R. W. Trapp, Zur rationalen Rekonstruktion des richterlichen Urteils, in: H. –J. Koch/H. Rottleuthner, Juristische Argumentationstheorie, Bd. I, S. 3 ff. (Manuskript)) e por H. Yoshino (Zu Ansätzen der juristischen Logik, in: I. Tammelo/H. Schreiner (Hg.), Strukturierungen und Entscheidungen im Rechtsdenken, Wien/New York 1978, S. 283). Também Rüßmann toma por base, para sua análise, um esquema como (IR.2) (H. Rüßmann (nota 6), S. 252 ff.).

[50] J. Rödig (nota 6), S. 174 ff.

[51] J. Wróblewski, Legal Syllogism and Rationality of Judical Decision (nota 20), S. 44 f.

[52] Para a análise das formas fundamentais da justificação externa, comparar R. Alexy (nota 15), S. 285 ff.

exército federal, em Lebach, feriram um outro gravemente e roubaram armas e munição. Ambos aspiravam, juntamente com um terceiro, que não cooperou no assalto, mas, antes do assalto, esclareceu a um dos autores a aplicação de uma das pistolas empregadas no ato, à fundação de uma comunidade de vida fora da sociedade. Com as armas capturadas outras condutas puníveis deveriam ser cometidas com a finalidade de proporcionar-se os meios para uma vida em um iate de alto mar, no mar do sul. Mais tarde, os dois tentaram, com aprovação do terceiro, chantagear um intermediário financeiro com referência a esse ato. A relação dos três tinha um componente homossexual.

O ato causou grande atenção. Após uma diligência dispendiosa, os três foram presos no verão de 1969. O tribunal de jurados de Saarbrücken condenou ambos os autores principais a penas privativas de liberdade para toda a vida e o terceiro, do qual se trata no que segue, por causa de ajuda, a uma pena privativa de liberdade de seis anos.

Na primavera de 1972 fora confeccionado, para a segunda televisão alemã (ZDF), um filme para a televisão documentário "o assassinato dos soldados de Lebach". Os três são, nesse filme, no início indicando o nome, projetados na imagem e, a seguir, apresentados pelo comediante. Seus nomes são, sempre de novo, mencionados. O filme trata, especialmente, das relações dentro do grupo de amigos.

O condenado por causa de ajuda, que podia contar com a suspensão da pena residual sob condição no verão de 1973, ele é, no que segue, designado como "*a*", era da opinião que pela irradiação do filme de televisão a sua ressocialização iria ser posta em perigo. Ele solicitou, por conseguinte, no tribunal de segunda instância, em Mainz, a promulgação de uma medida cautelar, pela qual é interditada à segunda televisão alemã emitir o filme de televisão, à medida que sua pessoa, nisso, é apresentada ou mencionada nominalmente. Essa solicitação foi recusada; do mesmo modo, a apelação, promovida contra isso, no tribunal de terceira instância, em Koblenz.[53] Contra essas decisões *a* promoveu recurso constitucional. Simultaneamente, ele apresentou uma solicitação para promulgação de uma ordenação cautelar. O tribunal constitucional federal interditou à segunda televisão alemã, no caminho da ordenação cautelar, emitir o filme documentário[54] e, ato contínuo, acolheu o recurso constitucional, anulou as sentenças dos tribunais civis e promulgou mesmo a medida cautelar solicitada.[55]

No que segue, somente a sentença do tribunal constitucional federal deve ser analisada. Nela, o esquema fundamental (IR.2) é exposto a uma prova essencialmente mais dura do que na sentença do tribunal de terceira instância de

---

[53] Sentença do nono senado civil do tribunal de terceira instância, em Koblenz, de 5.10.1972 – 9 U 552/72 –, NJW 73, 251-255; GRUR 73, 42-46; JZ 73, 279-283.

[54] Resolução do primeiro senado do tribunal constitucional federal, de 13.3.1973 – 1 BvR 536/72 –, BVerfGE 34, 341-344.

[55] Sentença do primeiro senado do tribunal constitucional federal, de 5.6.1973 – 1 BvR 536/72, BVerfGE 35, 202-245.

Koblenz, que a ele já se submete sem coerção, porque a fundamentação, exposta nela, é um caso da aplicação dos §§ 22, 23 da lei sobre direitos do autor de obras de arte. Especialmente deve ser renunciada, neste lugar, a uma comparação de ambas as sentenças, que iria demonstrar uma estrutura fundamental comum, apesar de caminhos de fundamentação diferentes e de resultados contraditórios reciprocamente.

2. *A justificação interna*

Tanto na sentença do tribunal de terceira instância de Koblenz como na sentença do tribunal constitucional federal, os passos da fundamentação decisivos têm lugar em forma de uma ponderação de bens entre o direito de personalidade, garantido pelo artigo 2, alínea 1, em união com o artigo 1, alínea 1, da lei fundamental, e o direito de liberdade de reportagem, concedido pelo artigo 5, alínea 1, proposição 2, da lei fundamental. O tribunal de terceira instância faz a ponderação de bens no quadro da interpretação do § 23, alínea 2, da lei sobre direitos do autor de obras de arte. Com isso, os §§ 22, 23, da lei sobre direitos do autor de obras de arte, tornam-se premissa de partida da justificação interna de sua decisão. A decisão é, apesar do fato de que a ponderação de bens desempenha o papel decisivo, um caso de aplicação dos §§ 22, 23, da lei sobre direitos do autor de obras de arte.

A decisão do tribunal constitucional federal, pelo contrário, não se deixa reconstruir com os §§ 22, 23, da lei sobre direitos do autor de obras de arte, como premissa de partida. A tarefa do tribunal constitucional federal não é o exame da "interpretação e aplicação das prescrições jurídicas competentes", como tais. Ao seu exame está sujeito somente "se o efeito de irradiação das decisões de valores, contidas nos direitos fundamentais, sobre o direito civil está observado suficientemente" (219).[56] Em conformidade com isso, ele acentua que "jurídico-constitucionalmente não depende disto, em qual elemento do tipo do § 23, da lei sobre direitos do autor de obras de arte, a ponderação é feita" (225).

Com isso, coloca-se a questão, o que deve ser considerado como premissa de partida da justificação interna do tribunal constitucional federal. As prescrições de direitos fundamentais entram em questão não sem mais, porque entre os direitos fundamentais deve primeiro ser ponderado. A ponderação de bens, como tal, não se deixa formular como premissa. Significa isso que a fundamentação do tribunal constitucional federal deve ser reconstruída de modo que a sentença, uma sentença de dever jurídica concreta, é justificada imediatamente pela ponderação de bens e não por uma norma universal, o esquema geral da justificação interna (IR.2), portanto, não é aplicável? Se isso fosse assim, a força analítica do esquema (IR.2) seria muito limitada. Ele, como hipótese de reconstrução, nem

---

[56] A decisão, a ser analisada, do tribunal constitucional federal (BVerfGE 35, 202), é citada no texto por indicação do número da página.

sequer teria a oportunidade de confirmar-se, mas se mostrou perante a decisão do tribunal constitucional federal irrelevante. Como (IR.2), como exposto acima, não apresenta um esquema de conclusão arbitrário, mas abarca implicações teórico-argumentativas importantes, a questão, se a sentença do tribunal constitucional federal pode ser reconstruída no sentido de (IR.2), não só do ponto de vista lógico é interessante, mas, mais além, do ponto de vista teórico-argumentativo, de importância extrema.

A questão da aplicabilidade de (IR.2) deve ser respondida positivamente. A resposta positiva pode ser dada de modos distintos, porque é possível escolher normas totalmente diferentes como premissas de partida. Dois caminhos, que aqui não serão seguidos, sejam, pelo menos, aludidos. A forma mais completa obtém-se então, quando se formula uma norma, que sob o abarcamento de todos os pressupostos, também os processuais, ordena ao tribunal pronunciar uma decisão como ela foi tomada. Uma forma interessante dogmático-jurídico-fundamental obtém-se então, quando se parte da prescrição de direito fundamental, à qual, finalmente, é concedida a primazia, e na proposição antecedente dessa prescrição acolhe-se todas as condições, que valem geralmente para a aplicação de prescrições de direitos fundamentais, assim como todas as condições para o preferir dessa prescrição no caso do conflito com outras prescrições de direitos fundamentais.[57] Ambos os procedimentos exigem um preço concernente à técnica da análise e um à matéria. O primeiro consiste nisto, que a premissa de partida incha fortemente. Devem ser citadas sempre todas as condições a serem observadas na aplicação de prescrições de direitos fundamentais, também quando elas o tribunal considera não problemáticas ou como dadas evidentemente nem sequer menciona. Na proposição antecedente da prescrição de direito fundamental, no caso concreto preferencial, devem ser acolhidos especialmente todos os pressupostos para o retroceder da prescrição de direito fundamental em sentido contrário. A segunda desvantagem consiste nisto, que esses modos de reconstrução devem afastar-se frequentemente muito da marcha da argumentação do tribunal. Para determinadas finalidades, por exemplo, quando se trata de questões gerais da dogmática dos direitos fundamentais, ambos devem não só ser aceitos, mas até ser considerados como desejáveis. Aqui se oferece, contudo, uma vez que está em primeiro plano a análise da argumentação em uma sentença particular, um caminho mais simples.

O tribunal constitucional federal fundamenta, no caminho da ponderação de bens, uma nova[58] norma universal, sob a qual pode ser subsumido o caso. Embora exista, como ainda deverá ser mostrado, também a possibilidade de um passo imediato da ponderação de bens para o resultado, essa possibilidade, contudo, é secundária. A ponderação de bens é a justificação externa dessa norma. Ela tem

---

[57] Para tal procedimento, seja remetido à análise elaborada no quadro do projeto já mencionado, dirigido por H. –J. Koch e H. Rottleuthner (nota 5).

[58] Sobre a novidade dessa norma o próprio tribunal chama a atenção ao ele falar da aplicação "de critérios até agora judicial-constitucionalmente não-determinados mais de perto" (238 f.).

lugar, sem dúvida, como o tribunal constitucional federal realça repetidamente (221, 225, 233), relacionada com o caso concreto, isso, contudo, não exclui a estatuição de uma norma universal sob o pressuposto que essa norma, embora universal, por certo, é tão especial que ela transfere os pesos da ponderação não falsificadamente à sentença de dever jurídica concreta. Que uma tal norma é estatuída corresponde ao mandamento de uma prática de decisão universalista, pela qual o tribunal professa-se com uma proposição como: "A decisão impugnada também, então, deve ser objetada se o tribunal, na aplicação dos *critérios típicos*, que resultam da irradiação dos direitos fundamentais para a apreciação de *casos do tipo presente*, não poderia ter chegado ao resultado encontrado." (219; realce do escritor.) Ao partir-se da norma, estatuída pelo tribunal constitucional federal, que pode ser considerada como norma de decisão no sentido de Ehrlich,[59] não é feito outra coisa, mas somente menos, do que deveria ser feito em ambos os procedimentos alternativos, acima mencionados. Aquilo que é determinado pela norma estatuída pelo tribunal constitucional federal seria parte das normas mais amplas, a serem reconstruídas nesse procedimento, e precisamente, a parte decisiva para a decisão do caso presente. Também isso fala, uma vez que fundamentos não particulares sugerem uma ampliação, em favor disto, de escolher como premissa de partida a norma formulada pelo tribunal, como segue:[60]

> "No total é, com isso, uma reportagem de televisão repetida, não mais coberta pelo interesse da informação atual, sobre uma conduta punível grave, em todo o caso, então, inadmissível, quando ela põe em perigo a ressocialização do autor." (237)

O conceito do perigo da ressocialização, o tribunal precisa logo subsequente pela proposição universal:

> "Um perigo de ressocialização deve regularmente ser aceito quando uma emissão identificadora do autor deve ser emitida após a sua liberação ou em proximidade temporal da liberação iminente." (238)

A formalização mais simples da norma de decisão formulada pelo tribunal constitucional federal sai bem com uma variável sobre o âmbito das pessoas naturais, predicados de uma variável, assim como um operador deôntico. Todas as características, também aquelas da consequência jurídica, são formuladas como qualidade de pessoas, o que, ocasionalmente, soa curioso, sob o ângulo visual lógico, e dele trata-se aqui, porém, não causa problemas. Que mesmo conexões complicadas possam ser reunidas em um predicado tem a sua causa nisto, que, como Quine o formula, "*cada* proposição aberta, quão complicada ela também possa ser, ..." deve "deixar trazer-se na forma 'Fx'".[61] Quine cita, nessa conexão, o predicado "empregado mais antigo do assassino do segundo marido de sua

---

[59] Comparar E. Ehrlich, Grundlegung der Soziologie des Rechts, München/Leipzig 1913, S. 97 ff.

[60] Uma formulação desviante encontra-se nas proposições diretrizes (BVerfGE 35, 203).

[61] W. V. O. Quine (nota 26), S. 131.

irmã mais jovem".[62] Quando é conforme a finalidade formular rudimentar e simplesmente de tal maneira, resulta da máxima de economia formulada por Quine: "Quando nós ... transferimos palavras em sinais lógicos e, então, introduzimos letras-esquema, é razoável *descobrir não mais estrutura do que, provavelmente, será precisada na derivação que deve seguir.*"[63] Quão sutil deve ser formalizado depende, portanto, disto, o que deve ser investigado. Não existe *a* formalização correta, mas somente, conforme as circunstâncias, adequada e não adequada.[64] Como corolário pragmático da máxima de economia, por conseguinte, coloca-se próxima a regra, iniciar tão simples quanto possível e, primeiro, em dificuldades, tornar-se mais complicado.[65]

Antes de proceder à formalização, é recomendada uma observação a uma questão fundamental. O temor, frequentemente manifestado, de o idioma natural ser violado pelo cálculo lógico, de sua riqueza, sua multiplicidade de expressão abafar nos caminhos normalizados de um aparato rígido, não chegou a emudecer. Esse temor, contudo, parte de pressupostos falsos. Como especialmente Patzig[66] acentuou, a análise lógica não aspira a uma tradução do idioma corrente ou do idioma científico especial e já nem sequer persegue o objetivo de torná-los supérfluos. O idioma corrente, ao contrário, é substituído, em amplo pedaço, para ganhar visões em problemas, que somente com os meios do idioma corrente não seriam possíveis ou não tão simplesmente. Isso é aquilo que é considerado com a imagem, utilizada no início, de Frege, que compara a lógica com um microscópio.

Para proceder nesse sentido sejam, inicialmente, introduzidas algumas letras-esquema para predicados:

RG ...:   ... é alguém, cuja ressocialização é posta em perigo por uma reportagem de televisão,

W ...:   ... é alguém, sobre cujas condutas puníveis graves já foi relatado na televisão (isto é, do qual cada reportagem de televisão seria uma repetida),

A ...:   ... é alguém, no qual uma reportagem de televisão sobre sua conduta punível grave serve a um interesse de informação atual,

Fs ...:   ... é alguém, cuja conduta punível grave é objeto de uma reportagem de televisão.

---

[62] Ebd.

[63] Ebd., S. 239.

[64] Rödig fala, nessa conexão, da relatividade da estrutura de proposição normativa: "Não existe *a* estrutura de proposição normativa ... Trata-se, ao contrário, das finalidades, às quais, cada vez, um sistema axiomático formalizado deve bastar" (J. Rödig, Über die Notwendigkeit einer besonderen Logik der Normen (nota 29), S. 177).

[65] O cumprimento dessa regra deveria ser pressuposto para isto, que a análise lógica de decisões jurídicas jamais se torne um assunto que encontre propagação além do círculo de especialistas. A segunda metade da regra oferece proteção suficiente diante de trivialização.

[66] G. Patzig, Sprache und Logik, in: ders., Sprache und Logik, Göttingen 1970, S. 36 ff.

Sob o emprego dessas letras pode à norma de decisão do tribunal constitucional federal a forma:

(I') $(x)\ (RGx \rightarrow (Wx \land \neg Ax \rightarrow O \neg Fsx))$

ou a forma, com isso equivalente,

(I'') $(x)\ (RGx \land Wx \land \neg Ax \rightarrow O \neg Fsx)$

ser dada.[67] Por causa da equivalência:

$O \neg p \leftrightarrow Fp,$

que indica, que rigorosamente então, quando é ordenado que algo não é o caso ou não será feito ($\neg p$), isso (p) é proibido,[68] pode, em vez de (I''), com o operador de proibição F:

(I''') $(x)\ (RGx \land Wx \land \neg Ax \rightarrow F\ Fsx)$

ser notado.

A consequência jurídica $F\ Fsx$, sem dúvida, já está relacionada com o caso, Fs, porém, ainda não contém a particularidade, que a, depois de uma indicação do nome e reprodução de sua imagem, deve ser apresentado. Isso também não é necessário, porque $F\ Fsx$ proíbe, relacionado com o caso, suficientemente concreto aquilo que deve ser proibido. Somente a correspondência estrutural para com a sentença do tribunal de terceira instância, em Koblenz, deixa parecer desejável formular com:

F_N ...: ... é alguém, cuja pessoa é, por um comediante, no quadro de um filme de televisão, após uma indicação do nome e reprodução de sua imagem, apresentada

a consequência jurídica.[69] Já foi observado que, aqui, não podem ser abordados problemas da concretização da consequência jurídica. Isso também não é necessário, porque os pressupostos em (I''') apoiam $F\ F_NX$ igualmente como $F\ Fsx$. A norma de partida pode, por conseguinte, no que segue, a forma:

(I) $(x)\ (RGx \land Wx \land \neg Ax \rightarrow F\ F_NX)$ adquirir.

---

[67] "$\land$" é um sinal para a conjunção (e), "$\neg$" o sinal para a negação (não); comparar para isso, W. V. O. Quine (nota 26), S. 25 ff. Seja realçado que se trata, nas fórmulas citadas, de formalizações simplificadas. Assim, por exemplo, é pressuposto, que sempre se trata da mesma conduta punível. Isso poderia, sob o emprego de predicados de várias variáveis, pelo preço de uma certa complicação, facilmente ser apresentado. A isso, como também a predicados formulados ainda mais circunstanciados, foi renunciado pelos fundamentos acima citados.

[68] Comparar G. H. v. Wright, Deontic Logic, in: ders., Logical Studies, London 1957, S. 61.

[69] F_N é uma precisação, relacionada ao caso, da determinação da consequência jurídica feita pelo tribunal de terceira instância de Koblenz: "O direito que compete ao solicitador à própria imagem não compreende exclusivamente retratos de sua pessoa. Ele, ao contrário, diz respeito também à apresentação de sua pessoa por um comediante no quadro de uma peça de teatro, de um filme ou filme de televisão" (OLG Koblenz, JZ 1973, S. 282).

Outras formalizações são possíveis e, para outras finalidades, também recomendáveis. Mais próxima à formulação de norma e, com isso, com respeito à estrutura dos predicados, também mais simples é uma quantificação sobre atuações. Sejam os predicados somente aludidos: F^+ B: reportagem de televisão; S^+ S: relatório sobre uma conduta punível grave; R^+ G: que põe em perigo a ressocialização; W^+: repetição; A^+: que serve ao interesse de informação atual; G^+ F: será emitido. À norma poderia, com isso, a forma:

$$(I^+) \ (x) \ F^+ BX \land S^+ Sx \land R^+ Gx \land W^+ x \land \neg A^+ x \to O \neg G^+ Fx)$$

ser dada. Aqui é recomendado, em vista da conexão com a sentença do tribunal de terceira instância, em Koblenz, a formalização feita em (I).

É saliente que em ambas as formalizações não são expressas legalidades, embora a formulação da norma do tribunal constitucional federal refira-se a isso claramente: a reportagem de televisão deve pôr em perigo a ressocialização. Depende, sob esse aspecto, dos efeitos possíveis da emissão. Que isso não seja reconhecível com base na estrutura formal de (I) ou (I^+), certamente, não significa que legalidades empíricas não estão contidas em (I) ou (I^+). Elas encontram-se nos predicados RG ou R^+ G e permanecem, sob esse aspecto, enquistadas no âmbito não analítico. Esse procedimento é recomendado, fundamentalmente, já por causa dos problemas conhecidos da formulação formal de legalidades empíricas.[70] No caso presente, as dificuldades ainda se elevam pelo fato de somente um perigo ser exigido, portanto, também conceitos de probabilidade entram em jogo. Um pôr à salvo de tais problemas nos predicados, todavia, é somente conveniente enquanto ele é compatível com as finalidades da análise. Um exemplo para um caso, no qual esse caminho não é possível, oferece, de imediato, o preceito precisador da norma. A relação, nele afirmada, entre a irradiação da emissão e o perigo da ressocialização deve, para no quadro do esquema fundamental da justificação interna (IR.2) levar junto a dedução, ser reproduzida pelo condicional. Em contrapartida, na base dessa proposição está uma suposição, embora atenuada (é falado de "regular"), acerca de legalidades empíricas. Uma tal referência a legalidades empíricas não é uma exceção. Ela oferece-se sempre então, quando o ser exato de um predicado em uma norma ou uma regra precisadora é incerto, portanto, por exemplo, é incerto se A_1a vale, para isso, porém, é certo, suficientemente, que A_1a sempre ou com uma probabilidade suficiente acontece, quando A_2a está dado. Sob esses pressupostos pode, de A_2a, juntamente com uma hipótese da lei empírica correspondente, ser concluído por A_1a.

Para a finalidade da reconstrução de sentenças judiciais é, quando não se trata justamente dos problemas unidos com a hipótese da lei, não só inofensivo, mas também justificado empregar um condicional generalizado, portanto, uma proposição da forma $(x) \ (A_2x \to A_1x)$. Fala em favor disso, sobretudo, o ponto

---

[70] Comparar para isso, Stegmüller, Probleme und Resultate der Wissenschaftstheorie und Analytischen Philosophie, Bd. I, Wissenschaftliche Erklärung und Begründung, Verbesserter Nachdruck, Berlin/Heidelberg/New York 1974, S. 273 ff., 428 ff.

de vista seguinte. A travessia de hipóteses de lei para regras semânticas em sentenças judiciais é difusa. As hipóteses de lei, que são empregadas em sentenças judiciais, distinguem-se daquelas das ciências empíricas não só pelo fato de elas, muitas vezes, serem rudimentarmente generalizadas e não cientificamente revisadas, portanto, mostram as características das chamadas teorias cotidianas,[71] mas também à medida que elas têm um conteúdo de fixação e, com isso, um normativo. Isso mostra a regra do tribunal constitucional federal, na qual é determinado o que provoca um perigo da ressocialização. O conceito de perigo de ressocialização abarca um objetivo avaliado como positivo (ressocialização) e o risco da infração proibido desse objetivo (perigo) vagamente, especialmente, sem precisar o segundo. Ao uma irradiação ser distinguida como idônea para pôr em risco a ressocialização, é, em virtude de uma hipótese de lei empírica, que pelo tribunal, de resto, após discussão bem pormenorizada de informações científicas, é aceita, feita uma fixação do conceito de perigo da ressocialização e, com isso, uma precisação do objetivo positivamente avaliado, assim como do risco proibido: um perigo da ressocialização é aquilo que é efetuado pela irradiação de emissões do tipo a ser apreciado em casos como esse a ser decidido. A regra do tribunal constitucional federal, que possibilita a conclusão sobre R_{Ga}, pode, por conseguinte, ser concebida como uma fixação, adotada em virtude de uma legalidade empírica, aceita pelo tribunal, que a expressa e dela dependente, referente ao significado da expressão "perigo da ressocialização", portanto, como um caso particular de uma regra semântica.

Uma outra análise é possível. Especialmente pode, na regra do tribunal constitucional federal, a fixação ser separada da hipótese de lei aceita. A regra, para isso, deve ser decomposta em uma definição do conceito de perigo da ressocialização e em uma hipótese de lei formulada com auxílio das expressões empregadas no definidor. No quadro de um tal procedimento, poderia ser conforme a finalidade associar somente a definição à justificação interna e tratar o argumento que abarca a hipótese da lei na justificação externa. Possível é, ademais, uma análise do conceito de perigo da ressocialização como predicado de disposição.[72] A indicação do modo de reação, nisso necessária, corresponderia à definição necessária no fendimento. Tais análises, contudo, no quadro das finalidades aqui perseguidas, não são necessárias. Um abordar, por exemplo, dos problemas, até hoje não esclarecidos, da análise de predicados de disposição é, por conseguinte, não só não necessário, mas contradiria também o princípio da economia analítica. Sob o emprego do condicional deve a regra do tribunal constitucional federal, por conseguinte, com auxílio das letras-esquema:

---

[71] Comparar para isso, R. Lautmann, Justiz – die stille Gewalt, Frankfurt a. M. 1972, S. 57 ff.; K. –D. Opp, Methodologie der Sozialwissenschaften, Reinbek 1970, S. 45 ff.; ders., Zur Anwendung der Soziologie im Strafprozeß, in: Kritische Justiz 3 (1970), S. 383 ff.

[72] Comparar para isso, W. Stegmüller, Probleme und Resultate der Wissenschaftstheorie und Analytischen Philosophie, Bd. 2, Theorie und Erfahrung, Berlin/Heidelberg/New York 1970, S. 213 ff. Para o tratamento de predicados de disposição no contexto de fundamentações jurídicas, comparar H. –J. Koch, Der unbestimmte Rechtsbegriff im Verwaltungsrecht, in: ders. (nota 6), S. 191 f.

Es ...: ... é alguém, sobre o qual é irradiado uma emissão, que o identifica como autor, após sua liberação,

Ns ...: ... é alguém, sobre o qual é irradiado uma emissão, que o identifica como autor, em proximidade temporal à sua liberação iminente,

ser formalizada segundo o modelo seguinte:

(2') (x) $(Esx \lor Nsx \rightarrow RGx)$.[73]

(2') é incompleto em um ponto significativo. Se *Es* ou *Ns* é exata, *RG* não sempre, mas só regularmente deve ser aceita como acertada. (2') deve, por conseguinte, como dotado com uma condição-ceteris paribus*

CR ... : ... é alguém, com vista a cuja situação não existem *nenhumas* circunstâncias particulares

ser concebido. Isso pode ser notado como segue:[74]

(2) (x) $((Esx \lor Nsx) \land CRx \rightarrow RGx)$.

De (1) e (2) resulta, com auxílio das proposições singulares, relativamente, sem problemas:

(3) *Nsa*

(4) *CRa*

(5) *Wa*

(6) $\neg Aa$

a sentença normativa singular:

(7) $O \neg FNa$ ou *FFNa*.

À justificação interna da sentença do tribunal constitucional federal pode, com isso, ser dada a forma seguinte:

(IR.3) . (1) (x) $(RGx \land Wx \land \neg Ax \rightarrow FFNx)$
   . (2) (x) $((Esx \lor Nsx) \land CRx \rightarrow RGx)$
   . (3) *Nsa*
   . (4) *CRa*
   . (5) *Wa*
   . (6) $\neg Aa$
   (7) *FFNa*   (1) – (6)

---

[73] "v" é o sinal para a disjunção ou alternação (ou); comparar para isso, W. V. O. Quine (nota 26), S. 27 ff.

*Nota do tradutor: ceteris paribus: sob, em outras ocasiões, as mesmas circunstâncias.

[74] Comparar para isso, D. Lyons, Forms and Limits of Utilitarianism, Oxford 1965, S. 19 ff.

3. A justificação externa

O ponto essencial da decisão reside na ponderação de bens feita para a justificação externa de (x) ($RGx \wedge Wx \wedge \neg Ax\ FFNx$). O que é uma ponderação de bens é tudo, menos claro.[75] Em todo o caso, o processo psíquico do ponderar e decidir deve ser distinguido da fundamentação da decisão. Somente o último é objeto da análise lógica. Nisso, deve ser realçado que a análise lógica da apresentação idiomática de ponderação de bens somente é uma possibilidade da análise da ponderação de bens não psicológica. Outras tais possibilidades oferecem, por exemplo, inícios teórico-decisivos.

Sob pontos de vista lógicos, a fundamentação do tribunal constitucional federal é bem complicada. Ela transcorre sobre três passos ou graus.

a) O ponto de partida
e a regra fundamental da ponderação de bens

No primeiro grau, o tribunal fundamenta que uma ponderação de bens é necessária e apresenta como ela deve ocorrer. Uma ponderação de bens é necessária porque determinações de direitos fundamentais distintos são correspondentes, que, se se pudesse aplicá-las independentemente uma da outra, iriam levar a resultados incompatíveis um com o outro. A formalização de normas de direitos fundamentais causa uma série de dificuldades. Elas, aqui, não podem ser discutidas, mas somente neutralizadas por reproduções muito simples. Aplicáveis são o artigo 2, alínea 1, em união com o artigo 1, alínea 1, da lei fundamental, por um lado, e artigo 5, alínea 1, proposição 2, da lei fundamental, por outro. Seja o artigo 2, alínea 1, em união com o artigo 1, alínea 1, da lei fundamental, notado como "N_1", o artigo 5, alínea 1, proposição 2, da lei fundamental, como "N_2". Houvesse somente N_1, isto é, existisse uma norma que os limita também não como norma não escrita, seria proibido irradiar o filme de televisão. Iria valer $FFNa$ ($O \neg FNa$). Houvesse, de modo correspondente, somente N_2, iria valer $\neg FFNa$ ($\neg O \neg FNa$).[76] Considerados isoladamente, N_1 e N_2 levam, portanto, como mostra a reunião de $O \neg FNa$ e $\neg O \neg FNa$, a uma contradição. Característico para o caráter lógico de normas de direitos fundamentais e ponto de partida da ponderação de bens é que o tribunal constitucional federal não fala de uma *contradição*, mas de uma *situação de tensão* (219). Isso significa que de N_1, juntamente com uma descrição do caso e das regras precisadoras das expressões em N_1 – essas pre-

---

[75] Da literatura ampla, comparar para isso, Fr. Müller, Juristische Methodik, 2. Aufl., Berlin 1976, S. 52 ff.; K. Larenz, Methodenlehre der Rechtswissenschaft, 4. Aufl., Berlin/Heidelberg/New York 1979, S. 392 ff.; H. Hubmann, Die Methode der Abwägung, in: ders., Wertung und Abwägung im Recht, Köln/Berlin/Bonn/München 1977, S. 145 ff.; B. Schlink, Abwägung im Verfassungsrecht, Berlin 1976; L. Hirschberg, Der Grundsatz der Verhältnismäßigkeit, Göttingen 1981, S. 83 ff.

[76] "$\neg Fp$" ou "$\neg O \neg p$" são, no sistema padrão da lógica deôntica, equivalentes com "Pp". "P" é o operador de permissão. "$\neg FFNa$" ou "$\neg O \neg FNa$" indica, portanto, que a irradiação é permitida. A possibilidade de tal transformação simples, que reconstrói adequadamente a argumentação jurídica, é uma justificante para as vantagens, acima mencionadas, do emprego da lógica deôntica.

missas adicionais serão, no que segue, sempre pressupostas, quando é falado de conclusões de N_1 ou N_2 –, não sem mais $O \neg F_{N}a$ pode ser deduzido e de N_2 não sem mais $\neg O \neg F_{N}a$, mas N_1, o primeiro, e N_2, o último, somente implicam sob o pressuposto, que também sob consideração de N_2 ou N_1, da norma em sentido contrário, cada vez, nenhuma outra coisa resulta. Formalmente, isso deve ser expresso pelo fato de tanto N_1 como N_2 serem dotados com uma condição, que somente então admite um mandamento, proibição concreta ou uma permissão concreta, quando de uma norma N_i, cuja aplicação prevalece sobre a aplicação da norma que está em questão, não outra coisa resulta. A diferença entre regras, que contêm tais condições (regras-B), e tais, nas quais elas não se encontram, deixa apresentar-se formalmente do modo seguinte:

i. $p \wedge B \rightarrow Oq$ ou $B \rightarrow Oq$

ii. $p \rightarrow Oq$ ou Oq.

i. reproduz formas de normas com tal condição, que é notada como "B", ii. as formas correspondentes sem uma tal condição. Ao lado de prescrições de direitos fundamentais têm aqueles princípios, dos quais primeiro se pode concluir, quando se sabe que não prevalece um princípio em sentido contrário, a forma indicada sob i. As prescrições de direitos fundamentais aqui correspondentes devem como regras-B, e precisamente como:

iii. $B \rightarrow N_1$

e

iv. $B \rightarrow N_2$

ser notadas.

B indica em iii. e iv. o mesmo: "N_1 (ou N_2) prevalece sobre outras normas com resultado contraditório." A relação de N_1 e N_2 pode, por conseguinte, ser expressa como relação de preferência referente à sua aplicabilidade. "$\mathbf{P}$" representa uma tal relação de preferência.[77] Quando de N_1 resulta $O \neg F_{N}a$ e de $N_2 \neg O \neg F_{N}a$ e nenhuma de ambas as normas deve ser classificada como inválida, então deve N_1 ser preferido incondicionalmente a N_2 ou N_2 a N_1 ou sob determinadas condições, C. Vale, portanto:

v. $N_1 \mathbf{P} N_2$ v $N_2 \mathbf{P} N_1{}^{[78]}$ v $(N_1 \mathbf{P} N_2)$ C v $(N_2 \mathbf{P} N_1)$ C.

Um dos quatro membros de disjunção deve, já para assegurar sua liberdade da contradição, ser componente da ordem jurídica. A marcha da argumentação do tribunal constitucional federal certifica a adequação dessa reconstrução. Na

---

[77] Comparar para isso, G. H. v. Wright, The Logic of Preference, Edinburgh 1963, S. 18 ff.

[78] Seja chamada a atenção sobre isto, que $N_1 \mathbf{P} N_2$ e $N_2 \mathbf{P} N_1$ somente expressam a preferência incondicional de N_1 ou N_2 perante N_2 ou N_1. Devesse N_1 ou N_2 ser preferido perante todas as normas, N_1 ou N_2 não seria parte de uma regra-B. A questão da relação de preferência, então, não entraria em jogo.

solução do "conflito" entre N_1 e N_2 deve "ser partido disto, que segundo a vontade da constituição ambos os valores da constituição formam componentes essenciais da ordem democrática liberal da lei fundamental, de modo que *nenhum deles pode requerer uma primazia fundamental*" (225; realce do escritor). A hierarquia igual de ambos os direitos fundamentais exclui a relação de preferência incondicionada, vale portanto:

vi. $\neg$ (N_1 **P** N_2) $\wedge$ $\neg$ (N_2 **P** N_1).

Isso significa que em um "caso de conflito", no qual uma compensação não é possível, "(deve) ser decidido, sob consideração da *configuração típica do caso* e das *circunstâncias do caso particular especiais*, qual interesse deve retroceder" (225; realce do escritor). A configuração típica do caso e as circunstâncias do caso particular especiais deixam reunir-se como C. Vale, portanto, ou:

vii. (N_1 **P** N_2) C

ou:

viii. (N_2 **P** N_1) C.

A ponderação de bens serve à fundamentação de vii ou viii. Como regras fundamentais da ponderação de bens, o tribunal constitucional federal formula como corolário da "dignidade humana, como o centro do sistema de valores da constituição" (225), as cunhagens distintas do princípio da proporcionalidade, das quais, no transcorrer ulterior, sobretudo, tem importância o princípio conhecido como princípio da proporcionalidade em sentido restrito. O aspecto, aqui relevante, desse princípio pode pela regra:

ix. Quanto mais fortemente um interesse (I_i) é limitado, tanto maior deve ser a justificação do outro interesse (I_k)

ser reproduzido (comparar 226). A união de I_i e I_k e das normas N_i e N_k, que lhes correspondem, é pela regra:

x. Quando N_i protege I_i e N_k protege I_k e no caso C a justificação de I_k no sentido da regra ix. é grande o suficiente para preferir a proteção de I_k à de I_i prevalece, no caso C, N_k sobre N_i ((N_k **P** N_i) C)

produzida. x. diz do que se trata no que segue: da proposição, que no caso C a justificação de I_k, no sentido de ix., é grande o suficiente para preferir a proteção de I_k à de I_i. ix. e x. não formulam critérios para isto, quando I_k deve ser preferido a I_i ou N_k a N_i. Mas eles determinam o que tem importância, ou seja, a medida da justificação de um interesse e a medida da limitação do outro. Por esse meio, eles coagem à consideração desses fatores e à formulação de uma proposição que os denomina e que os põem em relação. Essa proposição – sem dúvida, uma proposição normativa ou prática – não pode mais ser fundamentada por um

39

procedimento de ponderação de bens distinguível de outros procedimentos de fundamentação. Que uma proposição dessa forma é fundamentada, é a ponderação de bens. Sua fundamentação deve realizar-se no caminho da argumentação jurídica geral. Nisso, são admissíveis todos os argumentos possíveis no discurso jurídico. O caráter da proposição, ele passa, ao lado da apreciação da medida de uma limitação de interesses, sobretudo, pela avaliação da justificação de interesses, deixa reconhecer que argumentos práticos gerais, em regra, irão decidir. Com isso está, simultaneamente, demonstrado o núcleo racional da ponderação de bens. Trata-se de uma estrutura formal do emprego de, no essencial, argumentos práticos gerais, que, em virtude da forma lógica de determinadas partes do material normativo, especialmente, das prescrições de direitos fundamentais, é necessário.

b) A ponderação geral

No segundo grau da fundamentação, o tribunal constitucional federal, primeiro, faz uma ponderação de bens *geral* segundo essas regras. Ele discute, como primeiro – completamente no sentido de ix. e x. –, sob inclusão de resultados de investigações empíricas, as repercussões de filmes documentários do tipo em questão (226-230). Nisso, ele chega à conclusão que tais emissões "regularmente" apresentam "uma intervenção grave" na "esfera de personalidade" do autor (230). Associado a isso, o tribunal examina – de novo completamente no sentido de ix. e x. – a justificação dos interesses em sentido contrário. Ele comprova que, geralmente, a intensidade da intervenção ainda é sobrepujada pela fortidão da justificação dos interesses em sentido contrário: "Se se pondera o interesse de informação não escrito por uma reportagem correspondente na televisão (I_2) geralmente contra a invasão, com isso unida forçosamente, no âmbito da personalidade do autor (I_1), então merece, para a reportagem atual sobre condutas puníveis (A'), o interesse da informação, no geral (G'), a primazia." (231) No caso de A', portanto, quando existe uma reportagem atual sobre condutas puníveis, deve, com isso, caso não existam condições particulares, impedidoras de uma reportagem (G'), N_2 ser preferido a N_1:

xi. $(N_2 \, \mathbf{P} \, N_1) \, A', G'$.

O interessante em xi. é que xi. deixa transformar-se em uma norma, cuja estrutura corresponde a uma primeira premissa de uma justificação interna. Quando N_2 deve ser preferido a N_1 vale como conclusão de $N_2 \neg O \neg F_{Na}$; não é, portanto, ordenado não irradiar, ou permitido, fazer isso. N_2 deve ser preferido a N_1 sempre então, quando A' e G' são exatos. A' e G' podem ser formulados como predicados sobre indivíduos. Quando em A' "reportagem atual sobre condutas puníveis" é por "interesse de informação atual que serve à reportagem de televisão sobre uma conduta punível grave" substituído, o que deve ser considerado como con-

40

cretização admissível, é *A* o predicado correspondente a *A'* sobre indivíduos. A cláusula-ceteris paribus *G'* deve, como predicado sobre indivíduos, como:

G ...: ... é alguém, em cuja pessoa não existem fundamentos particulares, impedidores de uma reportagem

ser lida. Portanto, vale a norma:

xii. $(x) (Ax \wedge Gx \rightarrow \neg O \neg F_Nx)$ ou $(x) (Ax \wedge Gx \rightarrow \neg FF_Nx)$.

Isso pode ser generalizado: as condições *C*, sob as quais uma norma de direitos fundamentais N_i deve ser preferida a uma outra norma de direito fundamental N_k, deixam formular-se como pressupostos do tipo de uma norma, cuja consequência jurídica é a conclusão de N_i.

c) A ponderação no caso concreto

Na ponderação geral trata-se da reportagem atual.[79] No caso a ser decidido, porém, não se trata de uma reportagem atual. Com isso, coloca-se a questão, se aquilo que vale para a reportagem atual também é exato para uma reportagem posterior da forma presente. Com essa questão está obtida a parte essencial da decisão, após 31 páginas de texto. Segundo a concepção do tribunal constitucional federal, o "critério decisivo" para a admissibilidade de uma apresentação posterior consiste nisto, "se a reportagem em questão, perante a informação atual, é idônea para efetuar um prejuízo do autor consideravelmente novo ou adicional" (234). Com auxílio do novo predicado:

*I*B ...: ... é alguém, cujos interesses são prejudicados consideravelmente por uma reportagem de televisão sobre sua conduta punível,

assim como dos predicados *W* (repetição) e *A* (interesse de informação atual) pode, com base nesse critério, ser formulada a norma seguinte:

xiii. $(x) (I_Bx \wedge Wx \wedge \neg Ax \rightarrow FF_Nx)$.

xiii. corresponde, segundo a regra geral, citada agora mesmo, à relação de preferência:

xiv. $(N_1 \mathbf{P} N_2) I'$ *B*, *W'*, $\neg A'$.

O passo para o ponto, certamente, mais importante, da decisão deve, agora, ser reconstruído pela regra que, sempre então, quando a ressocialização é posta em perigo (R_G, R' *G*), existe um prejuízo considerável (I_B, I' *B*):

xv. $(x) (R_Gx \rightarrow I_Bx)$

---

[79] Também esta somente é admissível quando a cláusula-ceteris paribus *G'* ou *G* está cumprida. Sobre o último deve, outra vez, ser decidido no quadro do princípio da proporcionalidade (232).

ou:

xvi. R' $_G \rightarrow I'$ $_B$.

De xiii. e xv. resulta a norma de partida da justificação interna:

(1) (x) $(RGx \wedge Wx \wedge \neg Ax \rightarrow FFNx)$.

A fixação de preferência definitiva ganha, em virtude de xiv. e xvi., a forma:

xvii. $(N_1 \mathbf{P} N_2)$ R' $_G,$ W' $\neg A'$.

De (1) resulta, segundo o esquema (IR.3), a sentença. (IR.3) junta-se, com isso, sem coerção à ponderação de bens. Com isso, está demonstrada a adequação da hipótese de reconstrução geral (IR.2) em um caso, no qual, com isso, de antemão, não se podia contar.[80]

d) A conclusão do argumento principal sobre o resultado

xvii. contém R' $_G$, o perigo da ressocialização, como ponto de vista preponderante, peso decisivo da ponderação. Para o peso desses pontos de vista, o tribunal cita uma série de argumentos: a concepção geral, que nos últimos decênios impôs-se progressivamente no direito penal (235), o § 2, do projeto de uma lei de efetivação da pena, apresentado, naquele tempo, pelo governo federal e a tomada de posição do conselho federal (235), "a autoconsciência de uma comunidade que põe a dignidade humana no centro de seu ordenamento de valores", o princípio do estado social (235 e seguinte) e a proteção da comunidade perante recaídas (236). Com esses argumentos, o tribunal distingue a ressocialização ou a evitação do perigo da ressocialização (aqui notado como " $\neg R'$ $_G$") como finalidade a ser perseguida preferencialmente. Isso pode por:

i. $O \neg R'$ $_G$

ser reproduzido. A união de $O \neg R'$ $_G$ com a proibição da emissão é produzida por meio de duas hipóteses de lei empíricas. A primeira diz que, então, quando um perigo da estabilização interna $(S'$ $_G)$ e um prejuízo das condições de am-

---

[80] Nenhuma objeção contra o destacamento reconstrutivo da norma universal, fundamentada externamente por ponderação de bens (1), e dos passos que levam, a partir daqui, segundo o esquema (IR.3), até a sentença, forma o fato que o tribunal, após a fundamentação e formulação de (1), não deduz expressamente de (1) a sentença, mas, na parte B. V., outra vez, discute as circunstâncias do caso pormenorizadamente e relacionadas diretamente com o promovente do recurso. Nisso, o tribunal chegou à proposição reconhecível facilmente como negação das premissas decididoras do tribunal de terceira instância: "Ao fim e ao cabo deve, com isso, em uma interpretação, orientada nas representações de valores da constituição, do § 23, da lei sobre direitos do autor de obras de arte, caber a primazia ao interesse do promovente do recurso, de impedir a irradiação do filme documentário." (243) O fundamento para a afirmação e fundamentação dessa proposição é facilmente reconhecível. O tribunal constitucional federal ocupa-se em B. V. com as sentenças do tribunal de segunda e de terceira instância. Refutando-as, precisa o tribunal contradizê-las. À marcha da fundamentação, a ser reconstruída, por esse meio, nem é acrescentado algo nem é ela modificada.

biente positivas (U' G) estão dados, a ressocialização está posta em perigo. Sob a referência aos problemas da formalização de relações causais isso deve como:

ii. S' $G \land U'$ $G \to R'$ G

ser notado. A segunda tem por conteúdo que, então, quando um filme documentário do tipo a ser apreciado é irradiado em uma situação como a presente (F' N), S' $G \land U'$ G é o caso:

iii. F' $N \to S'$ $G \land U'$ G.

Essas premissas permitem a fundamentação seguinte de O ¬ F' N ou FF' N:

(S')	.i. $O \neg R'$ G	
	.ii. S' $G \land U'$ $G \to R'$ G	
	.iii. F' $N \to S'$ $G \land U'$ G	
	iv. F' $N \to R'$ G	ii., iii.
	v. $O \neg F'$ N ou FF' N	i., iv.

$O \neg F'$ N ou FF' N pode facilmente ser transformado em $FFNa$, o resultado da decisão. Se (S') é válido, pode, por conseguinte, ser formulada a hipótese geral: no quadro de uma ponderação de bens reencontram-se, como finalidades distinguidas preferencialmente, não só na premissa da justificação interna, que representa o resultado da ponderação de bens, elas admitem, também, imediatamente, uma conclusão sobre o resultado.

É afirmado e, em seguida, fundamentado que (S') é válido, todavia, não válido em virtude das leis da lógica clássica. Com isso, é possível uma conclusão imediata de $O \neg R'$ G sobre $O \neg FNa$ ou $FFNa$, a sentença de dever jurídica concreta. Contudo, não se irá considerar a formulação de (S') como reconstrução da sentença adequada. O caminho da fundamentação transcorre do modo complicado apresentado. O fundamento para isso é do tipo teórico-argumentativo. Não basta, em sentenças judiciais, citar um fundamento decisivo, que apoia o resultado considerado como correto, ao contrário, todos os pontos de vista em ligação com decisões anteriores e os estabelecimentos de normas do dador de leis, sob inclusão dos resultados de investigação científico-jurídica, devem ser considerados segundo as regras do argumentar jurídico razoável, cuja base são as regras do argumentar prático geral razoável. Sob esse aspecto, decisões judiciais têm caráter de discurso.[81] Pelo menos, porém, (S') mostra como, de diversas camadas, são fundamentações jurídicas. Além disso, esquemas como (S') são algo como instrumentos de medição para o peso de argumentos.

Tudo isso pressupõe, certamente, que (S') é válido. Isso não é não problemático. Em (S') iv. resulta, sem dúvida, de ii. e iii. Mas, se v. resulta de i. e iv.

---

[81] Comparar para isso, R. Alexy (nota 15), S. 273 ff.

pode ser posto em dúvida. "*Z*" designa um estado que é ordenado e "*M*" um meio necessário para a produção de *Z*. O esquema adquire, então, a forma seguinte:

(*S*)   (1) *OZ*

(2) $\neg M \to \neg Z$

(3) *OM*[82]

Se se interpreta *Z* e *M* como simplesmente proposições de declaração, (*S*) corresponde ao esquema de Weinberger:[83]

(*S''*)   (1) !*A*

(2) $A \to B$

(3) !*B*

Esse esquema, que Weinberguer considera como "bastante convincente, embora não-superior a cada dúvida",[84] é, contudo, nessa interpretação inválido. Isso deixa mostrar-se facilmente em exemplos. "*A*" significa: "tribunais decidem conflitos jurídicos"; "*B*" significa: "alguns conflitos jurídicos são decididos erroneamente". *A* é ordenado e tanto *A* como *B* podem ser considerados como verdadeiros. Vale, portanto, tanto !*A* (ou *OA*) como também $A \to B$. Disso, contudo, não se irá querer resultar que é ordenado que alguns conflitos jurídicos sejam decididos erroneamente.[85] Que (*S''*) nessa interpretação é inválido, também pode ser visto nisto, que a negação de:

$$!A \wedge (A \to B) \to !B$$

ou seja

$$!A \wedge (A \to B) \wedge \neg !B$$

de modo nenhum é não cumprível. Contudo, (*S*) tem uma determinada plausibilidade intuitiva. Isso dá lugar a procurar por uma diferenciação entre (*S*) e (*S''*). Uma dá na vista. Em (*S*) trata-se de meios e finalidades, em (*S''*), ao contrário, somente de declarações arbitrárias, que na segunda premissa são unidas pelo condicional. Isso sugere conceber (*S*) como uma variante de um silogismo prático, cuja segunda premissa expressa uma relação finalidade/meio.[86] Sobre a validade de (*S*) deve, com isso, ser decidido em uma teoria dos meios e das finalidades. Uma das ideias a ser reconstruída em uma tal teoria é aquela, que não cada

---

[82] Comparar para isso, dens., S. 292.

[83] O. Weinberger (nota 4), S. 220.

[84] Ders., (nota 4), S. 219.

[85] Para outros exemplos contrários, comparar E. Morscher, die Normenlogik in Ota Weinberger "Rechtslogik", in: ÖZöR 21 (1971), S. 285; J. Rödig, Kritik des normlogischen Schließens (nota 29), S. 85; ders., Über die Notwendigkeit einer besonderen Logik der Normen (nota 29), S. 182, Anm. 51.

[86] Comparar para isso, G. H. v. Wright, The Varieties of Goodness, London/New York 1963, S. 155 ff., assim como O. Weinberger, Handeln und Schließen. Überlegungen zum Begriff der praktischen Inferenz, in: Philosophica 23 (1979), S. 5 ff.

finalidade justifica cada meio para ela necessário. No quadro de (*S*) isso deixa expressar-se com uma variante do modus tollendo tollens: se *M* está proibido e é um meio necessário para *Z*, então *Z* não é ordenado.

Ao esquemas de conclusão como (*S*) serem aceitos, o âmbito da lógica clássica é abandonado. Não abandonado, contudo, é o âmbito da lógica. Ter mostrado isso é, sobretudo, o mérito de G. H. v. Wright: "Nós devemos, eu penso, aceitar que silogismos práticos são peças de argumentação logicamente válidas em seu próprio direito. Aceitá-los de fato significa uma expansão do âmbito da lógica."[87]

Para a análise lógica da justificação externa de sentenças judiciais isso tem consequências extensas. O instrumentário para isso necessário não se limita àquele da lógica clássica. Além disso, ele está desenvolvido só primordialmente. Isso é, contudo, somente um aspecto de um problema geral. Para a reconstrução adequada da justificação externa, a lógica, sem dúvida, é bem genericamente necessária, mas não suficiente. Suficiente seria, primeiro, uma teoria da argumentação jurídica, cujo fundamento irrenunciável, sem dúvida, é a lógica, que, porém, tem de ultrapassar essa amplamente. Expor algo para isso, contudo, não foi a finalidade deste estudo.[88]

---

[87] G. H. v. Wright (nota 86), S. 167.

[88] Comparar para isso, R. Alexy (nota 15), S. 283 ff.

2. Fundamentação de normas e aplicação de normas

Não existe nenhuma dúvida nisto, que se pode distinguir entre a fundamentação e a aplicação de normas. Problemas aparecem primeiro quando se pergunta em que consiste essa distinção e quais consequências devem dela ser tiradas. Em tempo mais recente, sobretudo, Klaus Günther esforçou-se por essa distinção e com ela uniu conclusões extensas de tipo teórico-normativas, teórico-argumentativas e teórico-morais. Suas teses são objeto de minhas reflexões.

I.

Segundo Günther, existe entre a fundamentação e a aplicação de uma norma uma diferença fundamental.[1] Na fundamentação de uma norma trata-se de sua validade, e somente de sua validade, na sua aplicação, de sua conveniência, e somente de sua conveniência. A conveniência de uma norma somente pode ser determinada com vista a uma situação de aplicação determinada. Para comprovar se uma norma, em uma situação determinada, é conveniente,[2] é necessário apreciá-la com vista a todas as características dessa situação e com vista a todas as normas que, alternativamente, entram em questão.[3] A conveniência de uma norma compõe-se, por conseguinte, de dois componentes: de sua relação (1) para com uma situação determinada e (2) para com todas as outras normas que entram em questão nessa situação. Günther tenta compreender isso com auxílio do conceito de coerência.[4] Um discurso de aplicação é, por conseguinte, um discurso no qual é tentado considerar todas as características de uma situação na luz de todas as normas que entram em questão.[5] Sua imparcialidade consiste nisto, que nenhuma característica é oprimida e nenhuma norma possivelmente correspondente fica sem consideração. Günther denomina isso de "sentido aplicativo de imparcialidade".[6]

---

[1] K. Günther, Der Sinn für Angemessenheit, Frankfurt a. M. 1988, S. 25.

[2] "Conveniência" deve ser um predicado de uma "norma em uma situação em relação a todas as características" da situação (K. Günther (nota 1), S. 75).

[3] K. Günther (nota 1), S. 94, 257, 271, 298.

[4] Ders. (nota 1), S. 96, 304 f., 307.

[5] Ders. (nota 1), S. 257 ff.

[6] Ders. (nota 1), S. 257.

Ao contrário, para o discurso de fundamentação deve ser constitutivo o sentido "recíproco-universal"[7] de imparcialidade. Enquanto a imparcialidade aplicativa deve ser relacionada à matéria (todas as características da situação) e relacionada ao sistema (todas as normas), a imparcialidade recíproco-universal é definida relacionada à pessoa e ao procedimento. Uma norma deve, nesse sentido, ser imparcial quando todos, em um discurso definido por liberdade e igualdade, podem aprová-la.[8] Se isso é o caso, então a norma deve ser generalizável e, por conseguinte, fundamentada e, por isso, valer.

A manobra de agulha decisiva no argumento de Günther é, agora, que, segundo sua opinião, a dimensão de aplicação falta, necessariamente, em discursos de fundamentação. Em discursos de fundamentação tem lugar uma apreciação essencialmente "independente da situação" de normas.[9] Isso, por dois fundamentos não pode ser diferente. De uma parte, o conhecimento dos participantes do discurso é limitado. Não é possível conhecer todas as características de todas as situações de aplicação. De outra, poderiam modificar-se tanto o conhecimento sobre a situação de aplicação como também os interesses com os quais as normas se relacionam.[10] Cada resultado de um discurso de fundamentação é, por conseguinte, relativo em um sentido duplo: relativamente ao estado do conhecimento respectivo e relativamente aos interesses respectivos de todos os participantes do discurso.[11] Günther tira disso a conclusão, que em discursos de fundamentação somente normas-prima facie podem ser fundamentadas.[12] Sob normas-prima facie ele entende, com apoio em Searle,[13] "normas que são válidas sob circunstâncias invariáveis".[14] Cada resultado de um discurso de fundamentação é, por conseguinte, dotado de uma cláusula-ceteris paribus.[15] Günther esclarece isso com uma observação, à qual ainda deverá ser voltada: "Em discursos de fundamentação, ela serve para isto, excluir artificialmente a consideração de situações de aplicação distintas."[16]

---

[7] Ebd.

[8] Ders. (nota 1), S. 56.

[9] Ders. (nota 1), S. 257.

[10] Ders. (nota 1), S. 52.

[11] Habermas, mais recentemente, precisou e afilou essa reserva: "Cada reserva *específica*, com a qual nós consideramos válidas prima facie normas de atuação bem fundamentadas somente em um sentido carente de complemento, explica-se, sem dúvida, também da limitação de nosso conhecimento atual, contudo, não de sua falibilidade. A reserva de incompletude ampla explica-se ... do provincialismo existencial perante alterações históricas dos próprios objetos ... (e), por fim, disto, que o mundo social ... ontologicamente é constituído de outra forma" (J. Habermas, Erläuterung zur Diskursethik, in: ders., Erläuterungen zur Diskursethik, Frankfurt a. M. 1991, S. 141 f.).

[12] K. Günther (nota 1), S. 94.

[13] J. Searle, Prima Facie Obligations, in: J. Raz (Hg.), Practical Reasoning, Oxford 1978, S. 88 f.

[14] K. Günther (nota 1), S. 259.

[15] Ders. (nota 1), S. 266.

[16] Ebd.

Que discursos de aplicação e de fundamentação devem ser separados, rigorosamente, segundo o modo descrito, é, segundo Günther, certamente, só um lado da matéria. Do mesmo modo, é importante, para ele, o jogo de conjunto deles. O caráter do jogo de conjunto fica, diante do fundo daquilo que Günther denomina o "ideal de uma norma perfeita",[17] claro. Uma norma deve ser perfeita quando ela é o resultado de um discurso ideal em cada sentido.[18] Günther tematiza três características do discurso ideal em cada sentido: (1) a participação ilimitada livre e igual, (2) o tempo ilimitado e (3) o conhecimento ilimitado. Como os participantes de um discurso ideal em cada sentido dispõem sobre conhecimento ilimitado,[19] eles conhecem cada situação de aplicação com todas as suas características. Se eles, então, também, ainda, dispõem de tempo ilimitado, eles podem tentar fundamentar normas que já consideram cada situação de aplicação possível com todas as suas características e, com isso, estão postas em relação com todas as outras normas. Se eles, nisso, chegam, rigorosamente, a uma solução para cada caso, pode, aqui, ficar aberto.[20] Em todo caso, Günther tem razão quando ele diz que sob as condições ideais mencionadas um discurso de aplicação especial seria superficial.[21]

A ideia de Günther é, agora, que o fato, que um discurso ideal em cada sentido não é realizável, pode ser compensado, em todo o caso, em amplo pedaço, pelo jogo de conjunto de discursos de fundamentação e de aplicação. Sem dúvida, não é possível em discursos de fundamentação considerar todas as situações de aplicação com todas as características, mas é possível limitar os discursos de fundamentação, primeiro, à tarefa de justificação mais simples de normas-prima facie e, então, em discursos de aplicação, todavia, considerar todas as características do caso pendente, cada vez, de decisão.

II.

Antes do argumento de Günther ser submetido a uma investigação circunstanciada no quadro de um exemplo, algumas observações mais gerais são oportunas. Um argumento central de Günther, primeiro para a separação e, então, para o juntamento de discursos de fundamentação e de aplicação, é a limitação de nosso conhecimento, e precisamente, nossa incapacidade de prever todas as situações de aplicação de uma norma com todas as suas características. Esse fato, consti-

---

[17] K. Günther, Ein normativer Begriff der Kohärenz für eine Theorie der juristischen Argumentation, in: Rechtstheorie 20 (1989), S. 167.

[18] Para o conceito do discurso ideal em cada sentido, assim como para os problemas unidos com esse conceito, comparar R. Alexy, Probleme der Diskurstheorie, in: Zeitschrift für philosophische Forschung 43 (1989), S. 84 ff. [número 5, página 90 e ss.].

[19] O conhecimento ilimitado, do qual aqui se trata, é somente um conhecimento empírico sobre fatos externos e internos. Fosse ele também um conhecimento normativo, ele iria abarcar imediatamente a solução correta de cada caso e um discurso prático não seria necessário.

[20] Comparar para isso, R. Alexy (nota 18), S. 85 f.

[21] K. Günther (nota 1), S. 49 f.

tutivo para todos os discursos reais, leva, de fato, a uma reserva-prima facie ou ceteris paribus, pela qual é expressa uma estimativa falível de todos os resultados do discurso. Saliente é, todavia, que Günther somente abandona parcialmente a ideia do discurso de fundamentação ideal em cada sentido. Ele torna-se real somente nas dimensões do conhecimento empírico e do tempo. Na dimensão da participação, o discurso de fundamentação permanece ideal. Também não é oferecida uma compensação correspondente, que, pelo menos, em alguns casos, deve ser tentado esgotar todas as características. Agora, porém, é certo que também a participação ilimitada só aproximativamente pode ser realizada. Disso resulta que todos os resultados de discursos reais devem ser postos não só sob uma reserva de conhecimento e de tempo, mas também sob uma reserva de participante.[22] Isso somente pode impugnar quem classifica os participantes de um discurso como irrelevante para o resultado do discurso. Com essa tese, porém, o âmbito da teoria do discurso estaria abandonado.

Agora, a separação de Günther, de discursos de fundamentação e de aplicação, não será feita cair por uma reserva de participante. Existe, porém, motivo para a presunção que não a distinção entre fundamentação e aplicação poderia ser para a teoria do discurso o problema decisivo, mas, ao contrário, a entre discursos ideais e reais.

É, ademais, interessante que Günther adiciona ao argumento teórico-discursivo, agora mesmo esboçado, para a separação de fundamentação e aplicação um argumento de tipo completamente diferente: "Eu gostaria de defender a tese que nós, com a fundamentação imparcial da validade de uma norma, *achamos* algo diferente que sua aplicação imparcial em um caso particular."[23] Esse argumento poderia aprovar também um adversário da teoria do discurso, portanto, por exemplo, também aquele que classifica a aplicação da norma como mero ato de inteligência vinculada à forma de vida, de visão hermenêutica ou de intuição exercitada. Com a comprovação, que a fundamentação imparcial de uma norma é algo diferente que sua aplicação imparcial, o problema teórico-moral verdadeiro ainda não é formulado. Este diz se a interpretação teórico-discursiva da imparcialidade da aplicação da norma é a melhor interpretação desse conceito. Com isso, está fixada a questão decisiva: o fendimento, proposto por Günther, de discursos de fundamentação e de aplicação leva a melhor defesa da interpretação teórico-discursiva e, com isso, de uma universalista da imparcialidade da aplicação da norma? Isso somente então pode ser o caso, se as teses de Günther sobre a distinção de discursos de fundamentação e de aplicação são corretas.

---

[22] Habermas exige que o princípio da universalização, como regra de argumentação, não pode pedir "nada impossível". Ele deve "conservar um sentido operacional" (J. Habermas (nota 11), S. 139). Enquanto se persevera nisto, que os participantes do discurso são pessoas reais, e nisso deve ser perseverado, o princípio da universalização, como regra de argumentação, pede algo faticamente impossível, quando ele não é dotado de uma reserva de participante.

[23] K. Günther (nota 17), S. 168.

III.

A questão, se a distinção de Günther de discursos de fundamentação e de aplicação é correta, deve ser discutida com base no exemplo clássico, também empregado[24] por Günther, no qual a prometeu a Smith ir à sua festa, mas antes do cumprimento dessa promessa chega a saber que seu amigo Jones está gravemente enfermo e necessita de seu auxílio. Esse auxílio pode ser produzido somente no tempo em que a festa tem lugar. Nessa situação, que deve ser designada como "S", duas normas são correspondentes. Elas deixam formular-se rudimentarmente como segue:

N_1: Promessas devem ser cumpridas.

N_2: Amigo caído em dificuldade deve ser auxiliado.

Para a discussão do problema de fundamentação e de aplicação é conforme a finalidade dar a essas normas a forma condicional seguinte:

N_1: Quem prometeu alguma coisa é obrigado a fazer isso.

N_2: Quem chega a saber que um amigo caiu em dificuldade e necessita de auxílio, é obrigado a auxiliá-lo.

Se se aplica essas normas à S, então se ganha duas normas singulares ou individuais,[25] que, sem dúvida, como tais, não se contradizem, mas, das quais, na situação S, somente uma é cumprível. A aplicação de N_1 e N_2 à S tem a estrutura seguinte:

(I)   (1) Quem prometeu algo é obrigado a fazer isso. (N_1)

(2) a prometeu ir à festa de Smith.

(3) a é obrigado a ir à festa de Smith.

(II)   (1) Quem chega a saber que um amigo caiu em dificuldades e necessita de auxílio é obrigado a auxiliá-lo. (N_2)

(2) a chegou a saber que seu amigo Jones está gravemente enfermo e, nesse sentido, caiu em dificuldades e necessita de auxílio.

(3) a é obrigado a auxiliar Jones.

Seja realçado que (II) mostra uma estrutura mais complicada que (I). A premissa (2) abarca a premissa que cai em dificuldade aquele que enferma gravemente. Em uma apresentação completa da aplicação da norma essa tese deveria

---

[24] Comparar dens. (nota 1), S. 261, 288 ff.

[25] Para o conceito da norma individual, comparar R. Alexy, Theorie der Grundrechte, Baden-Baden 1985 (Frankfurt a. M. 1986), S. 73.

ser citada como autônoma.[26] Como, neste lugar, contudo, trata-se somente do problema da colisão e não da subsunção, deve ser renunciado a isso.

Para as outras reflexões é conforme a finalidade ter vista da estrutura lógica da aplicação de N_1 e N_2 à S, pelo menos, em seus traços mais elementares. A de (I) deixa apresentar-se como segue:

(I)   (1) (x) $(T_1 x \rightarrow OR_1 x)$ (N_1)

                (2) $T_1 a$

                (3) $OR_1 a$[27]

(I) reproduz a estrutura de N_1 como norma universal. "T_1" representa "prometeu fazer h", "R_1" representa "faz h". "O" é o operador deôntico "é ordenado que".[28] (2) é uma proposição empírica que expressa que, com referência a a, na situação S existe a característica T_1. (3) é a norma individual que resulta logicamente de (1) e (2), que diz que é ordenado que a cumpra sua promessa, o que deve implicar, que a é obrigado a isso.

A estrutura lógica da aplicação de N_2 deixa apresentar-se, outra vez com numerosas simplificações, de modo correspondente:

(II)   (1) (x) $(T_2 x \rightarrow OR_2 x)$ (N_2)

                (2) $T_2 a$

                (3) $OR_2 a$

(II) é uma simplificação ainda muito mais radical que (I). (2) abarca não só uma regra do uso das palavras,[29] que, como mencionado, deveria ser citada como premissa autônoma, em (I) são, mais além, reunidas várias características em um. Contudo, também nesse caso, basta a apresentação simplificada para o argumento a ser aqui exposto.

As reflexões até agora levam a duas visões simples. A primeira diz que também a aplicação da norma deixa conceber-se como fundamentação da norma. Ela distingue-se em sua forma lógica daquilo que geralmente é denominado "fundamentação da norma" somente pelo fato de o objeto da fundamentação não ser uma norma universal, mas uma individual. Isso tem, todavia, consequências amplas. Muito mais importante é a segunda visão. Ela consiste nisto, que no exemplo clássico, aqui considerado, problemas de aplicação não nascem no interior da aplicação de N_1 e N_2 à S, mas somente em virtude das relações de ambas

---

[26] Comparar para isso, R. Alexy, Theorie der juristischen Argumentation, 2. Aufl., Frankfurt a. M. 1991, S. 276.

[27] Comparar para isso, dens. (nota 26), S. 95, 274.

[28] Naturalmente a estrutura lógica de (1) e, com isso, de (I) deixaria apresentar-se essencialmente diferenciada. Assim, em uma análise completa em (1) deveriam ser acolhidas, por exemplo, variáveis também para o recebedor da promessa e para o seu objeto, o que somente é possível sob o emprego de predicados de várias variáveis. Para as reflexões, a serem aqui feitas, basta, contudo, essa apresentação.

[29] Comparar R. Alexy (nota 26), S. 278, 288.

as aplicações que, cada vez, consideradas em si, são sem problemas. Somente porque, primeiro, N_1 e N_2 valem e, segundo, S mostra as características T_1 e T_2, produzem-se duas normas individuais, que ambas não são cumpríveis, e, com isso, produz-se aquilo que Günther denomina problema de colisão.[30] A questão diz o que resulta do problema de colisão[31] para a distinção de discursos de fundamentação e de aplicação.

Se se considera o assunto do resultado, então três modelos de solução são possíveis. No primeiro, a colisão não é dissolvida. Apesar do fato que a não pode cumprir ambas as obrigações, ele é submetido a ambas. Ele pode atuar como ele quer, sempre ele infringe uma norma e atua, sob esse aspecto, erroneamente. Esse modelo pode, pelo menos com vista aos casos, nos quais alguém inocentemente cai em uma situação como a, ser designado como o "modelo trágico". Eu quero deixar aqui aberto se existem casos nos quais o modelo trágico se recomenda. Em todo o caso, o caso presente não é um caso desse tipo. O segundo modelo é o equivalente extremo para com o modelo trágico. Ele é escolhido, quando em casos de colisão é aceito que nenhuma obrigação existe. Günther nem sequer primeiro considera esse modelo de solução, e isso, com razão. Ele iria levar a isto, que a, por causa da casualidade de ter prometido a Smith a participação em sua festa, se libertaria da obrigação de auxiliar seu amigo. Correto pode aqui, por conseguinte, ser somente o terceiro modelo de solução, no qual ou uma ou outra obrigação permanece existente. Eu espero, sem fundamentação, poder dizer que isso é, no caso presente, a obrigação de auxiliar o amigo caído em necessidade.

Quem escolhe o terceiro e único correto modelo de solução pode construir de dois modos a relação entre as normas correspondentes, em nosso caso, N_1 e N_2, e o resultado definitivo, em nosso caso, a obrigação de auxiliar o amigo caído em desgraça (OR_2a). A primeira construção consiste nisto, que o plano das normas fica intacto pela decisão para OR_2a. Antes como depois da decisão ela consiste de N_1 e N_2 como normas-prima facie. A decisão acrescenta a isso somente a norma individual OR_2a.

Quem escolhe essa construção pode separar facilmente discursos de fundamentação e de aplicação. Objetos de discursos de fundamentação são normas-prima facie, que não estão relacionadas mutuamente e, nesse sentido, isoladas, de talho simples como N_1 e N_2. Discursos de aplicação tomam tais normas como pontos de partida, mas têm como objeto exclusivamente normas individuais como OR_2a, que expressam decisões definitivas em situações concretas. Normas universais, por conseguinte, já não podem ser objeto do discurso de aplicação, porque nessa construção, afora as normas universais a serem aplicadas, como N_1 e N_2, não existem outras normas universais. Tão vantajosa essa construção é para

---

[30] K. Günther (nota 1), S. 267.

[31] Eu não quero, aqui, tematizar a distinção de regras e princípios. Se se fizesse isso, deveriam ser distinguidos conflitos de regras e colisões de princípios (comparar R. Alexy (nota 25), S. 77 ff.). A expressão "colisão" é, aqui, por conseguinte, empregada em um sentido amplo, no qual ela diz respeito tanto a conflitos de regras como a colisões de princípios.

aquele que quer defender uma separação rigorosa de discursos de fundamentação e de aplicação, tão gravemente pesam suas desvantagens sob o ponto de vista da racionalidade prática. Uma prática de decisão universalista não é possível nessa construção. As relações entre o plano das normas-prima facie e o das decisões definitivas têm caráter-ad hoc. O postulado moral fundamental da igualdade de tratamento deita a mão no vazio, porque no universo normativo, escassamente dotado, dessa construção nada pode haver que poderia garantir igualdade de tratamento. Existem somente normas individuais definitivas, que são talhadas completamente para situações particulares, e normas-prima facie simples, como N_1 e N_2, que em cada nova situação de novo devem ser ponderadas. Coerência normativa não se deixa produzir em um tal sistema.

Existem manifestações de Günther que, em consideração isolada, sugerem a suposição que ele quer decidir-se para essa construção. Assim, diz-se que em discursos de aplicação a comprovação, "que Jones encontra-se em uma situação desamparada e, por conseguinte, o mandamento da prestação de auxílio deve ser considerado," obtém "o status de um *argumento*". Esse argumento visa "não mais à validade da norma colidente, mas somente à sua *conveniência* sob consideração de todas as circunstâncias da situação".[32] Que N_2, sob essa condição, é conveniente, significa, porém, nada mais que vale definitivamente aquilo que N_2 exige. Poderia, por conseguinte, ler-se Günther de modo que, segundo ele, nada existe senão normas-prima facie como N_1 e N_2, normas individuais definitivas como OR_1a e OR_2a e uma sentença de conveniência que prefere uma de ambas as normas-prima facie e, com isso, uma de ambas as normas definitivas, em nosso caso N_2 e OR_2a. Isso corresponderia à primeira construção.

Se se junta todas as manifestações de Günther, resulta, contudo, uma outra imagem. Assim, ele fala disto, que "novas interpretações de situações" levam à "alteração, modificação, revisão" do "conteúdo semântico com a conseqüência que uma tal norma modificada de novo deve ser examinada em conseqüência disto, se ela, com vista aos contextos agora conhecidos, pode ser aceita por todos com fundamentos".[33] Isso significa nada mais que a norma, por motivo da solução de um caso, é modificada e que a norma modificada é suscetível e carente de fundamentação. O mais claro fica Günther nas regras do uso das palavras. No caso de N_2 existem muitas situações, nas quais é confuso se N_2 é aplicável a elas. A regra do uso das palavras, acima pressuposta, que diz que alguém, que enferma gravemente cai em dificuldade, causa relativamente poucos problemas. O que tem, porém, em uma enfermidade mais leve, por exemplo, uma amigdalite com febre? Ainda muito mais problemas de interpretação apresenta o segundo pressuposto de N_2. Necessita um amigo gravemente enfermo também então auxílio, quando uma enfermeira o abastece com o indispensável à vida, que, porém, é pouco amável e o amigo anseia por consolo? As características de tais situações

---

[32] K. Günther (nota 17), S. 172.
[33] Ders. (nota 1), S. 95.

deixam, por regras do uso das palavras, unir-se com os conceitos contidos em N_2 positiva e negativamente. Se isso ocorreu, pode o caso ser solucionado por uma subsunção.[34]

O caso de aplicação mais simples corresponde ao esquema seguinte:

(II') (1) (x) $(T_2x \to OR_2x)$ (N_2)

(2) (x) $(Mx \to T_2x)$

(3) Ma

(4) OR_2a[35]

Günther realça, com razão, que regras do uso das palavras como (2) são "carentes de fundamentação como uma norma",[36] porque de (1) e (2) resulta a norma nova (I'): (x) $(Mx \to OR_2x)$. Acertada também é a sua comprovação que "a tarefa de justificar a conveniência da situação de uma fixação de significado em relação a outras variantes de significado não (se) (distingue) da tarefa de justificar a conveniência da situação de uma norma em relação com outras normas aplicáveis".[37] Tanto no caso de indeterminação como no de colisão, a decisão sobre a conveniência em uma situação concreta abarca, no plano das normas, modificações suscetíveis e carentes de fundamentação.

A isso, corresponde a segunda construção. Ela deixa caracterizar-se pelo fato de nela as decisões em situações concretas serem reproduzidas no plano das normas. Em nosso caso, portanto, em S, isso pode ocorrer pelo fato de em N_1, portanto, na norma que exige a observância de promessa, ser inserida uma cláusula de exceção que está relacionada com a norma N_2 em sentido contrário em S. N_1 ganha, com isso, a forma seguinte:

N_1^k: quem prometeu alguma coisa é obrigado a fazer isso, a não ser que chegue a saber que um amigo caiu em necessidade e necessita de auxílio.[38]

Essa norma tem a estrutura seguinte:

$$N_1^k: (x) \ (T_1x \land \neg \ T_2x \to OR_1x).[39]$$

N_2 pode permanecer imodificado. N_1^k e N_2 deixam agora se aplicar a S sem que nasça uma colisão.

---

[34] R. Alexy (nota 26), S. 276 ff.

[35] Ders. (nota 26), S. 288.

[36] K. Günther (nota 1), S. 291.

[37] Ders. (nota 1), S. 293.

[38] Para uma formulação semelhante, comparar dens. (nota 17), S. 178.

[39] Para essa estrutura como estrutura fundamental da limitação da aplicabilidade de uma norma, comparar R. Alexy (nota 26), S. 290.

IV.

Se se aceita a segunda construção, então aparece a questão, se o problema de aplicação não é, no núcleo, um problema de fundamentação. Sem dúvida, a situação S com as características T_1 e T_2 é o motivo para modificar N_1, na matéria, porém, parece tratar-se disto, se a norma modificada é justificada, portanto, se N_1^k pode, em um discurso de fundamentação, ser aceita e, por conseguinte, vale. Günther coloca essa questão e a nega. Nisso, deixam distinguir-se duas fundamentações.

Um primeiro argumento diz que não se deve direcionar isoladamente para a norma construída nova. Um discurso de fundamentação não é necessário enquanto "a interpretação" move-se sobre a base e nos limites do sentido das normas e princípios aceitos como válidos em comum. O que Günther acha com isso fica claro quando ele acrescenta: "No interior desses limites nós aspiramos a um *sistema coerente ideal* entre as normas colidentes uma com as outras. Todas as normas construídas novas, que servem à produção de relações de apoio no interior desse sistema ideal aspirado, ainda pertencem à quantidade das normas aceitas como válidas em comum".[40] Isso deixa, com vista ao pequeno universo do caso S, aqui considerado, reunir-se na tese seguinte: N_1^k não tem de ser fundamentada em um discurso de fundamentação, se N_1^k serve à produção de um sistema coerente ideal entre N_1 e N_2. Eu considero essa tese errônea. N_1^k é, primeiro, uma norma e, segundo, uma norma que perante N_1 e N_2 mostra conteúdos normativos adicionais. N_1^k contém consequências para a pacificação de interesses dos por ela afetados, que em N_1 e N_2 ainda não estão incluídos. O princípio da universalidade da teoria do discurso pede, por conseguinte, que N_1^k seja justificada em um discurso de fundamentação.

A tese de Günther seria somente então correta, se pudesse ser dito que N_1^k já está contida em N_1 e N_2 e, por conseguinte, já pertence "à quantidade das normas aceitas como válidas em comum".[41] Se se considera N_1 e N_2 isoladamente como normas-prima facie, N_1^k certamente ainda não está contida em N_1 e N_2. Isso resulta simplesmente disto, que N_1^k não resulta de N_1 e N_2. N_1^k poderia, por conseguinte, somente sob agregação de uma outra premissa pertencer às normas já aceitas como válidas. Günther oferece como uma tal outra premissa a ideia de um sistema coerente ideal. A ideia de coerência ou é um chapéu mágico, do qual se pode sacar tudo – fala-se, então, de bom grado, de sinopse – ou ela remete ao procedimento da fundamentação em um sistema.[42] Os esforços de Günther, de operacionalizar o conceito de coerência,[43] chamam a atenção sobre isto, que ele visa à segunda concepção. Se, porém, a produção de coerência é um procedi-

---

[40] K. Günther (nota 17), S. 181.

[41] Ebd.

[42] Para o último, comparar R. Alexy/A. Peczenik, The Concept of Coherence and Its Significance for Discursive Rationality, in: Ratio Juris 3 (1990), S. 130 ff.

[43] K. Günther (nota 1), S. 299 ff.

mento de fundamentação, então esse procedimento não está limitado a discursos de aplicação, mas também é empregável em discursos de fundamentação. Quem quer impugnar isso deve afirmar que a coerência na fundamentação de normas é irrelevante. Por conseguinte, também a ideia de coerência não leva a isto, que N_I^k pode ser sacada do âmbito do discurso de fundamentação como não carente de fundamentação. Günther parece ver isso, quando ele diz que, sempre então, quando a pretensão de validade de uma norma como N_I^k é discutível, pode ser esclarecido "em um discurso de fundamentação se a norma personifica um interesse geral e deve pertencer à quantidade das normas aceitas como válidas".[44] Com isso, ele concede que cada norma como N_I^k em um discurso de fundamentação *suscetível de* fundamentação, porque de nenhuma norma como N_I^k pode, de antemão, ser excluído que ela é discutível. Mas ele parece achar que não toda a norma como N_I^k é *carente de* fundamentação. Isso deve, então, não ser o caso, quando uma norma como N_I^k pode ser mostrada como elemento de um sistema coerente, o que é assunto de um discurso de aplicação autônomo.[45] Isso não pode ser aprovado.

O argumento de Günther, até agora descrito e criticado, leva a uma particular remoção dos conceitos do discurso de aplicação e de fundamentação. No discurso de aplicação, o caso particular é relegado ao segundo plano. Decisivo fica a coerência de todos os elementos do sistema de normas com vista aos casos decididos e a serem decididos. O discurso de aplicação torna-se, desse modo, um discurso de coerência. Isso caminha, se se leva a sério algumas manifestações de Günther, com uma raleadura do discurso de fundamentação. Assim, escreve Günther em um lugar, que "nós aceitamos normas válidas ... não com vista a colisões externas".[46] Sob uma colisão externa, entende Günther a colisão de duas normas-prima facie válidas,[47] portanto, por exemplo, as de N_1 e N_2. Objeto de um discurso de fundamentação é o aceitar de normas como válidas. Se colisões de normas não mais devessem ser tema de discursos de fundamentação, restariam a esses, exceto a exclusão de normas nunca correspondentes como tais, que permitem a maximização da utilidade individual ilimitada[48] ou que, como, por exemplo, o princípio do racismo do nacional-socialismo, violam em cada situação os interesses de participantes do discurso, somente ainda a produção de argumentos gerais para discursos de aplicação e de regras empíricas para casos-padrão. Com a ascensão do discurso de aplicação para o discurso de coerência, o discurso de fundamentação degeneraria em discurso de topoi.

---

[44] Ders. (nota 17), S. 181.

[45] Comparar dens. (nota 17), S. 188.

[46] Ders. (nota 17), S. 180.

[47] Ders. (nota 17), S. 170.

[48] Comparar dens. (nota 17), S. 169.

V.

Pergunta-se, por conseguinte, se o segundo argumento de Günther para o caráter autônomo do discurso de aplicação é aceitável. Esse diz que em discursos de aplicação trata-se da decisão correta em uma determinada situação, em discursos de fundamentação, pelo contrário, da validade de uma norma. Essa observação é correta. A questão é somente se dela resultam consequências tão amplas como Günther as tira.

Primeiras dúvidas resultam disto, que situações de aplicação em discursos de fundamentação, de modo nenhum, como Günther ocasionalmente acha, são empregadas só "ilustrativamente".[49] Ao contrário, a referência a situações de aplicação também em discursos de fundamentação é necessária. Sem referência a situações de aplicação, os participantes do discurso não podem comprovar quais consequências uma norma provavelmente irá ter para os interesses dos afetados por ela. Günther vê o problema.[50] Ele acredita, contudo, poder solucioná-lo com a referência a isto, que em discursos de fundamentação é referido a situações de um outro modo como em discursos de aplicação.

Em um ponto essa tese é, sem dúvida, exata. Discursos de aplicação morais[51] têm um tema imediatamente relacionado à situação, discursos de fundamentação, não. Para discursos de aplicação é constitutiva a questão, o que é a solução correta *em uma situação determinada,*[52] para discursos de fundamentação, qual *norma universal* é correta. Porém disto, que essas duas questões devem ser distinguidas, ainda não resulta que existem duas formas de discurso, essencialmente, diferentes. Poderia ser também que ambas essas questões somente introduzem duas operações distintas no interior de uma forma de discurso e, por conseguinte, levam somente a duas variantes de uma forma de discurso.

O último seria, então, o caso, se discursos de aplicação e de fundamentação, sem dúvida, iniciassem com questões distintas, na resposta dessas questões diferentes, porém, encontrassem as mesmas questões e devessem responder essas questões nas mesmas formas de argumento e segundo as mesmas regras. Segundo Günther, isso, rigorosamente, não é o caso. Em discursos de fundamentação devem situações de aplicação ter somente o caráter de "situações hipotéticas" ou de "situações de exemplo".[53] Tais situações de exemplo devem distinguir-se de

---

[49] Ders. (nota 17), S. 167.

[50] Ders. (nota 1), S. 25.

[51] Em discursos de aplicação jurídicos isso é, por causa do caráter institucional da norma a ser aplicada, um bom pedaço, de outra forma. Todavia, também lá aparece regularmente o problema da colisão (comparar R. Alexy (nota 25), S. 78 ff.) e a questão da modificação coloca-se como problema do aperfeiçoamento do direito (comparar BVerfGE 34, 269 (286 f.); 35, 263 (278 ff.); 37, 67 (81); 38, 386 (396 f.); 49, 304 (318 ff.); 65, 182 (190 ff.); 71, 354 (362 f.); 82, 6 (11 ff.). De resto, a fundamentação de regras do uso das palavras relacionadas a casos é uma das tarefas principais da argumentação jurídica.

[52] K. Günther (nota 1), S. 34.

[53] Ders. (nota 1), S. 51.

"situações de aplicação genuínas"[54] fundamentalmente: "O microcosmo de cada uma situação particular é do mesmo modo infinito como o macrocosmo de todas as situações, às quais uma norma é aplicável".[55] Somente em discursos de aplicação pode, por conseguinte, ser tentado "considerar todas as características de uma situação",[56] em discursos de fundamentação essa exigência não vale.

Günther tem razão quando ele chama a atenção sobre isto, que cada situação concreta mostra muitas características potencialmente infinitas. Isso vale em todo o caso então, quando sob "característica" também se entende o escalonamento de características e a combinação de características. Carente de interpretação é, contudo, seu conceito de situação hipotética ou da situação e exemplo. Existem nele manifestações, segundo as quais as situações de aplicação, às quais é referido no discurso de fundamentação, têm de ser casos-padrão simplificados artificialmente. Essa interpretação pode ser designada como "interpretação do caso-padrão". Acima já foi mencionada a tese de Günther, que as cláusulas-ceteris paribus em discursos de fundamentação servem para isto, "excluir artificialmente a consideração de situações de aplicação distintas".[57] Em outro lugar, ele fala de "descrições de situação seletivas", assim como disto, que basta "limitar" as descrições de situação a circunstâncias invariáveis.[58] Essa interpretação do conceito da situação hipotética leva àquilo que eu acima denominei o "discurso de topoi". Se o material do caso relevante para discursos de fundamentação é reduzido a casos-padrão simples, podem em discursos de fundamentação somente ainda ser produzidos pontos de vista de ponderação e regras empíricas. Isso teria a consequência fatal que as normas, em discursos de aplicação, modificadas ou criadas novas por motivo da decisão de um caso, não mais poderiam ser objeto de um discurso de fundamentação e, por conseguinte, não mais seriam fundamentáveis. A interpretação do caso-padrão deve, por conseguinte, ser excluída.

A segunda interpretação pode ser denominada "interpretação de aproximação". Segundo ela, podem as situações de aplicação hipotéticas em discursos de fundamentação não só ser tão multiformes quanto possível, elas também devem isso. Não existe nenhuma regra do discurso que proíbe imaginar-se situações complexas e perguntar se, também com vista a elas, uma norma proposta é aceitável para cada um. A admissibilidade de fantasia é, nisso, somente um lado da matéria. O outro é a admissibilidade de experiência. Os participantes do discurso dispõem sobre uma biografia e eles podem apoiar-se em experiência histórica. Desse modo, está à disposição um rico material de situação. Uma limitação resulta somente das possibilidades fáticas, e precisamente, dos limites do conhecimento empírico, da experiência histórica e do tempo finito. Essa interpretação de aproximação expressa-se em Günther quando ele, para a questão, "segundo quais

---

[54] Ebd.

[55] Ders. (nota 1), S. 58.

[56] Ders. (nota 1), S. 95.

[57] Ders. (nota 1), S. 266.

[58] Ders. (nota 17), S. 171.

critérios nós distinguimos uma situação de exemplo empregada, internamente justificada, de uma situação de aplicação genuína", dá a seguinte resposta: "Um tal critério não pode existir, uma vez que ele seria incompatível com o sentido do princípio da universalização ... cada limitação (iria) ter como consequência que determinadas possibilidades de aplicação iriam ser tabuizadas e retiradas de um exame sobre sua relevância de interesses para cada particular ... A limitação ... fica situada sobre o lado subjetivo. Ela depende da situação histórica de nossas experiências e de nosso conhecimento."[59]

Se se segue tal interpretação, então a diferença entre discursos de fundamentação e de aplicação reduzem-se a dois pontos. O primeiro é que em ambos os discursos, no início, é posta uma questão diferente e, no final, dada uma outra resposta. Em discursos de fundamentação, trata-se de normas universais, em discursos de aplicação, de individuais. O segundo e verdadeiramente decisivo ponto no qual se distinguem discursos de fundamentação e de aplicação é que em discursos de fundamentação é referido a uma pluralidade de situações já experimentadas e imaginadas, enquanto em discursos de aplicação trata-se de uma situação concreta.

A situação de aplicação concreta tem, por dois fundamentos, um significado teórico-discursivo genuíno. O primeiro é que ela, por causa de sua riqueza em características, é uma pedra de toque de tipo particular. A exigência de considerar todas as suas características é um postulado de racionalidade elementar. Ela, desde há muito, na fórmula "sob consideração de todas as circunstâncias do caso particular", encontrou sua expressão. Cada sistema jurídico desenvolvido mostra como a consideração de todas as circunstâncias leva a um processo permanente de precisação, modificação, rejeição e criação nova de normas. Sob esse aspecto, a situação de aplicação concreta é uma instância falível irrenunciável. Mas isso também é tudo. A norma precisada, modificada ou criada nova por motivo de um caso deve ser suscetível de justificação em um discurso de fundamentação e a norma rejeitada deve poder ser mostrada como não fundamentável.

O segundo fundamento para o significado teórico-discursivo genuíno da situação de aplicação concreta é que o discurso, pela aplicação, entra em contato com o mundo social e, com isso, com a história. A história, com situações imprevisíveis e inesperadas sempre novas, produz não só um material rico em instâncias falíveis, nela modificam-se também os interesses, preferências e visões normativas dos participantes do discurso. Sob esse aspecto, Habermas deve ser aprovado quando ele, em vista dos problemas de aplicação, fala de uma "historicidade intrínseca".[60] Tudo isso, contudo, nada modifica nisto, que sobre experiências e alterações históricas pode ser reagido não só com normas individuais exclusivamente relacionadas à situação. Ao contrário, deve então, quando sobre situações novas não pode ser reagido simplesmente com a aplicação de normas

---

[59] Ders. (nota 1), S. 51.
[60] J. Habermas (nota 11), S. 142.

já aceitas, o sistema de normas, cada vez existente, ser precisado ou modificado por motivo da experiência histórica nova. As normas precisadas, modificadas ou criadas novas por motivo de uma situação nova, são, porém, indiferente se se trata de um caso, sem dúvida, novo, mas cotidiano ou de uma situação nova, até agora completamente desconhecida, suscetíveis e carentes da justificação em um discurso de fundamentação. Para normas rejeitadas, vale análogo. A "historicidade intrínseca" tem, sob o ponto de vista da relação entre discurso e realidade, sem dúvida, importância máxima. A revalorização do discurso de aplicação para um equivalente de mesma hierarquia do discurso de fundamentação seria, contudo, uma conceptualização errônea dessa relação. O fato que cada discurso de aplicação necessariamente abarca um discurso de fundamentação, do qual depende o seu resultado, proíbe contrapor discursos de aplicação e de fundamentação como duas formas de discurso independentes.

3. Interpretação jurídica

I. Conceito

A interpretação jurídica é um caso particular de uma atividade, que sucede em disciplinas científicas distintas e contextos cotidianos numerosos: da interpretação. A expressão "interpretação" é ambígua e, por conseguinte, mesmo carente de interpretação.

1. O conceito de interpretação

Recomenda-se distinguir entre a interpretação no sentido mais amplo (largissimo sensu), no sentido amplo (sensu largo) e no sentido restrito (sensu stricto).[1]

A expressão *"interpretação no sentido mais amplo* (largissimo sensu)" designa o entendimento do sentido de todos os objetos, que foram produzidos por sujeitos no quadro de sua capacidade, para unir com esses objetos um sentido. O espectro dos objetos possíveis estende-se de obras de arte, sobre textos religiosos e científicos, até ferramentas e manifestações e atuações cotidianas. O objeto da interpretação não tem de ter sido criado de um sujeito particular. Também é possível que vários sujeitos o tenham produzido. Assim, pode uma prática comum, uma instituição social ou um sistema jurídico como um todo tornar-se objeto da interpretação. Debatido é, se também a chamada autointerpretação deve ser designada como "interpretação".[2] Nela, o intérprete não só é seu próprio objeto, mas também o sujeito, que produz esse objeto, e o interpretar é parte do processo pelo qual o objeto da interpretação é criado. Se se deveria designar tais atividades e sua radicalização ontológico-existencial[3] como "interpretação", em último lugar, é uma questão terminológica. Decisivo é que elas são distinguidas, na matéria, da interpretação como o entender de um objeto que foi produzido por outros. A interpretação jurídica pertence, se se prescinde da interpretação de normas pelo dador de normas (interpretação autêntica), exclusivamente a este tipo. Finalmen-

---

[1] J. Wróblewski, Legal Reasoning in Legal Interpretation, in: ders., Meaning and Truth in Judicial Decision, 2. Aufl., Helsinki, 1983, S. 72 f.

[2] Crítico para isso E. Betti, Allgemeine Auslegungslehre als Methodik der Geisteswissenschaften, Tübingen 1967, S. 166 ff.

[3] Comparar para isso, M. Heidegger, Sein und Zeit, 11. Aufl., Tübingen 1967, S. 148 ff.

te, domina desacordo sobre isto, se o objeto da interpretação realmente deve ser produzido por um sujeito, que é capaz de unir com esse objeto um sentido, ou se basta que o intérprete é da opinião que isso é o caso. O último permite designar como "interpretação" também a interpretação da natureza como mensagem de uma essência oculta. Isso significa, contudo, uma subjetivação do conceito de interpretação e é, por conseguinte, problemático.[4] Na interpretação jurídica, esse problema não se coloca, porque nela sempre se trata da interpretação de atuações e manifestações, que foram produzidas por sujeitos que são capazes de unir com suas atuações e manifestações um sentido.

A *interpretação em sentido amplo* (sensu largo) é um subcaso da interpretação em sentido mais amplo (largissimo sensu). Ela não diz respeito ao entender de quaisquer objetos, que estão unidos com um sentido, mas somente ao entender de manifestações idiomáticas. Nas ciências é isso, sobretudo, o entender de textos. Existem numerosas situações, nas quais manifestações idiomáticas são entendidas sem que, nisso, apareçam dúvidas ou questões. Nesses casos, pode ser falado de um "entender imediato". Se, pelo contrário, aparecem dúvidas ou questões, então um entender, primeiro, é possível quando elas estão eliminadas. Trata-se, então, de um entender mediato. Um exemplo para o entender imediato forma o caso no qual alguém vê uma placa com o letreiro "proibido fumar" e, em consequência disso, apaga o seu cigarro. Como exemplos para o entender mediato deixam citar-se todos os casos nos quais juízes consideram várias interpretações possíveis de uma norma e decidem-se com argumentos por uma delas. O conceito de interpretação em sentido amplo abrange tanto o entender imediato como o mediato. Em favor do emprego desse conceito amplo fala que o limite entre o entender imediato e o mediato é difuso, porque um entender imediato a qualquer hora pode ser posto em questão, de modo que somente ainda um entender mediato é possível. Contra ela fala que o entender imediato e o mediato, apesar de algumas comunidades, mostram diferenças fundamentais. Isso sugere formar um conceito de interpretação em sentido restrito que diz respeito exclusivamente ao entender mediato.

A *interpretação em sentido restrito* (sensu stricto) é um subcaso da interpretação em sentido amplo (sensu largo). Ela torna-se necessária quando uma manifestação idiomática admite várias interpretações e não é certo qual é correta. A interpretação em sentido restrito corresponde àquilo que, em grande medida, é designado como "explicação".* Ela inicia com uma pergunta[5] e termina com uma escolha entre várias interpretações possíveis.[6] A interpretação em sentido restrito está no centro do problema da interpretação jurídica.

---

[4] E. Betti (nota 2), S. 64 ff.

* Nota do tradutor: a palavra Auslegung, assim como todas as suas outras classes gramaticais, que ainda irão aparecer neste texto, será traduzida como explicação. Em geral, eu a traduzo como interpretação.

[5] H. -G. Gadamer, Wahrheit und Methode, 1. Aufl., Tübingen 1960, S. 351 f.

[6] K. Larenz, Methodenlehre der Rechtswissenschaft, 6. Aufl., Berlin/Heidelberg/NewYork/London/Paris/Tokio/Hongkong/Barcelona/ Budapest 1991, S. 204.

2. O conceito de interpretação jurídica

A interpretação jurídica distingue-se de outros tipos de interpretação por seu caráter prático e institucional. A interpretação jurídica tem um caráter *prático*, porque nela sempre se trata imediata ou mediatamente disto, o que, em um sistema jurídico, é ordenado, proibido e permitido e para o que ele autoriza. Em vez de um caráter "prático" pode, também, ser falado de um "normativo".

O caráter *institucional* da interpretação jurídica resulta tanto de seu objeto como de seu sujeito. Em ordenamentos jurídicos da codificação modernos é a *lei*, inclusive da lei constitucional e das normas promulgadas em virtude das leis (por exemplo, regulamentos jurídicos e estatutos), *objeto* primário da interpretação. Leis são produzidas por atos institucionais, hoje, particularmente, por decisões do parlamento. Sobre isso, baseia-se a sua validade jurídica. Ao lado da lei, *precedentes*, *contratos* do tipo jurídico-privado, jurídico-administrativo, jurídico-estatal e de direito internacional público, assim como *direito costumeiro* são outros objetos da interpretação. Até ao direito costumeiro, cujo significado em estados modernos é reduzido, são também esses objetos da interpretação resultados do tipo institucional. Análogo vale para o direito primário e secundário da união europeia.

Com respeito ao *sujeito* da interpretação, é, tradicionalmente, distinguido entre a interpretação autêntica, a doutrinal, a leiga e a usual. A *interpretação autêntica* é a interpretação por órgãos que, pelo ordenamento jurídico, são autorizados à determinação vinculativa do sentido de uma norma. Pertence a isso o dador de leis e, segundo uma concepção propagada, também a jurisdição, à medida que ela, em última instância, decide vinculativamente e com efeito prejudicial. Em ambos os casos, a interpretação tem, não só por causa de seu objeto, mas também por causa de seu sujeito, um caráter institucional. A *interpretação doutrinal* é a interpretação pela ciência do direito. Ela não tem, por falta de força vinculativa, caráter institucional, mas dele pode aproximar-se quando se forma uma opinião dominante. A *interpretação leiga* é a interpretação pelos cidadãos submetidos ao direito. A *interpretação usual*, isto é, a explicação de uma norma pelo direito costumeiro, é um subcaso da interpretação leiga. Também ela não tem, no que concerne ao sujeito, caráter institucional. Isso, contudo, não prejudica o caráter total institucional da interpretação jurídica, porque quando, no quadro da interpretação doutrinal, da leiga ou da usual, produz-se um litígio sério, decide, em sistemas jurídicos modernos, um tribunal com efeito vinculativo. Isso explica o papel especial da interpretação judicial ou forense.

II. Teoria

1. Hermenêutica

A teoria da interpretação é denominada hermenêutica (do grego ερμηνευειν/ hermeneuein = declarar, explicar, esclarecer, traduzir). Como terminus technicus,

63

essa expressão foi introduzida primeiro na idade moderna. Conforme o objeto, contudo, a hermenêutica já existia na antiguidade e na idade média. No interior da hermenêutica deve ser distinguido entre uma metodologia e uma teoria estrutural do entender. Objeto da metodologia são as regras da explicação e a arte da interpretação (ars interpretandi). Objeto da teoria estrutural são as condições da possibilidade do entender. Uma hermenêutica geral, como base das ciências do espírito, foi elaborada no século 19, sobretudo, por Friedrich Schleiermacher e Wilhelm Dilthey. A diferença entre metodologia e teoria estrutural espelha-se no século 20 nas obras de Emilio Betti e Hans-Georg-Gadamer. A hermenêutica das ciências do espírito sofreu rigorosa crítica pela metade do século [passado] por parte da filosofia analítica.[7] Sobretudo, os trabalhos de Georg Henrik v. Wright levaram, entrementes, a uma suavização do debate e abriram o caminho para uma hermenêutica analítica.[8]

Para a teoria da interpretação jurídica tem importância, da hermenêutica geral, sobretudo, visões na estrutura do entender. Elas estão unidas com o conceito do círculo hermenêutico. No quadro da ciência do direito deve ser distinguido entre três tipos de círculos hermenêuticos.

O primeiro tipo do círculo hermenêutico concerne à relação entre a chamada *pré-compreensão* e o *texto*.[9] Sob uma "pré-compreensão" deve ser entendida uma hipótese com a qual o intérprete aproxima-se do texto. Essa hipótese expressa uma presunção ou esperança do intérprete sobre a solução correta do problema jurídico pendente de decisão. Seu conteúdo é determinado pelas enformações do mundo da vida e pelas experiências profissionais do intérprete. A imagem do círculo quer dizer que entre o texto da norma e a hipótese de interpretação tem lugar um efeito mútuo. Por um lado, o texto da norma, sem uma hipótese de interpretação, nem sequer pode ser sentido como problemático ou não problemático. Por outro, a hipótese de interpretação deve ser revisada sobre a base do texto da norma com auxílio das regras da metodologia jurídica. Sobre os critérios da certificação e da rejeição, a teoria do círculo hermenêutico, sem dúvida, não diz nada. Mas ela abre a vista ao problema da contribuição produtiva do intérprete para a interpretação, o que possibilita e fomenta uma postura crítica. Pode, por isso, dizer-se que ao círculo da pré-compreensão corresponde o *postulado da reflexão*.

O segundo tipo do círculo hermenêutico concerne à relação entre a *parte* e o *todo*. Por um lado, o entender de uma norma pressupõe o entender do sistema de normas, ao qual ela pertence. Por outro, o entender de um sistema de normas

---

[7] Comparar para isso, W. Stegmüller, Walther von der Vogelweides Lied von der Traumliebe und Quasar 3 C 273, in: ders., Rationale Rekonstruktion von Wissenschaft und ihrem Wandel, Stuttgart 1979, S. 27 ff.; H. Albert, Traktat über kritische Vernunft, 5. Aufl., Tübingen 1991, S. 160 ff.

[8] G. H. v. Wright, Erklären und Verstehen, Frankfurt a. M. 1974, S. 38 ff.

[9] Comparar para isso, J. Esser, Vorverständnis und Methodenwahl in der Rechtsfindung, 2. Aufl., Frankfurt a. M. 1972, S. 136 ff., assim como – de grande alcance – M. Heidegger (nota 3), S. 152 f., e H. -G. Gadamer (nota 5), S. 250 ff.

não é possível sem que as normas particulares, que pertencem a ele, sejam entendidas. Outra vez, é só formulado um problema sem que sejam oferecidos critérios para a sua solução. O problema consiste na produção de unidade ou coerência.[10] Ela é tarefa da interpretação sistemática. Pode denominar-se o postulado, que se situa atrás do segundo círculo, o *"postulado da coerência"*.

O terceiro tipo do círculo hermenêutico concerne à relação de *norma* e *fato*. Normas são universal-abstratas. Os fatos, aos quais elas devem ser aplicadas, são individual-concretos. Normas contêm poucas características, fatos, potencialmente infinitamente muitas. Fatos são, por um lado, descritos com auxílio das características nos tipos das normas, por outro, características do fato podem ser motivo para isto, não aplicar a norma, inicialmente considerada, mas uma outra, precisar ou rejeitar uma característica do tipo ou acrescentar ao tipo uma característica. Aqui, a fórmula, criada por Karl Engisch, do "ir e vir do olhar"[11] é instrutiva. Também esse círculo ilustra somente um problema, sem oferecer um critério para a sua solução. Pelo menos, está claro que o problema somente então pode ser resolvido, quando todas as características do fato e todas as características nas normas possivelmente correspondentes são consideradas. O postulado que se situa atrás do terceiro círculo pode, por conseguinte, ser denominado o *"postulado da completitude"*.

A teoria do círculo hermenêutico não pode, com isso, solucionar o problema da interpretação correta de uma norma jurídica, porque ela não contém critérios substanciais para a correção de uma interpretação. Como nela trata-se de uma mera teoria estrutural, isso também não é o seu objetivo.[12] Pelo menos, porém, a visão hermenêutica na estrutura do entender leva aos postulados da reflexão, da coerência e da completitude. Esses postulados têm o status de postulados de racionalidade.

2. Interpretação e argumentação

A expressão "interpretação" pode ser usada tanto para designar uma atividade como o resultado dessa atividade. Como atividade, a interpretação não visa a algum resultado, mas a um correto: à interpretação correta. O resultado da interpretação é uma afirmação da interpretação. Como toda a afirmação, assim também a afirmação da interpretação promove uma pretensão de correção.[13]

A correção de uma interpretação pode somente ser mostrada ao fundamentos para ela serem alegados e fundamentos contra ela, eliminados. A interpretação compõe-se, por isso, da escolha entre várias alternativas de interpretação em vir-

---

[10] Comparar R. Alexy/A. Peczenik, The Concept of Coherence and Its Significance for Discursive Rationality, in: Ratio Juris 3 (1990), S. 130 ff.

[11] K. Engisch, Logische Studien zur Gesetzesanwendung, 3. Aufl., Heidelberg 1963, S. 15.

[12] Comparar A. Kaufmann, Problemgeschichte der Rechtsphilosophie, in: A. Kaufmann/W. Hassemer (Hg.), Einführung in Rechtsphilosophie und Rechtstheorie der Gegenwart, 5. Aufl., Heidelberg 1989, S. 130.

[13] R. Alexy, Theorie der juristischen Argumentation, 2. Aufl., Frankfurt a. M. 1991, S. 264 ff., 428 f.

tude de argumentos. A justificação ou fundamentação da interpretação escolhida por argumentos deve ser distinguida do processo real da obtenção do resultado. No primeiro caso, trata-se do processo da justificação (process of justification), no segundo, do processo da descoberta (process of discovery).[14] A justificação é uma atividade argumentativa, a descoberta uma psíquica. Sem dúvida, existem entre ambas as atividades conexões estreitas. No primeiro plano da teoria da interpretação jurídica, contudo, está o procedimento argumentativo. Somente ele é acessível intersubjetivamente e, por conseguinte, revisável objetivamente. Somente no seu quadro é possível um uso público da razão. Se com interpretações é promovida uma pretensão de correção e se o cumprimento dessa pretensão deve ser revisável publicamente, então vale a proposição: interpretação é argumentação. A isso corresponde que em sistemas jurídicos modernos regularmente existe um dever de fundamentação judicial[15] e na ciência do direito são solucionados problemas pela consideração de argumentos-pró e contra.

Visões importantes na estrutura argumentativa da interpretação jurídica, a teoria da interpretação agradece à tópica jurídica[16] e à nova retórica.[17] Em tempo mais recente, doutrinas da argumentação e da fundamentação jurídicas continuaram a desenvolver esses inícios e projetaram novos inícios.[18] Um papel particular desempenham a análise do idioma da ciência do direito e a precisação das regras clássicas do método jurídico,[19] a ideia de coerência[20] e teorias do discurso racional.[21] Em último lugar, trata-se da racionalidade do direito e da ciência do direito.[22] A teoria da argumentação jurídica conduz, desse modo, à filosofia do direito, à teoria da ciência e à filosofia prática geral. A influência dessa discussão sobre a jurisdição é difícil de apreciar. Faltam investigações. Seja aqui, como um exemplo, citada somente uma decisão do tribunal constitucional federal, na qual é sustentada a tese que "a explicação, particularmente do direito constitucional ..." tem "o caráter de um discurso".[23]

---

[14] R. A. Wasserstrom, The Judicial Decision, Stanford/London 1961, S. 27.

[15] D. N. MacCormick/R. S. Summers (Hg), Interpreting Statutes, Aldershot/Brookfield/Hongkong/Singapur/Sydney 1991, S. 60 ff., 103 ff., 154 ff., 197 ff., 237 ff., 219 ff., 341 ff., 392 f., 445 ff.

[16] Th. Viehweg, Topik und Jurisprudenz, 1. Aufl., München 1953.

[17] Ch. Perelman/L. Olbrechts-Tyteca, La nouvelle rhétorique. Traité de l'argumentation, Paris 1958.

[18] Comparar U. Neumann, Juristische Argumentationslehre, Darmstadt 1986; M. Atienza, Las razones del derecho, Madrid 1991.

[19] Comparar H. –J. Koch/H. Rüßmann, Juristische Begründungslehre, München 1982.

[20] Comparar R. Dworkin, Law's Empire, Cambridge, Mass./London 1986; A. Peczenik, On Law and Reason, Dordrecht/Boston/London 1989, S. 158 ff.

[21] Comparar R. Alexy (nota 13), S. 261 ff.; K. Günther, Der Sinn für Angemessenheit, Frankfurt a. M. 1988; J. Habermas, Faktizität und Geltung, Frankfurt a. M. 1992, S. 238 ff.

[22] Comparar D. N. MacCormick, Legal Reasoning and legal Theory, Oxford 1978, S. 265 ff.; A. Aarnio, The Rational as Reasonable, Dordrecht/Boston/Lancaster/Tokio 1987, S. 185 ff.

[23] BVerfGE 82, 30 (38).

III. Método

A interpretação jurídica é um meio para o cumprimento da tarefa prática da ciência do direito. Essa consiste, em último lugar, nisto, dizer o que em casos concretos é ordenado, proibido e permitido juridicamente. Sentenças sobre isto, o que, em casos concretos, é ordenado, proibido e permitido juridicamente, são sentenças de dever jurídicas concretas.[24] A interpretação jurídica tem lugar, portanto, no quadro da fundamentação de sentenças de dever jurídicas concretas. Isso vale imediatamente para a interpretação judicial e, pelo menos, mediatamente para outras interpretações, particularmente a científico-jurídica. Uma teoria adequada da interpretação jurídica, por conseguinte, não é possível sem visão na estrutura da fundamentação de sentenças de dever jurídicas concretas.

1. Interpretação e dedução

A estrutura da fundamentação jurídica é debatida. Segundo uma concepção propagada, deve ser distinguido entre um núcleo dedutivo e uma justificação argumentativa das premissas empregadas na dedução. A terminologia vacila, apesar de concordância na matéria. Assim, é distinguido entre "justificação interna" e "externa",[25] "first-order" e "second-order justification"[26] e "esquema principal" e "esquema secundário".[27] O que é com isso considerado, seja aclarado com base em um exemplo. Constituições modernas contêm, regularmente, um direito fundamental à inviolabilidade da habitação. Suponha-se que na decisão de um caso trata-se exclusivamente disto, se a oficina do carpinteiro *a* cai ou não sob a proteção desse direito fundamental e que na literatura e diante do tribunal duas interpretações são sustentadas: uma estreita e uma ampla. Segundo a interpretação estreita, somente espaços, que servem como centro da vida privada, são habitações no sentido da constituição. Segundo isso, oficina do carpinteiro não goza da proteção do direito fundamental à inviolabilidade da habitação. Segundo a segunda interpretação, todos os espaços, que estão subtraídos à acessibilidade geral, devem ser classificados como habitações no sentido da constituição. Segundo ela, a oficina de carpinteiro goza da proteção do direito fundamental de habitação. Suponha-se somente que o juiz escolhe a interpretação ampla. A fundamentação de sua decisão pode, então, ser trazida na estrutura dedutiva seguinte:

(1) todas as habitações gozam de proteção jurídico-fundamental;

(2) todos os espaços, que são subtraídos à acessibilidade geral, são habitações;

---

[24] Comparar K. Engisch (nota 11), S. 3.

[25] J. Wróblewski, Legal Syllogism and Rationality of Judicial Decision, in: Rechtstheorie 5 (1974), S. 39 ff.; R. Alexy (nota 13), S. 273 ff.

[26] D. N. MacCormick (nota 22), S. 19 ff., 100 ff.

[27] H. –J. Koch/H. Rüßmann (nota 19), S. 48 ff.

(3) todas as oficinas de carpinteiros são espaços, que são subtraídos à acessibilidade geral;

(4) o espaço de *a* é uma oficina de carpinteiro;

(5) o espaço de *a* goza da proteção jurídico-fundamental.

A sentença de dever jurídica concreta decididora do caso (5) resulta logicamente das premissas (1) – (4). A dedução tem a forma lógica seguinte:[28]

(1) $(x)\,(Tx \to ORx)$

(2) $(x)\,(M^1x \to Tx)$

(3) $(x)\,(M^2x \to M^1x)$

(4) M^2a

(5) ORa

Essa dedução é aquilo que é designado como "justificação interna" ou com as outras expressões mencionadas. Ela não é uma fundamentação completa. A premissa, aqui decididora do caso (2), que expressa a interpretação ampla do conceito de habitação, na justificação interna, somente é empregada, mas não fundamentada. A verdadeira tarefa da interpretação consiste na fundamentação de premissas desse tipo. Isso deve ocorrer na justificação externa.

Contra o modelo de fundamentação dedutiva, que apresenta uma continuação do desenvolvimento das teorias tradicionais do silogismo jurídico, é objetado que uma dedução não é uma fundamentação[29] e que o modelo não compreende convenientemente a estrutura real da fundamentação jurídica.[30] Para a defesa do modelo dedutivo pode ser feito valer que nele somente deve ser apresentado o núcleo da fundamentação. A verdadeira fundamentação deve ter lugar na justificação externa. Também não deve ser reconstruída a marcha da reflexão real do juiz (context of discovery), mas somente a estrutura, na qual sua fundamentação (context of justification) deve ser transformável, se ela deve ser racional. O postulado, contido no modelo dedutivo, da completitude das premissas assegura que é claro o que deve ser fundamentado e o que pode ser criticado. Ele impede a introdução como contrabando de premissas escondidas. De outra forma como teorias sustentadas no século 19 sobre o papel da dedução na ciência do direito, o modelo dedutivo não cobre com véu a parte criativa do intérprete. Ele a alça como nenhum outro modelo à luz. O postulado da explicitude das premissas serve, além disso, à certeza jurídica. A exigência pelo caráter universal das premissas corresponde ao mandamento da igualdade de tratamento e serve, assim, à justiça. Finalmente, o postulado do preenchimento do abismo entre norma e fato, por uma cadeia de premissas completa, contribui para a vinculação à lei.[31]

---

[28] Comparar R. Alexy (nota 13), S. 279.

[29] U. Neumann (nota 18), S. 19 ff.

[30] Ders. (nota 18), S. 22, 25; M. Atienza (nota 18), S. 240 ff.

[31] R. Alexy (nota 13), S. 274 ff.; H. –J. Koch/H. Rüßmann (nota 19), S. 112 ff.

2. O objetivo da interpretação

O verdadeiro campo da interpretação é a justificação externa. Nela, é fundamentada a interpretação escolhida, cada vez. Os critérios para isto, o que é uma fundamentação boa e o que é uma ruim e, com isso, uma correta ou uma falsa, são determinados, essencialmente, pelo objetivo da interpretação.

O objetivo da interpretação é debatido. Concorrem teorias do objetivo da explicação subjetivas e objetivas. Segundo a teoria *subjetiva*, o objetivo da interpretação consiste na averiguação da vontade do dador de leis. Segundo a teoria *objetiva*, tem de o intérprete averiguar o sentido razoável, correto ou justo da lei. O litígio complica-se pelo fato de a dicotomia objetiva ser coberta por uma temporal, e precisamente, aquela entre a data do estabelecimento da norma e da explicação da norma. Disso resultam quatro objetivos de explicação possíveis: (1) um quanto ao tempo da origem-subjetivo (a vontade fática do dador de leis histórico), (2) um quanto ao tempo da origem-objetivo (o sentido razoável da lei na data de seu nascimento), (3) um quanto ao tempo da explicação-subjetivo (a vontade hipotética do dador de leis atual) e (4) quanto ao tempo da explicação--objetivo (o sentido razoável da lei na data da explicação). Praticamente significativas são, sobretudo, as versões (1) e (4). Elas são, em geral, consideradas quando, simplificadamente, é falado do litígio entre as teorias do objetivo da explicação subjetivas e objetivas.

O litígio está até hoje não solucionado. O fato que existem bons argumentos tanto para como contra ambas as teorias fala em favor disto, que também no futuro não se produzirá uma solução que se componha de uma primazia rigorosa do objetivo de explicação subjetivo ou objetivo. Em favor da teoria subjetiva fala a ideia, apoiada pelos princípios da democracia e da divisão de poderes, da autoridade do dador de leis. Contra ela deixa alegar-se que a vontade do dador de leis histórico, muitas vezes, só dificilmente ou de modo algum pode ser averiguada e, além disso, não raro, é vaga ou contraditória. Ademais, podem leis, como regras sociais, após sua entrada em vigor, soltar-se das intenções do dador de leis histórico. A favor da teoria objetiva fala que a interpretação deve levar a uma solução correta ou justa quanto ao conteúdo. Contra ela deixa alegar-se o perigo da arbitrariedade interpretativa e do aumento de competência desmesurado do poder judiciário. Se se pondera esses argumentos, que se deixam complementar por outros, reciprocamente, então se sugere uma solução *diferenciadora*. Ela parte de uma primazia-prima facie do objetivo de explicação subjetivo sobre o objetivo e deixa a decisão definitiva depender de critérios, como os da idade da lei, da modificação das circunstâncias fáticas e das ideias de valores na sociedade, da inequivocidade da vontade legislativa e do peso dos argumentos sistemáticos e dos substanciais, que no caso concreto justificam a perseguição do objetivo de explicação objetivo.[32] Se a solução diferenciadora está correta, então a teoria do objetivo da explicação não leva a uma solução definitiva e simples do

---

[32] R. Alexy (nota 13), S. 305.

problema da interpretação jurídica. Não um objetivo de interpretação, independente de como constituído, mas argumentos são a última instância.

3. Os meios da interpretação

Os meios da interpretação são argumentos. Eles deixam classificar-se de modos muito diferentes. A classificação leva a formas, tipos ou espécies de argumentos. Eles também são denominados "elementos", "critérios", "métodos" ou "cânones da explicação". Das formas de argumentos ou dos cânones de explicação devem ser distinguidas as regras da argumentação jurídica. Estas dizem como os argumentos distintos devem ser empregados e ponderados.

Historicamente rica em consequências foi a divisão de Friedrich Carl v. Savigny dos elementos da explicação nos da interpretação gramatical, da lógica, da histórica e da sistemática.[33] A postura de Savigny para com a interpretação teleológica, isto é, para com a explicação de uma prescrição da sua finalidade (ratio legis) vacilou. O jovem Savigny a recusou,[34] o posterior admitiu-a limitadamente.[35]

Até hoje não existe uma classificação que encontra aprovação geral. Isso tem, essencialmente, a sua causa nisto, que existem duas estratégias de classificação: uma estreita e outra ampla. A estratégia *estreita* esforça-se, com apoio na tradição, em reunir argumentos de explicação típicos. Desse modo, nascem listas que, por exemplo, contêm a argumentação semântica, a genética, a histórica, a comparativa, a sistemática e a teleológica. A essas listas são, a seguir, contrapostos outros tipos de argumentação, como a dogmática, a prejudicial, a prática geral ou substancial e a empírica e o emprego de formas de argumento especiais, como, por exemplo, a da analogia.[36] A estratégia *ampla* inicia com uma divisão que deve compreender toda a multiplicidade dos argumentos jurídicos e tenta, a seguir, no interior das categorias fundamentais, distinguir mais além.[37] Esta estratégia tem a vantagem da simplicidade e profundidade sistemática e deve, por conseguinte, aqui ser perseguida.

Existem quatro categorias de argumentos jurídicos: (1) argumentos linguísticos, (2) genéticos, (3) sistemáticos e (4) práticos gerais. A divisão em argumentos linguísticos, sistemáticos e práticos gerais é propagada; somente a terminologia vacila.[38] O status dos argumentos genéticos é, pelo contrário, debatido. Argumentos genéticos são argumentos que direcionam para a vontade fática do dador de leis histórico e, com isso, servem à perseguição do objetivo

---

[33] Fr. C. v. Savigny, System des heutigen Römischen Rechts, Bd. 1, Berlin 1840, S. 213 f.

[34] Ders., Juristische Methodenlehre, hg. v. G. Wesenberg, Stuttgart 1951, S. 40.

[35] Ders. (nota 33), S. 217 ff.

[36] R. Alexy (nota 13), S. 285 ff.

[37] J. Wróblewski, Statutory Interpretation in Poland, in: D. N. MacCormick/R. S. Summers (nota 15), S. 269 ff.

[38] D. N. MacCormick/R. S. Summers (nota 15), S. 43, 133 ff., 269 ff., 314 ff., 365 ff., 512 ff.

de explicação subjetivo. Contra a tese, que argumentos genéticos formam uma categoria própria, que está em um plano com as outras três categorias, é feito valer que argumentos genéticos sempre estão unidos com argumentos das outras categorias. Eles deveriam, por conseguinte, ser designados como "argumentos transcategoriais".[39] Contra isso fala, contudo, que a referência à vontade do dador de leis histórico é um argumento de tipo próprio e força própria. Se uma determinada interpretação é justificada com isto, que o dador de leis histórico uniu com uma expressão um determinado significado ou que ele perseguiu com uma norma uma determinada finalidade, então a força desse argumento não se baseia no significado como tal ou na finalidade como tal, mas exclusivamente nisto, que o significado ou a finalidade corresponde à *vontade* do dador histórico. Essa visão e o papel, que argumentos genéticos desempenham na prática, justifica tratá-los como uma categoria autônoma e do mesmo valor.

Os argumentos *linguísticos* dividem-se em argumentos semânticos e sintáticos. Argumentos *semânticos* apoiam-se no significado das expressões contidas em uma norma. Em argumentos *sintáticos* trata-se da estrutura gramatical de uma norma, por exemplo, da compreensão de uma conjunção ou de uma vírgula. Praticamente significativos são, sobretudo, os argumentos semânticos. Eles podem ter como objeto o significado *idiomático-corrente* ou *idiomático-especializado*. O significado idiomático-corrente tem primazia quando se trata de uma norma que cada cidadão deve entender. O significado idiomático-especializado prevalece quando se trata de uma matéria especial com uma terminologia técnica própria. Na dúvida deveria, em uma democracia, o significado idiomático--corrente ter a primazia. Importante é que à interpretação semântica pertencem somente tais argumentos que se apoiam na *comprovação* de um uso do idioma faticamente existente. A mera *comprovação* ou estipulação de um significado não é um argumento semântico. Ela pode somente ser o resultado de argumentos dos três outros tipos.

O argumento semântico pode levar a isto, que o fato deve ser subsumido sob a norma (candidato positivo) ou que ele não deve ser subsumido sob a norma (candidato negativo). Em ambos esses casos, uma decisão, que não segue o argumento semântico, é uma decisão contra o texto da lei e, com isso, um aperfeiçoamento do direito em sentido restrito. Frequentemente, argumentos semânticos não levam a um resultado definitivo, mas somente à comprovação que o conceito duvidoso é ambíguo, vago ou valorativo e o fato cai em um desses espaços semânticos (candidato neutro). O resultado da interpretação semântica consiste, então, na comprovação de um problema, cuja solução deve ser encontrada com auxílio de argumentos das três outras categorias.[40]

Nos argumentos da segunda categoria, nos argumentos *genéticos*, trata-se da vontade real do dador de leis histórico. Seu emprego corresponde à teoria do

---

[39] Dies., Interpretation and Justification, in: dies. (nota 15), S. 522 ff.

[40] R. Alexy (nota 13), S. 289 f.

71

objetivo da explicação subjetiva. Tem importância, sobretudo, dois tipos do argumento genético: o semântico-subjetivo e o teleológico-subjetivo. Argumentos *semântico-subjetivos* fazem valer que o dador de leis histórico uniu com uma determinada expressão um determinado significado. Argumentos *teleológico-subjetivos* têm como objeto que o dador de leis histórico perseguiu uma determinada finalidade com a norma a ser explicada e que uma determinada interpretação é o melhor meio para obter essa finalidade.[41]

Os argumentos da terceira categoria, os argumentos *sistemáticos*, apoiam-se na ideia da unidade ou coerência do sistema jurídico. Eles deixam dividir-se em oito subgrupos. Um primeiro subgrupo, formam os argumentos *asseguradores de consistência*. Eles visam a isto, que as normas de um sistema jurídico sejam interpretadas de modo que contradições normativas são eliminadas ou não nascem. Ao segundo subgrupo, pertencem os argumentos *contextuais*. Seu objetivo é a interpretação de uma norma de sua posição no texto da lei e sua relação para com outras normas. O terceiro subgrupo compõe-se de argumentos *sistemático-conceituais*. Esses argumentos visam à clareza conceitual, à unidade formal e à completitude sistemática. Eles desempenham, sobretudo na dogmática jurídica, um papel central. Ao quarto subgrupo, pertencem os *argumentos de princípio*. Sua tarefa consiste, entre outras coisas, nisto, levar à aplicação os princípios jurídicos, contidos no sistema jurídico, na interpretação de uma norma. Isso abarca, em casos difíceis, regularmente, uma ponderação entre princípios em sentido contrário. Em estados constitucionais democráticos, princípios constitucionais desempenham, nisso, um papel particular.[42] Um quinto subgrupo, formam os chamados argumentos *jurídicos especiais*. O mais importante é a analogia. Sua forma fundamental consiste na aplicação, exigida pela igualdade material, de uma norma além de seu texto. O sexto subgrupo, formam os argumentos *prejudiciais*. Argumentos prejudiciais consistem na referência a decisões judiciais anteriores. Um papel destacado, eles desempenham nos sistemas-common law. Mas também em ordenamentos jurídicos da codificação, eles têm grande importância. Precedentes pertencem também então, quando eles não têm o caráter de fontes jurídicas formais, ao sistema jurídico. O princípio da igualdade de tratamento exige não desviar deles sem fundamento.[43] Ao sétimo subgrupo, pertencem os argumentos *históricos*. Argumentos históricos apoiam-se na história do problema jurídico a ser solucionado, cada vez. Eles visam à coerência na dimensão do tempo, o que não exclui modificações e rupturas à medida que essas não são arbitrárias. O oitavo subgrupo, finalmente, formam os argumentos *comparativos*. Argumentos comparativos referem-se a outros sistemas jurídicos. Eles podem visar tanto à universalidade como à diferença.

---

[41] Ders. (nota 13), S. 291 ff.

[42] Ders., Theorie der Grundrechte, Baden-Baden 1985 (Frankfurt a. M. 1986), S. 75 ff., 475 ff.

[43] M. Kriele, Theorie der Rechtsgewinnung, 2. Aufl., Berlin 1976, S. 258 ff.

Os argumentos das três categorias até agora tratadas são possíveis somente no quadro institucional de um sistema jurídico. Eles podem ser denominados, por conseguinte, "argumentos *institucionais*". Se todos os casos pudessem ser decididos exclusivamente em virtude de argumentos institucionais, o direito seria um sistema fechado, autônomo ou "autopoiético".[44] Isso, contudo, por quatro fundamentos, não é o caso. Esses quatro fundamentos apoiam a tese, frequentemente exposta, que a interpretação jurídica não sai bem sem valorações substanciais. O primeiro fundamento é que, em numerosos casos, nenhum dos três argumentos institucionais leva a, rigorosamente, um resultado. Assim, existem muitos casos, nos quais argumentos linguísticos terminam com a comprovação de um espaço semântico, argumentos genéticos fracassam na ambiguidade do objetivo legislativo e argumentos sistemáticos indicam em direções distintas. Se em tais casos deve ser decidido em virtude de argumentos, pode isso ocorrer somente sob emprego de argumentos práticos gerais, cuja força não se baseia na sua ancoragem institucional, mas exclusivamente no seu conteúdo. O segundo fundamento é que, em numerosos casos, argumentos institucionais das distintas categorias levam a resultados diferentes e é incerto qual deve ser escolhido. Outra vez, argumentos práticos gerais são necessários para chegar a uma decisão com argumentos. O terceiro fundamento é que argumentos sistemáticos frequentemente só então são completos, quando eles são complementados por argumentos práticos gerais. Isso é, por exemplo, na ponderação entre princípios ou na analogia, regularmente, o caso. O quarto fundamento, finalmente, é que podem existir casos nos quais argumentos práticos gerais têm um peso tão grande que eles prevalecem sobre argumentos institucionais. A argumentação institucional é, portanto, sempre dependente de argumentação prática geral. Isso é um fundamento essencial para isto, considerar a argumentação jurídica ou o discurso jurídico como um *caso especial*, definido por vinculações institucionais, da argumentação prática geral ou do discurso prático geral.[45] O concorrente mais importante da tese do caso especial é a ideia do holismo jurídico, segundo o qual todas as premissas já estão contidas ou ocultas no sistema jurídico e somente ainda precisam ser descobertas.[46] Contra essa ideia fala, contudo, que aquilo que foi institucionalizado como sistema jurídico sempre é, necessariamente, incompleto. Assim como regras não se podem aplicar mesmas, assim um sistema não pode mesmo produzir completitude e coerência. Para isso, são necessários pessoas e procedimentos. O procedimento necessário, porém, é aquele da argumentação jurídica, que não é possível, de um modo racional, sem argumentos práticos gerais.

Os argumentos institucionais apoiam-se imediata ou mediatamente na autoridade do direito positivo. Os argumentos da quarta categoria, os argumentos *práticos gerais*, tiram a sua força, pelo contrário, somente da sua correção quanto ao conteúdo. Eles podem, por conseguinte, também ser designados como "argu-

---

[44] Comparar G. Teubner, Recht als autopoietisches System, Frankfurt a. M. 1989.

[45] R. Alexy (nota 13), S. 264 ff.; D. N. MacCormick (nota 22), S. 273; crítico U. Neumann (nota 18), S. 84 ff.

[46] Nessa direção vão Fr. C. v. Savigny (nota 33), S. XXXVI e R. Dworkin (nota 20), S. 400 ff.

mentos *substanciais*". Os argumentos práticos gerais ou substanciais dividem-se em dois grupos: em argumentos teleológicos e deontológicos. Os argumentos *teleológicos* orientam-se pelas consequências de uma interpretação e apoiam-se, em último lugar, em uma ideia do bem. Os argumentos *deontológicos* fazem valer o que é jurídico e antijurídico independente das consequências. Eles apoiam-se em uma ideia do dever que, em geral, tem a sua base na ideia da generalizabilidade.

4. As regras da interpretação

Existem dois tipos de regras da argumentação jurídica. As do primeiro grupo dizem respeito a isto, quando e como os argumentos distintos devem ser empregados, as do segundo, a isto, como elas devem ser ponderadas no caso de conflito. Uma regra importante do primeiro grupo é que todos os argumentos correspondentes devem ser considerados.[47] As regras do segundo grupo são *regras de primazia*. A ordem hierárquica dos argumentos possíveis na argumentação jurídica é, até hoje, debatida. Concórdia ampla domina sobre isto, que não se deixam formular regras rigorosas, mas, no máximo, regras que determinam primazias-prima facie. Primazias-prima facie admitem que a ordem hierárquica, existente à primeira vista, inverta por causa do peso de um argumento em sentido contrário. Ademais, existe um consenso amplo sobre isto, que na decisão de questões de primazia considerações jurídico-constitucionais desempenham um papel essencial. Sob esses pressupostos, deixam formular-se duas regras de primazia mais gerais: (1) argumentos linguísticos prevalecem prima facie sobre todos os outros argumentos. (2) Argumentos linguísticos, genéticos e sistemáticos prevalecem prima facie sobre argumentos práticos gerais. Essas regras de primazia justificam-se dos princípios ou valores, que fundamentam a força argumentativa dos argumentos distintos. A força do argumento linguístico descansa sobre o princípio da autoridade do dador de leis que, em um estado constitucional democrático, é apoiado pelos princípios da democracia, da divisão de poderes e do estado de direito. Também o argumento genético funda-se na autoridade do dador de leis. Dos fundamentos da certeza jurídica e, com isso, em virtude do princípio do estado de direito, o dito pelo dador de leis, contudo, tem primazia diante daquilo por ele meramente querido. Por conseguinte, argumentos linguísticos prevalecem prima facie sobre genéticos. Argumentos sistemáticos visam à coerência. A coerência é um postulado de racionalidade elementar. Sem coerência ameaça arbitrariedade. Uma prática de decisão arbitrária contradiria o princípio do estado de direito e o princípio da igualdade. Aquilo que deve ser trazido em um sistema, são, porém, sobretudo, decisões do dador de leis. Por conseguinte, argumentos linguísticos também prevalecem prima facie sobre os sistemáticos. Com isso existe, dentro dos argumentos institucionais, uma primazia-prima facie dos argumentos linguísticos sobre os genéticos e os sistemáticos.

---

[47] R. Alexy (nota 13), S. 306.

Entre os argumentos genéticos e os sistemáticos, pelo contrário, não se deixa formular uma primazia-prima facie geral.

A segunda regra de primazia contém uma primazia-prima facie dos argumentos institucionais diante dos práticos gerais ou substanciais. Argumentos institucionais apoiam sua força inteira (argumentos linguísticos e genéticos) ou essencialmente (argumentos sistemáticos) na existência do sistema jurídico. A necessidade da existência de um sistema jurídico deixa fundamentar-se com argumentos práticos gerais das fraquezas da argumentação prática geral. A argumentação prática geral não leva, em numerosos casos, a resultados que todos aprovam e se ela leva a resultados que todos aprovam, a aprovação geral no discurso ainda não assegura o cumprimento geral. Conflitos sociais, porém, não podem ser solucionados com base em regras reciprocamente contraditórias e o cumprimento de regras que cada um, sem ter de temer sanções, pode violar não deve ser exigido de ninguém. Por conseguinte, argumentos práticos gerais exigem a existência de um sistema jurídico. A existência de um sistema jurídico, contudo, implica uma primazia-prima facie de argumentos institucionais diante de práticos gerais. Argumentos práticos gerais, por conseguinte, não só no quadro da argumentação jurídica desempenham um papel essencial, eles justificam, mais além, também seu caráter institucional.

5. Interpretação e aperfeiçoamento do direito

Cada interpretação modifica o direito e é, com isso, um aperfeiçoamento do direito em sentido amplo. Desse conceito do aperfeiçoamento do direito em sentido amplo deve ser distinguido o aperfeiçoamento do direito em sentido restrito. Ela tem lugar quando não no quadro do texto de uma norma é decidido. Existem quatro conjunturas de casos do aperfeiçoamento do direito em sentido restrito: uma norma pode, primeiro, ser qualificada de inválida ou não aplicável (*extinção*), o que, particularmente, sucede no caso de um conflito normativo. Uma norma pode, segundo, ser criada nova pelo juiz (*criação*). Terceiro, pode o tipo de uma norma ser complementado para uma conjuntura de casos, de modo que ela torna-se aplicável a fatos que por seu texto original não foram compreendidos (*extensão*). A extensão é, em geral, o resultado de uma analogia. Finalmente, pode ao tipo de uma norma ser acrescentada uma condição limitativa, de modo que ela não mais compreende fatos aos quais ela era aplicável segundo o seu texto original (*redução*).

A admissibilidade do aperfeiçoamento do direito deixa formular-se como um problema da ordem hierárquica dos argumentos de explicação, em que se trata, sobretudo, da força dos argumentos linguísticos. Isso mostra, que também o aperfeiçoamento do direito em sentido restrito é interpretação. Atrás do problema da ordem hierárquica dos argumentos de explicação está sempre a colisão de princípios ou valores fundamentais. No aperfeiçoamento do direito em sentido restrito isso é, sobretudo, a colisão entre os princípios da democracia, da divisão de poderes e da certeza jurídica, por um lado, que apoiam a autoridade do dador de leis, e os princípios da coerência e da correção quanto ao conteúdo, por outro, que exigem uma decisão justa. A solução da colisão depende do direito constitucional, cada vez, vigente e da filosofia do direito sustentada pelo intérprete.

II – DISCURSO E DIREITO

4. A ideia de uma teoria procedimental da argumentação jurídica

I.

No campo da teoria da argumentação jurídica, existe hoje um consenso amplo sobre isto, que modelos simples são insuficientes. Eles podem aclarar aspectos, como teoria da argumentação jurídica eles não bastam. Essa tem a ver com um objeto muito complexo. A ele, ela somente pode satisfazer quando ela compreende a multiplicidade de seus aspectos.

Como exemplos para teorias, que tentam isso, podem ser mencionadas as teorias de Aarnio[1] e Peczenik[2]. Na teoria de Aarnio, o conceito de Wittgenstein da forma de vida, na teoria de Peczenik, o conceito de progresso cultural desempenha um papel decisivo. Aqui devem ser expostas algumas observações para uma teoria que está orientada por um terceiro conceito, pelo da razão prática ou pela racionalidade prática. Minhas exposições limitam-se, nisso, a alguns aspectos da estrutura formal de uma tal teoria apresentada pormenorizadamente em um outro lugar.[3]

O recurso ao conceito da razão prática ou da racionalidade prática é sem valor, enquanto não é esclarecido o que deve ser entendido sob esse conceito. Um tal esclarecimento, como também uma explicação do conceito da argumentação jurídica racional pode realizar-se no quadro de *teorias procedimentais*.[4]

---

[1] A. Aarnio, On Legal Reasoning, Turku 1977; ders., Legal Point of View. Six Essays on Legal Philosophy, Helsinki 1978.

[2] A. Peczenik, Non-Equivalent Transformations and the Law, in: A. Peczenik/J. Uusitalo (Hg.), Reasoning on Legal Reasoning, Vammala 1979, S. 47 ff.; ders., Right and Wrong in Legal Reasoning, in: Zeitgenössische Rechtskonzeptionen. Verhandlungen des 9. Weltkongresses der Internationalen Vereinigung für Rechts- und Sozialphilosophie, Basel, 1979, hg. v. P. Trappe, Archiv für Rechts- und Sozialphilosophie, Supplementa, Bd. 1, Teil 1 (1982), S. 57 ff.

[3] R. Alexy, Theorie der juristischen Argumentation, Frankfurt a. M. 1978. Orientada pelo conceito da razão prática está também a teoria de MacCormick (N. MacCormick, Legal Reasoning and Legal Theory, Oxford 1978). A questão, até que ponto as teses aqui expostas são compatíveis com aquelas de MacCormick ou até concordam, deve, neste lugar, ficar aberta. Também sem uma análise comparante pormenorizada pode, todavia, ser comprovado que, em alguns pontos essenciais, como, por exemplo, neste, que na argumentação jurídica não sempre, rigorosamente, uma resposta é correta, ambas as teorias chegam ao mesmo resultado.

[4] Para a estimativa histórica de tais teorias, assim como para a sua conexão com os conceitos de justificação e legitimação, comparar J. Habermas, Legitimationsprobleme im modernen Staat, in: Politische Vierteljahresschrift, Sonderheft 7 (1976), S. 39 ff.

Eu parto disto, que a argumentação jurídica é um caso especial da argumentação prática geral.[5] A discussão da estrutura e dos problemas de uma teoria procedimental da argumentação jurídica, que está orientada pelo conceito de razão prática, deve, por conseguinte, iniciar com a teoria da argumentação prática geral.

Paradigma de uma tal teoria é a teoria do discurso racional.[6] Segundo essa teoria, uma declaração normativa é correta ou – sob o pressuposto de uma teoria da verdade liberal – verdadeira,[7] quando ela pode ser o resultado de um determinado procedimento, o do discurso racional. Essa relação de correção e procedimento é característico para todas as teorias procedimentais. Se a é representante de uma teoria procedimental, segundo a qual deve ser direcionado para o procedimento P, então a responde à questão, quando uma declaração normativa N é correta, com:

D: uma declaração normativa N é correta exatamente então, quando ela pode ser o resultado do procedimento P.[8]

Existem, no quadro das teorias procedimentais, formações muito distintas de P. As diferenças deixam dividir-se em tais, que (i) concernem aos indivíduos que participam no procedimento e tais, que (ii) às exigências do procedimento. Disto, como o procedimento, com referência aos indivíduos e às exigências, é formado, depende (iii) a qualidade do processo de decisão.

---

[5] R. Alexy (nota 3), S. 32 f., 263 ff.

[6] Comparar para isso, dens. (nota 3), S. 221 ff. onde, sobre o fundamento de uma discussão das teorias de Wittgenstein, Austin, Stevenson, Hare, Toulmin, Baier, Habermas, Lorenzen, Schwemmer e Perelman, é projetada uma teoria do discurso prático racional geral.

[7] Para uma reunião de argumentos para a capacidade de verdade de declarações normativas, comparar A. R. White, Truth, London/Basingstoke 1970, S. 57 ff.

[8] D reproduz a forma da resposta de um partidário do procedimento P – a ser determinado como sempre. Uma versão neutra, que não pressupõe o aceitar, certamente, também não a recusa de P, deixa formular-se com auxílio do termo "P-correto". "P-correto" diz "correto relativamente ao procedimento P". A versão neutra de D, D', diz, então: "Uma declaração normativa N é P-correto, rigorosamente, então, quando ela pode ser o resultado do procedimento P." Poderia considerar-se se em D e D', em vez de as expressões "correto" e "P-correto", empregar as expressões "fundamentável" e "P-fundamentável". Isso é, em grande parte, uma questão terminológica, porque "fundamentável" e "P-fundamentável" iriam em D e D' ser definidos de modo igual como "correto" e "P-correto". Variantes interessantes de teorias procedimentais, porém, podem resultar, quando uma das expressões em D ou D' é empregada e a outra, de um outro modo é definida.

D direciona para isto, se N pode ser o resultado de P, não para isto, se N é isso. Isso é, contudo, tanto inofensivo como necessário. É inofensivo porque N, em todos os casos, nos quais N é o resultado de P, isso também pode ser. Que o emprego de "pode" em vez de "é", mais além, é necessário mostra-se claramente em teorias, que partem de um procedimento que deve ser realizado por indivíduos faticamente existentes. O caminho, de citar uma hipótese sobre os resultados de um tal procedimento como argumento, que N é um resultado possível de P e, por conseguinte, correto, estaria obstruído no emprego de "é". Como "corretas" poderiam ser designadas somente aquelas declarações normativas que são o resultado de procedimentos de fundamentação realmente realizados.

As ideias precedentes, assim como a formulação exposta de D foram sugeridas por uma crítica de Ota Weinberger, ao qual eu, para isso, sou grato. Ao agradecimento, por alusões importantes, eu também estou obrigado a Rainer Stuhlmann-Laeisz.

(i) Com respeito aos *indivíduos*, deve ser diferenciado segundo número e tipo. *P* pode ser realizado por um indivíduo, mas em *P* podem também participar mais ou todos os indivíduos de uma classe a ser formulada mais ou menos ampla. No que concerne ao tipo de indivíduos, pode, assim, ser partido de indivíduos faticamente existentes ou de construídos ou ideais. Um exemplo para um procedimento, que, primeiro, direciona para somente um indivíduo e, segundo, para um ideal, é a variante da teoria-observador ideal, que Firth propôs.[9] A teoria do discurso é, pelo contrário, caracterizada pelo fato de em *P* poder participar ilimitadamente muitos indivíduos, e precisamente, no estado no qual eles faticamente existem.

(ii) As *exigências* podem ser formuladas como condições ou como regras. Até que ponto um modo de formulação pode ser transformado em outro sem que o resultado do procedimento disso seja tocado,[10] deve, aqui, do mesmo modo ficar aberto como a questão, se já o modo de formulação condiciona diferenças sistematicamente significativas. As diferenças mais significativas resultam, em todo o caso, da fortidão das exigências. A isso deverá ser voltado.

(iii) Da qualidade dos indivíduos e das exigências depende se o *processo de decisão* abarca ou não a possibilidade da modificação das convicções normativas, existentes no início do procedimento, dos indivíduos. Se isso não é o caso, pode ser decidido sobre o fundamento da base de decisão empírica e da normativa *em* uma data. Um tal modelo teórico-decisivo prevê Rawls para a escolha dos princípios de justiça, que ele designa como "a única escolha consistente com a completa descrição da posição original",[11] que pode ser adotada do "ponto de vista de uma pessoa selecionada ao acaso".[12] A teoria do discurso, como modelo teórico-argumentativo, é, pelo contrário, caracterizada pelo fato de as convicções normativas e fáticas dos indivíduos poderem modificar-se em virtude dos argumentos expostos *no decorrer do procedimento*. No que segue, deve ser considerada somente essa variante de uma teoria procedimental.

II.

A teoria do discurso pode, uma vez que ela não contém determinações particulares com respeito aos indivíduos, ser formulada completamente sobre regras. Por fundamentos de simplificação, é conforme a finalidade formular, ao lado de

---

[9] R. Firth, Ethical Absolutism and the Ideal Observer, in: Philosophy and Phenomenological Research 12 (1952), S. 320 ff.; comparar, ademais, R. B. Brandt, Ethical Theory, Englewood Cliffs, N. J. 1959, S. 173 ff.

[10] Duvidoso é somente se uma tal formulação de outro modo, neutra em resultado, é possível em *todos* os casos. Que ela é possível em *alguns* casos, pode ser mostrado facilmente com base em exemplos. Assim, corresponde, por exemplo, a uma condição como a do desconhecimento da própria situação uma regra como esta, de não citar nenhum argumento que não se iria citar se se estivesse em uma outra situação. Seja, ademais, observado que em teorias, que trabalham com indivíduos construídos, também as qualidades dos indivíduos podem ser consideradas como exigências.

[11] J. Ralws, A Theory of Justice, Cambridge, Mass. 1971, S. 121.

[12] Ders. (nota 11), S. 139.

regras, formas de argumentos.[13] Tecnicamente não causa dificuldades transformar as formas em regras, que permitem o emprego de argumentos de determinada forma. No que segue deve, por conseguinte, tratar-se somente de regras.

As regras do discurso prático são de tipo bem diferente. Iria romper o contorno formulá-las aqui. O sistema de regras, exposto em outro lugar,[14] ao qual aqui se irá referir, abarca, somente para mencionar alguns exemplos, regras de lógica, regras sobre direitos de participação e de palavra, sobre cargas da argumentação, variantes distintas da ideia de generalizabilidade, regras sobre a revisão do nascimento de convicções normativas e formas de argumentos das consequências.

O modelo do discurso oferece não só vantagens. O defeito mais saliente consiste nisto, que o sistema de regras, em uma pluralidade de casos, não determina o resultado. Seja isso aclarado em um exemplo simples. Trata-se da resposta à questão prática F. Três indivíduos, a_1, a_2 e a_3, participam no procedimento que, no que segue, deve ser qualificado de P^P. P^P é definido pelas regras R_1^P, ..., R_n^P.[15] No início do procedimento, na data t_1, a_1, a_2 e a_3 propõem respostas, cada vez, distintas, excludentes reciprocamente, para F: N_1, N_2, e N_3. Como P^P (i) inicia sobre o fundamento das convicções faticamente existentes, (ii) não determina todos os passos da argumentação e (iii) contém regras que são cumpríveis só aproximativamente,[16] são possíveis, na data t_2, formas seguintes de associação simples de N's a a's:[17]

---

[13] Para esse conceito R. Alexy (nota 3), S. 123.

[14] Ders. (nota 3), S. 234 ff.; ders., Eine Theorie des praktischen Diskurses, in: W. Oelmüller (Hg.), Normenbegründung – Normendurchsetzung. Materialien zur Normendiskussion, Bd. 2, Paderborn 1978, S. 36 ff.

[15] Muitos litígios sobre questões práticas baseiam-se em suposições empíricas diferentes. R_1^P, ..., R_n^P contêm, por conseguinte, uma remissão às regras da argumentação empírica R_1^e, ..., R_o^e (comparar essa regra (6.1) em R. Alexy (nota 3), S. 255). R_1^e, ..., R_o^e não podem, apesar de seu significado, aqui ser abordadas. Como R_1^e, ..., R_o^e remetem a elas, devem R_1^e, ..., R_o^e valer como incluídas, quando se trata de R_1^e, ..., R_o^e.

[16] Comparar R. Alexy (nota 3), S. 255 f.

[17] As três formas de associação, que esse quadro reproduz, são caracterizadas pelo fato de se tratar nelas, por um lado, de formas simples e, por outro, de puras. As formas são simples porque a a's, cada vez, é associado somente um N não negado ou negado. Elas são puras, porque apresentam consensos positivos perfeitos (1) e negativos perfeitos (2), assim como dissensos positivos perfeitos (3). Dá na vista, de imediato, que tanto dissensos negativos perfeitos como consensos e dissensos (parciais) não perfeitos, que, como partes, no total, são possíveis a associações ou positivas, negativas ou mistas, faltam no quadro. Também não se deixa por (1) – (3) apresentar que a um a nem N_i nem $\neg N_i$ é associado (associação neutra). O fundamento para a limitação feita no texto reside nisto, que as modalidades discursivas podem ser esclarecidas suficientemente com base em (1) – (3). Como sua apresentação completa, porém, exige um tratamento dessas outras formas, devem elas, aqui, concisamente ser abordadas.

Formas simples já não bastam em dois N's excludentes reciprocamente, mas não contraditórios, para apresentar as relações lógicas entre todas as associações possíveis e as modalidades discursivas. Assim, não se sabe, por exemplo, no caso de um consenso parcial, que é parte de uma associação mista, por exemplo, no caso de $a_1/N_i, a_2/N_i, a_3/\neg N_j$, se N_i somente discursivamente é possível ou também discursivamente necessário, porque a_3 pode, ao lado de $\neg N_j$, ser associado tanto a N_i como a $\neg N_i$. Uma apresentação completa da lógica da associação é, portanto, possível somente no quadro das associações compostas. Sob os pressupostos do caso exemplificativo, que devem ser precisados pelo fato de (a) a três a's na data t_2 três N's serem associados, em que (b) os N's são incompatíveis um com o outro, mas nenhum N está em uma relação contraditória com um outro, e (c) é possível, que a a's todos os N's sejam associados negados, existem, uma vez que sob os pressupostos (b) e

(1) a_1/N_i, a_2/N_i, a_3/N_i

(2) $a_1/\neg N_i$, $a_2/\neg N_i$, $a_3/\neg N_i$

(3) a_1/N_i, a_2/N_j, a_3/N_k

No caso (1) N_i é relativo para R_1^P, ..., R_n^P e a_1-a_3, na data t_2, *necessário discursivamente*. No caso (2) N_i é correspondentemente *impossível discursivamente*. No caso (3) N_i, N_j e N_k (que não precisam ser idênticos com N_1, N_2 e N_3) são *possíveis discursivamente*. Importante é que essa imagem na data t_3 e em participação de outros indivíduos pode parecer de outra forma.

Os defeitos e problemas são, com isso, manifestos. O conceito "correto", acima empregado em D, é relativizado em múltiplos modos: (i) O resultado da discussão pode ser tanto rigorosamente uma declaração normativa (caso (1) e (2)) como também ele pode compor-se de declarações distintas (caso (3)). Neste caso, todas as declarações discursivamente possíveis devem ser designadas como "corretas". (ii) O resultado depende dos participantes a_1, ..., a_l e (iii) das regras R_1^P, ..., R_n^P. Como podem as últimas ser justificadas como racionais? (iv) Ademais, pode o resultado na data t_3 ser um outro que na data t_2. A essas fraquezas acresce um problema de tipo fundamental: (v) O procedimento não pode, em muitos casos, talvez, na maioria, nos quais se quer saber se N é correto, ser realizado realmente. De onde se sabe o que são seus resultados?

(c) em n N's e m a's $(n+1)^m$ são possíveis associações consistentes compostas completamente, 64 associações consistentes compostas completamente. Um exemplo para uma tal associação, que corresponde à forma (1) do quadro, é (i) $a_1/N_1 \neg N_2 \neg N_3$, $a_2/N_1 \neg N_2 \neg N_3$, $a_3/N_1 \neg N_2 \neg N_3$. Isso torna claro que associações compostas perante associações simples positivas não oferecem vantagem. Isso é somente o caso perante associações negativas ou simples mistas. Assim, tanto (ii) $a_1/\neg N_1 N_2 \neg N_3$, $a_2/\neg N_1 \neg N_2 N_3$, $a_3/\neg N_1 \neg N_2 N_3$ como (iii) $a_1/\neg N_1 \neg N_2 N_3$, $a_2/\neg N_1 \neg N_2 N_3$, $a_3/\neg N_1 \neg N_2 N_3$ é um caso de (2). Associações compostas desse tipo são completas, porque nelas não existem associações neutras, portanto, o caso, que a alguns a's (por exemplo, porque esses a's não sabem, se eles devem aprovar N_i ou $\neg N_i$) um outro a's, N associado positiva ou negativamente, nem positiva nem negativamente é associado, não sucede. Um caso especial elementar de associações compostas forma a associação de somente um N em forma negada ou não negada, na qual em n a's sempre existem associações 2^n.

As modalidades discursivas resultam sempre definitivamente de associações compostas completamente. Quando, pelo menos, a um a é associado N_i e, pelo menos, a um a, $\neg N_i$, N_i e $\neg N_i$ são discursivamente possíveis. Quando N_i é associado a todos os a's, N_i é discursivamente necessário. Quando N_i é associado a todos os a's, N_i é discursivamente impossível. Casos interessantes resultam em associações compostas incompletamente, que então existem, quando a alguns a's um N_i, que a outros a's positiva ou negativamente foi associado, nem positiva nem negativamente é associado. Para tais casos, a definição, agora mesmo dada, da possibilidade discursiva deve ser modificada como segue: N_i ($\neg N_i$) é discursivamente possível, quando N_i ($\neg N_i$), pelo menos, é associado a um a. Seja observado que, ao lado disso, a introdução dos conceitos da necessidade e impossibilidade discursiva fraca é digna de consideração. N_i poderia ser designado como "fracamente discursivamente necessário", quando, pelo menos, a um a N_i é associado e, pelo menos, a um a, nem N_i nem $\neg N_i$, e a nenhum a, $\neg N_i$, e, como "fracamente discursivamente impossível", quando, pelo menos, a um a $\neg N_i$ é associado, e, pelo menos, a um a, nem N_i nem $\neg N_i$, e a nenhum a, N_i.

O quadro do texto basta, diante do fundo dessas precisações, embora ele reproduza somente um setor das associações possíveis, para o esclarecimento das modalidades discursivas. Mencionado seja ainda, que ele pode ser completado não somente do modo apresentado, mas também ampliado com referência a variações-a e variações-N.

As dificuldades, com isso aludidas, são consideráveis. Elas, contudo, não fazem cair a teoria. Pelo contrário, algumas das fraquezas apresentadas são, simultaneamente, sua fortidão.

(i) Que vários N's podem ser discursivamente possíveis é somente então um defeito, quando se pressupõe que em questões práticas existe sempre, rigorosamente, uma resposta correta.[18] Esse pressuposto deve ser posto em dúvida. Importante é que disto, que diverso é possível, não resulta que tudo é possível.[19] Uma prestação essencial do procedimento consiste na exclusão de possibilidades (caso (2)).

(ii) A relativização sobre os participantes não é só uma desvantagem. Cada discussão deve ter um ponto de partida. Ela não pode iniciar com nada. Esse ponto de partida consiste nas convicções normativas existentes faticamente dos participantes. A teoria do discurso não é nada mais que um procedimento de seu estudo minucioso racional. Nisso, cada convicção relevante normativamente é um candidato para uma modificação baseada em argumentação racional.[20] Nessa limitação à estruturação racional da argumentação reside um mérito importante da teoria do discurso. Uma teoria que tenta não só estruturar racionalmente o processo de argumentação ou de decisão, mas, por exemplo, pelo fato de ela também prescrever determinadas premissas de partida, também determinar racionalmente, está exposta não só a objeções contra as premissas de partida, selecionadas pelo respectivo teórico da argumentação ou da decisão, às quais regularmente é mais difícil de replicar do que a objeções contra as regras do discurso, mas, mais além, à objeção fundamental, que o teórico, com isso, entra em um campo que, já porque suas convicções normativas não são geralmente mais corretas que as dos participantes, melhor fica a cargo destes, uma vez que o papel de participante também ao teórico está aberto a qualquer hora. Se se quer empregar os conceitos clássicos da relatividade e objetividade de normas morais,[21] então se pode dizer que o resultado do discurso é não só relativo nem só objetivo. Ele é relativo, na medida na qual ele é condicionado por peculiaridades dos participantes e é obje-

---

[18] Essa tese é, no âmbito da teoria da argumentação jurídica, sustentada por Dworkin (R. Dworkin, Taking Rights Seriously, London 1977, S. 81; ders., No Right Answer?, in: P. M. S. Hakker/J. Raz (Hg.), Law, Morality, and Society. Essays in Honour of H. L. A. Hart, Oxford 1977, S. 58 ff.). Crítico para isso A. D. Woozley, No Right Answer, in: The Philosophical Quarterly 29 (1979), S. 25 ff.; comparar, ademais, R. Alexy, Zum Begriff des Rechtsprinzips, in: Rechtstheorie, Beiheft 1 (1979), S. 59 ff. [número 8, página 137 e ss.].

[19] O fato, que relativamente a P^P são possíveis discursivamente declarações normativas contraditórias reciprocamente, N_i e ¬ N_i, não tem a consequência fatal que de P^P tudo resulta. Isso não, porque N_i e ¬ N_i, primeiro, só discursivamente são possíveis e, segundo, associados a indivíduos distintos.

[20] Isso distingue a teoria, aqui esboçada, daquela de Aarnio que, em seguimento à teoria de Wittgenstein da forma de vida, é da concepção que "o elo final na cadeia de argumentos para um julgamento de valor não está ao alcance de uma justificação racional" (A. Aarnio, Linguistic Philosophy and Legal Theory. Some Problems of Legal Argumentation, in: Rechtstheorie, Beiheft 1 (1979), S. 37). Para a crítica dessa tese, comparar R. Alexy, Aarnio, Perelman und Wittgenstein. Einige Bemerkungen zu Aulis Aarnio Begriff der Rationalität der juristischen Argumentation, in: A. Peczenik/J. Uusitalo (Hg.), Reasoning on Legal Reasoning, Vammala 1979, S. 121 ff.

[21] Comparar para isso, G. Patzig, Relativismus und Objektivität moralischer Normen, in: ders., Ethik ohne Metaphysik, Göttingen 1971, S. 62 ff.

tivo, na medida na qual ele depende das regras. Desse modo, a teoria do discurso evita tanto as fraquezas de teorias morais relativistas como das objetivistas.

(iii) O problema nuclear da teoria do discurso é o estabelecimento e justificação do sistema de regras. Ele deve, por um lado, ser tão forte quanto possível para excluir muito tanto quanto possível e, assim, elevar a sua significância de decisão. Por outro, ele deve ser tão fraco quanto possível a fim de ele poder encontrar aprovação tão ampla quanto possível. Sistemas que não mostram nenhum conteúdo moral satisfazem à segunda exigência, não, porém, à primeira. Quem, por exemplo, somente exige a observância das regras da lógica, a verdade das premissas empíricas empregadas e a consideração das regras da racionalidade da finalidade irá encontrar para cada uma dessas exigências facilmente ampla aprovação, seu sistema, porém, sob o pressuposto de participantes com ideias normativas diferentes, mal exclui algo. Além disso, ele não é capaz de esgotar os múltiplos aspectos do conceito de racionalidade.

Os valores, em sentido contrário, da fortidão e fraqueza podem ser trazidos em uma relação ótima quando, ao lado de uma série de outras exigências, sobretudo, são acolhidas as cunhagens distintas da ideia de generalizabilidade como regra do procedimento em R_1^P, ..., R_n^P. O sistema, que nasce desse modo, pode ser designado como "kantiano".[22] Seja aqui partido disto, que essas regras, como também as regras restantes do discurso, são fundamentáveis sob o pressuposto de um conceito de fundamentação amplo.[23] Razão prática pode ser definida como capacidade de, segundo esse sistema de regras, chegar a conhecimentos práticos.

(iv) Que os resultados de P^P na data t_3 podem ser outros que na data t_2, tem muitos fundamentos. Um reside nisto, que os defeitos existentes entre t_2 e t_3, até t_2 podem ser eliminados. Já por isso não pode ser falado de uma desvantagem.

(v) Se se quer saber se N é correto e não é possível, como em muitos casos, talvez, na maioria, realizar realmente P^P, permanece, correspondente à definição D, somente a possibilidade de perguntar se N *pode* ser um resultado de P^P. Para isso tem de o perguntador, na ideia, tocar até o fim o procedimento. As dificuldades que, nisso, aparecem são consideráveis. São necessárias hipóteses sobre os argumentos e a conduta argumentativa dos participantes virtuais. O saber empírico necessário para isso é obtenível somente em proporção limitada. Isso, contudo, não torna o critério sem sentido. Não é impossível imaginar-se os argumentos de outros e seus interesses, aos quais eles dão expressão. Para quase cada questão prática já foram expostos argumentos. Eles podem ser tratados como argumentos de possíveis participantes. Importante é, com tudo isso, que o caráter hipotético dos resultados dos procedimentos tocados na cabeça permanece

---

[22] Comparar para isso, R. Alexy (nota 3), S. 153, assim como R. Dreier, Zur Einheit der praktischen Philosophie Kants. Kants Rechtsphilosophie im Kontext seiner Moralphilosophie, in: Perspektiven de Philosophie, Neues Jahrbuch 5 (1979), S. 5 ff.

[23] Comparar para isso, R. Alexy (nota 3), S. 225 ff., onde quatro modos de fundamentação, a técnica, a empírica, a definitória e a pragmático-universal, são distinguidos, que no discurso teórico-discursivo podem ser empregados para a fundamentação de regras de discurso.

conservado.[24] A incerteza desse critério somente ainda não fundamenta nenhuma objeção. Enquanto nenhum mais seguro pode ser apresentado convincentemente é melhor contentar-se com um relativamente incerto do que renunciar totalmente a critérios.

III.

Que as fraquezas de P^P, em parte, são admissíveis sob o pressuposto do defeito de alternativas aceitáveis, em parte, simultaneamente, são sua fortidão, ainda indica pouco sobre o seu valor prático. Este, P^P obtém em sua totalidade, primeiro, em uma teoria do estado e do direito. Uma tal teoria é não só, como uma cunhagem particular da teoria do discurso, possível, mas, mais além, de fundamentos internos teóricos, seu desenvolvimento necessário.

Ao amplo espaço das possibilidades discursivas não pode corresponder um espaço igualmente amplo do permitir jurídico. Isso já não, porque isso iria significar que conflitos sociais deveriam ser solucionados com base em regras reciprocamente contraditórias. Os limites da precisão do resultado de P^P fundamentam, com isso, a necessidade de determinações, no quadro do possível discursivamente, por dação de lei positiva. Acresce a isso que, mesmo então, se existissem resultados somente discursivamente necessários ou impossíveis, sua transformação em normas jurídicas seria necessária.[25] A aprovação de todos no discurso a uma regra não tem, necessariamente, seu cumprimento por todos como consequência. Em uma pluralidade de normas, porém, então, se alguns não podem cumpri-las sem mais, não deve mais ser exigido de ninguém o seu cumprimento.[26]

A estrutura de P^P fundamenta, com isso, rudimentarmente falado, a necessidade do direito. A necessidade do direito, fundamentado de P^P, deixa fender-se na necessidade de outros três procedimentos: (i) a da criação de direito estatal (P^r), (ii) a da argumentação jurídica (P^j) e (iii) a do processo judicial (P^g). No que segue, devem ser expostas algumas observações para P^r, P^j e P^g assim como para as relações existentes entre P^P, P^r, P^j e P^g.

(i) Existem procedimentos muito diferentes de criação do direito estatal (P^r). Aqui, deve somente interessar que P^r, como cada sistema de regras, pode ser objeto de P^P.[27] Sobre procedimentos de criação do direito pode acordar-se mais

---

[24] Comparar R. Alexy (nota 14), S. 53.

[25] Comparar para isso, M. Kriele, Recht und praktische Vernunft, Göttingen 1979, S. 47 ff.

[26] Que a teoria do discurso, desse modo, leva à teoria do estado é interessante sob o ângulo visual histórico, porque ela pode, como Kriele realçou, ser considerada como reformulação filosófico-moral dos teoremas "da teoria da democracia clássica, que se baseia na ideia que por discussão pública, razão e progresso pode ser alcançado" (M. Kriele (nota 25), S. 30).

[27] Seja realçado somente que as distinções fundamentais da teoria procedimental não só se deixam aplicar ao procedimento da criação do direito estatal, mas, em grande escala, foram formuladas, pela primeira vez, na teoria do estado; assim, por exemplo, a distinção entre a participação de todos, de alguns ou de um.

facilmente do que sobre regras quanto ao conteúdo. Que sempre rigorosamente um P^r é resultado de P^P, não pode, contudo, ser aceito. Portanto, relativamente a P^P são possíveis discursivamente vários P^r's. Nisso, é possível que uma classe parcial das regras de P^r, R_1^r, ..., R_q^r seja necessária discursivamente. Se um P^r, possível discursivamente, vale, e qual faticamente, depende de fatos históricos. Isso é, porém, como bem genericamente em teorias procedimentais orientadas pelo conceito da razão prática, somente um lado. Ao P^r poder ser objeto de P^P, pode P^r ser tanto objeto de crítica racional como de legitimação racional e, com isso, tanto objeto de modificação racional como de conservação racional. P^r pode, nisso, ser criticado tanto imediatamente com respeito às regras definidoras de P^r como mediatamente pelas normas criáveis com auxílio dessas regras. Os argumentos expostos e decisões tomadas no quadro de P^r podem ser orientados por P^P e avaliados com base em P^P.

(ii) Não é possível um P^r que, aos sujeitos ao direito e aos aplicadores do direito, o mais tardar na data do aparecimento de cada questão jurídica, pode pôr normas à disposição, das quais, em conjunto com premissas empíricas, ou resulta logicamente ou deixa, com auxílio de regras do método jurídico, fundamentar-se coercitivamente o que no caso particular é ordenado juridicamente. Isso fundamenta a necessidade da teoria da argumentação jurídica. Existem numerosos casos nos quais, relativamente ao material fundado em autoridade, produzido por P^r, são possíveis várias decisões jurídicas. A tarefa da teoria da argumentação jurídica consiste nisto, fechar as lacunas de racionalidade. Uma tal teoria deve cumprir, pelo menos, quatro condições de adequabilidade. Ela deve satisfazer à pretensão de sentenças judiciais, (i) no quadro das *normas jurídicas* vigentes, (ii) em consideração dos *precedentes* e (iii) integradas na *dogmática* aprofundada pela ciência do direito explorada institucionalmente, (iv) serem fundamentáveis *correta ou razoavelmente*.[28] Essas exigências podem ser tidas em conta no quadro de um terceiro modelo procedimental, no do discurso jurídico racional (P^j).

Como P^P pode P^j renunciar a isto, formular as exigências sobre qualidades de indivíduos. Elas podem ser colhidas por um sistema de regras e formas.[29] Característico para P^j são as relações para com P^P e P^r. Enquanto a relação para com P^r consiste nisto, que os *resultados* de P^r são pontos de partida de P^j, consiste a para com P^P nisto, que no interior de P^j devem ser respondidas questões que somente podem ser respondidas com base no *procedimento P^P*. Já isso torna claro que P^j é definido por duas classes de regras e formas, por um lado, pelas regras e formas específicas do discurso jurídico (R_1^j, ... , R_m^j) que, falado concisamente, expressam vinculação à lei, precedente e dogmática e, por outro, pelas regras e formas do discurso prático geral (R_1^P, ..., R_n^P), sem as quais não pode ser tido em conta a pretensão de sentenças jurídicas, no quadro do ordenamento jurídico vigente, serem fundamentadas razoavelmente. R_1^P, ..., R_n^P fazem valer-se no qua-

---

[28] Comparar para isso, R. Alexy (nota 3), S. 264 ff.

[29] Para um tal sistema, comparar dens. (nota 3), S. 273 ff.

dro de R_l^j, ..., R_m^j. Esse é o sentido da tese do caso especial.[30] Acresce a isso, que numerosos R_j^j são casos particulares de R_k^P.[31]

Com respeito às vantagens e desvantagens de P^j pode, fundamentalmente, ser remetido ao dito para P^P.[32] Sejam, aqui, somente realçadas duas coisas distintas. Por causa das limitações normalizadas por R_l^j, ..., R_m^j, por exemplo, por causa da vinculação aos resultados de P^r, P^j é, perante P^P, caracterizado por limites da argumentação racional. A teoria geral do procedimento prático racional, aqui esboçada, que une os procedimentos particulares, torna claro, contudo, que essas limitações podem ser não só não diminuente de racionalidade, mas também ascendente de racionalidade.[33] Todavia, essa ascendência de racionalidade, no tocante a P^j, não leva até ao ponto da segurança do resultado. Como P^j, entre outras coisas, é definido por referência a R_l^P, ..., R_n^P, também P^j padece disto, que relativamente a P^j vários resultados podem ser discursivamente possíveis e, sob esse aspecto, corretos.

(iii) Já essa fraqueza de P^j como critério da correção torna necessário, como quarto procedimento, o do processo judicial (P^g). O resultado de P^g depende, além de R_l^P, ..., R_n^P e R_l^j, ..., R_m^j das regras do processo R_l^g, ..., R_k^g. R_l^g, ... R_k^g são constituídos de modo que, após a conclusão de P^g, sempre somente existe uma possibilidade; em P^g é, como em P^r, não somente argumentado, mas, também, decidido. A necessidade da decisão não significa, contudo, uma despedida da razão. Que em um procedimento como P^g é decidido é, em vista das estruturas de P^P, P^r e P^j, razoável. Segundo que regras R_l^g, ..., R_k^g e como em P^g é decidido, pode ser, com referência a P^P e P^j, fundamentado razoavelmente.

---

[30] Martin Kriele falou, ultrapassando a tese do caso especial, da "identidade ampla do discurso ético e do jurídico". Ela deve existir sob dois pressupostos: "Primeiro (o), que o direito determinado no estado constitucional democrático requer ser ética condensada e segundo (o), que também a crítica político-jurídica ao direito deve valer como componente do discurso jurídico" (M. Kriele (nota 25), S. 34). Essa tese não pode ser entendida em um sentido rigoroso. A diferença de P^P e P^j excluem não só uma identidade plena, mas também uma "ampla". Em um sentido mais amplo essa tese, ao contrário, é exata. P^j não é, como exposto, um complemento causal de P^P, mas, de fundamentos internos da teoria, seu desenvolvimento necessário.

[31] Comparar para isso, R. Alexy (nota 3), S. 352 ff.

[32] Significado particular tem o exposto acima para P^P sob (v).

[33] Comparar R. Alexy (nota 3), S. 307 ff.

5. Problemas da teoria do discurso

Os problemas da teoria do discurso deixam ordenar-se em três grupos. Os do primeiro grupo concernem ao status da teoria do discurso como teoria da verdade, os do segundo, à utilidade e os do terceiro, à fundamentação da teoria do discurso. Do *status* da teoria do discurso como teoria da verdade trata-se, quando a relação dos conceitos de verdade e de correção para com conceitos como os do consenso, da discussão ilimitada e da racionalidade é discutida.[1] Do *problema da utilidade* trata-se, quando é objetado contra a teoria do discurso que ela é vazia de conteúdo e meramente formal, o que se mostra nisto, que ela não leva a um resultado definitivo.[2] O *problema da fundamentação* concerne à fundamentação das regras e princípios do discurso.[3]

Aqui se deve tratar somente de ambos os primeiros problemas, portanto, do problema do status e da utilidade. Seja ainda acrescentada uma outra limitação. Ambos os problemas colocam-se em todas as formas de discurso, portanto, por exemplo, tanto em discursos teóricos como em práticos e estéticos. Minhas reflexões irão dizer respeito somente a discursos práticos.

I. A teoria do discurso
como teoria procedimental

A teoria do discurso pertence à classe das teorias procedimentais.[4] Segundo todas as teorias procedimentais, a correção de uma norma ou a verdade de uma declaração depende disto, se a norma ou a declaração é ou pode ser o resultado de um determinado procedimento. Quando algo é o resultado de um procedimento,

---

[1] Comparar para isso, H. Scheit, Wahrheit – Diskurs – Demokratie, Freiburg/München 1987, S. 123 ff.; A. Wellmer, Ethik und Dialog, Frankfurt a. M. 1986, S. 70 ff.

[2] A. Wellmer (nota 1), S. 72.

[3] Comparar J. Habermas, Diskursethik – Notizen zu einem Begründungsprogramm, in: ders., Moralbewußtsein und kommunikatives Handeln, Frankfurt a. M. 1983, S. 67 ff.; W. Kuhlmann, Reflexive Letztbegründung, Freiburg/München 1985, S. 181 ff.

[4] Comparar R. Alexy, Die Idee einer prozeduralen Theorie der juristischen Argumentation, in: Rechtstheorie, Beiheft 2 (1981), S. 178 ff. [número 4, página 77 e ss.].

então ele pode também ser isso, enquanto o contrário não vale. A versão pode é, por isso, mais ampla. Ela deve, por conseguinte, formar o ponto de partida das reflexões que devem aqui ser feitas. Se *a* é o representante de uma teoria procedimental da versão pode, segundo a qual deve ser direcionado para o procedimento *P*, então *a* responde à questão, quando uma norma *N* é correta, com:

D: Uma norma *N* é correta, exatamente então, quando ela pode ser o resultado do procedimento *P*.

Existem formações muito diferentes do procedimento *P*. Elas deixam dividir-se (1) em tais que concernem aos indivíduos e (2) em tais que concernem às exigências do procedimento. Disto, como é formado o procedimento com referência aos indivíduos e às exigências, depende (3) o seu caráter.

Com respeito aos *indivíduos* deve ser diferenciado segundo número e tipo. *P* pode ser realizado por um indivíduo, mas em *P* podem também participar vários ou todos os indivíduos de uma classe a ser formulada mais ou menos amplamente. O que concerne aos tipos de indivíduos, assim, pode ser partido de indivíduos faticamente existentes ou de construídos ou ideais. Um exemplo para um procedimento, que, primeiro, direciona somente para um indivíduo e, segundo, para um indivíduo ideal, é a variante da teoria-observador ideal, que Firth propôs.[5] A teoria do discurso é, pelo contrário, caracterizada pelo fato de em *P* poder participar ilimitadamente muitos indivíduos, e precisamente, no estado no qual eles faticamente existem.

As *exigências* podem ser formuladas de modo muito diferentes. O espectro estende-se da determinação de qualidades, cognitivas e motivacionais determinadas dos indivíduos, sobre a indicação de condições ou circunstâncias, sob as quais é argumentado e decidido, até a formulação de regras, segundo as quais deve ser procedido. As diferenças mais significativas resultam da *fortidão* das exigências.

O *caráter* do procedimento depende do número de indivíduos e da qualidade das exigências. A diferença mais importante no caráter do procedimento é se está prevista ou não a possibilidade de uma modificação, no início do procedimento, de convicções e interesses empíricos e normativos existentes *em virtude* do procedimento. Quando isso não é o caso, pode, sobre o fundamento da base de decisão empírica e normativa, em *uma* data ser decidido. Um tal modelo *teórico-decisivo* propõe Rawls para a escolha dos princípios da justiça, que ele designa como "a única escolha consistente como completa descrição da posição original"[6] que do "ponto de vista de uma pessoa selecionada ao acaso"[7] pode ser tomada. A teoria do discurso, como modelo *teórico-argumentativo*, é,

---

[5] R. Firth, Ethical Absolutism and the Ideal Observer, in: Philosophy and Phenomenological Research 12 (1952), S. 320 ff.

[6] J. Rawls, A Theory of Justice, Cambridge, Mass. 1971, S. 121.

[7] Ders. (nota 6), S. 139.

pelo contrário, caracterizada pelo fato de as convicções empíricas e normativas, como também os interesses dos indivíduos poderem modificar-se em virtude dos argumentos expostos no decorrer do procedimento. No que segue, deve ser considerada somente essa variante de uma teoria procedimental.

II. As regras do discurso

As exigências da teoria do discurso podem, uma vez que ela não contém determinações com respeito aos indivíduos, ser formuladas completamente sobre regras. Eu tentei, em um outro lugar, formular o sistema das regras do discurso com auxílio de 28 regras tão completamente quanto possível.[8] As regras estendem-se de tais, que exigem a liberdade da contradição, clareza idiomática, verdade empírica e sinceridade, sobre tais, que dão expressão, entre outras coisas, à ideia da generalizabilidade pelo fato de elas assegurarem o direito de participação de cada um em discurso e a consideração igual de cada um no discurso, até a tais, que são dirigidas à argumentação das consequências, à ponderação e à análise do nascimento de convicções normativas.

Contra essa multiplicidade foi objetado que ela expressa um "conceito misto de racionalidade",[9] que não é conveniente à clareza da análise. A isso deve ser objetado que racionalidade prática é um assunto complexo. O resultado da análise de um objeto complexo pode somente ser um modelo complexo. A questão decisiva é se ele satisfaz ao seu objeto. Ademais, foi feito valer criticamente que algumas regras mostram um conteúdo moral.[10] Uma objeção iria resultar disso, contudo, somente então, quando, pelo menos, um dos três pressupostos fosse exato. O primeiro é que o conceito de racionalidade, explicitado pelas regras, não deve mostrar conteúdo moral. No meu entender é, pelo menos, admissível, provavelmente, até necessário, em um conceito plenamente desenvolvido de racionalidade prática acolher conteúdos morais. O segundo pressuposto estaria cumprido, se aquelas regras, que mostram um conteúdo moral, por exemplo, estas que expressam exigências cheias de pretensão por generalizabilidade, não fossem fundamentáveis. Eu não posso aqui fundamentar a tese que elas são suscetíveis de uma fundamentação pragmático-transcendental no caminho de uma análise de pressuposição.[11] Em todo o caso, pode ser afirmado que não é seguro que elas não podem ser fundamentadas. Um terceiro pressuposto do dar bom resultado da objeção citada seria que o conteúdo moral de algumas regras do

---

[8] R. Alexy, Theorie der juristischen Argumentation, Frankfurt a. M. 1978, S. 234 ff.

[9] O. Weinberger, Logische Analyse als Basis der juristischen Argumentation, in: W. Krawietz/R. Alexy (Hg.), Metatheorie juristischer Argumentation, Berlin 1983, S. 200.

[10] Comparar dens. (nota 9), S. 195.

[11] J. Habermas (nota 3), S. 93 ff.; R. Alexy (nota 8), S. 230 ff.

discurso toma de todo o sistema a sua utilidade. Isso leva de volta à questão geral sobre a utilidade da teoria do discurso.

Sob o ponto de vista da utilidade, a fraqueza principal da teoria do discurso consiste nisto, que o seu sistema de regras não oferece um procedimento que permite em um número finito de operações chegar sempre, rigorosamente, a um resultado. Isso tem três fundamentos. As regras do discurso, primeiro, não contêm determinações com respeito aos pontos de partida do procedimento. Pontos de partida são as convicções normativas e interpretações de interesses, cada vez, existentes, dos participantes. Segundo, as regras do discurso não determinam todos os passos da argumentação. Terceiro, uma série de regras só aproximativamente é cumprível.[12] A teoria do discurso é, sob esse aspecto, uma teoria não definida de decisão.

Poderia achar-se que já isso mostra a inutilidade da teoria do discurso. Para infirmar essa objeção, deve ser distinguido entre discursos reais e ideais. Sejam considerados, inicialmente, os últimos.

III. O discurso ideal

Discursos podem ser ideais em alguns ou em todos os sentidos. Aqui deve interessar somente o discurso ideal em todos os sentidos. Ele é definido pelo fato de, sob as condições de tempo ilimitado, participação ilimitada e ausência de coerção perfeita, no caminho da produção de clareza conceitual-idiomática perfeita, do ser informado empírico perfeito, da capacidade e disposição perfeita para a troca de papéis e da liberdade de pré-juízos perfeita, ser procurada a resposta a uma questão prática. O conceito do discurso ideal em todos os sentidos causa numerosos problemas. Os quatro mais importantes são: o problema da construção, do consenso, do critério e da correção.

1. O problema da construção

O problema da construção resulta disto, que a teoria do discurso direciona para pessoas reais, faticamente existentes como participantes do discurso. Uma prorrogação pensada da participação no ilimitado temporalmente leva para isto, que dos participantes reais, faticamente existentes, resultam participantes parcialmente ideais ou construídos, ou seja, imortais. Essa não é a única idealiza-

---

[12] O conceito de regra é, aqui, empregado em um sentido amplo, no qual ele abrange tanto mandamentos definitivos como mandamentos de otimização; para essa distinção, comparar R. Alexy, Rechtsregeln und Rechtsprinzipien, in: Archiv für Rechts- und Sozialphilosophie, Beiheft 25 (1985), S. 13 ff. [Nota do tradutor: sobre esse artigo, ver Heck, Luís Afonso. Regras, princípios jurídicos e sua estrutura no pensamento de Robert Alexy, in: Leite, George Salomão (org.). Dos princípios constitucionais. São Paulo: Malheiros, 2003, página 53 e seguintes.]

ção. É imaginável que alguém é imortal e eternamente participa em discursos e, contudo, nada ou pouco aprende adicionalmente. Por conseguinte, o conceito do discurso ideal em cada sentido pressupõe que os seus participantes cumprem perfeitamente todas as regras do discurso, portanto, seja no tempo que for, chegam à clareza, ao ser informado, à capacidade e disposição de troca de papéis perfeito, assim como à liberdade de pré-juízo. Que isso faticamente não é possível, não causa problemas enquanto se trata somente do conceito do discurso ideal. Já nessa conexão deve ser levada a sério, pelo contrário, a questão, se o estado esboçado, no fundo, é possível conceitualmente. Assim, coloca-se, por exemplo, a questão, se em um discurso, no qual participantes de culturas inteiramente distintas com idiomas muito distintos participam, no fundo, é produzível clareza conceitual-idiomática perfeita. Tais questões devem, aqui, ficar em aberto. Em todo o caso, é claro que os participantes do discurso ideal quase perfeito transformam-se de participantes reais ou faticamente existentes em ideais ou construídos. Isso parece contradizer a suposição fundamental, exposta no início, da teoria do discurso, que diz que a teoria do discurso parte de indivíduos faticamente existentes. Se se considera, contudo, que o discurso ideal não é desde o início discurso perfeito, mas um discurso que, primeiro, por uma continuação pensada, potencialmente infinita, em virtude de processos de aprendizagem, inicialmente, de indivíduos reais, converte-se em discurso perfeito, então essa contradição se dissolve.

2. O problema do consenso

No segundo problema, no problema do consenso, trata-se da questão se um discurso ideal em cada questão prática leva a um consenso. Um tal consenso não resulta logicamente da comprovação que as condições do discurso ideal estão cumpridas. Um consenso em uma questão normativa determinada é um assunto substancial. As condições citadas têm, com referência a isso, somente caráter formal. Uma garantia do consenso em cada questão poderia, por conseguinte, somente ser aceita sobre a base das premissas empíricas, que o cumprimento das condições do discurso ideal iria levar todas as divergências de opiniões em questões práticas ao desaparecimento. Essa premissa pressupõe que não existem divergências antropológicas, resistentes ao discurso, das pessoas, que, também em um discurso temporalmente infinito e clareza conceitual-idiomática perfeita, em ser informado empiricamente, em capacidade e disposição de troca de papéis, assim como em liberdade de pré-juízo, podem excluir um consenso em questões práticas, portanto, de valoração. No meu entendimento, essa questão não é decisível. Isso não, porque não existe procedimento de prognosticar a conduta de pessoas reais sob as condições não reais citadas. Isso significa que uma garantia do consenso nem pode ser excluída nem aceita. Para a definibilidade da decisão de discursos ideais isso tem como consequência que deve ser considerado como possível que, também após uma duração do discurso potencialmente infinito, são sustentadas, pelos participantes do discurso, normas ainda incompatíveis uma com a outra. O resultado do procedimento seria, então, tanto N como $\neg N$. Segundo a definição D, dada no início, isso significa que tanto N como $\neg N$ deveriam ser designadas como "corretas". A questão, que aparece com isso, deverá ser abordada na discussão do problema da correção.

A um segundo aspecto do problema do consenso leva a questão, se um consenso, após duração potencialmente infinita, alcançado sob condições ideais, seria, necessariamente, um consenso terminante ou definitivo. Ele seria isso se nenhum argumento mais fosse possível que, em pelo menos, um participante, ainda poderia levar à modificação da convicção normativa duvidosa. No meu entendimento, pode ficar em aberto se a classe dos argumentos normativamente relevantes é finita ou infinita. Também um discurso potencialmente infinito não oferece em participantes, que, sem dúvida, obtêm as condições ideais aqui citadas, mas não estão dotados com a qualidade de não ignorar nenhum argumento normativamente relevante possível, a garantia que um novo argumento não destrua um consenso uma vez obtido. De outra forma estariam as coisas, somente então, quando se interpreta a infinitude do discurso, o que, aqui, não deve acontecer, no sentido de infinitude atual,[13] que todos os argumentos possíveis foram expostos e apreciados. Um consenso não mais poderia então, conforme a definição, ser destruído por um argumento novo.

No total, deve, para com o problema do consenso, ser conservado o seguinte:

(1) Mesmo em um discurso ideal potencialmente infinito não pode ser excluído que nenhum consenso se realiza.

(2) Também em um discurso ideal potencialmente infinito nunca é certo se um consenso, uma vez obtido, é terminante ou definitivo.

3. O problema do critério

O exposto por último tem consequências sérias para o terceiro problema, o problema do critério. Esse problema concerne à questão, se e em qual proporção o discurso pode, no quadro da definição D, citada no início, ser empregado como critério da correção. Como o discurso ideal, conforme a definição, não pode ser realizado realmente, ele pode somente ser empregado como critério pelo fato de ser perguntado se uma norma N *poderia* ser o resultado de um discurso ideal. Três problemas, que aparecem aqui, têm importância particular.

O primeiro problema resulta disto, que no emprego do discurso ideal como critério de correção, um procedimento, que essencialmente é uma organização de várias pessoas, deve ser realizado na cabeça de uma pessoa e, nesse sentido, *monologicamente*. Essencialmente uma organização de várias pessoas é o discurso prático do fundamento seguinte: nele, trata-se da solução correta de

---

[13] Para os conceitos da infinitude potencial e atual, comparar P. Lorenzen, Das Aktual-Unendliche in der Mathematik, in: ders., Methodisches Denken, Frankfurt a. M. 1974, S. 94 ff.

questões práticas que afetam os interesses de várias pessoas e, sob esse aspecto, da solução correta de um conflito de interesses. Para essa finalidade, as concepções normativas existentes, cada vez, dos participantes sobre a solução correta são expostas a um estudo minucioso racional. Nesse processo, as interpretações de interesses respectivos dos participantes, assim como sua alteração em virtude de argumentos desempenham um papel decisivo. Como uma interpretação de interesses em virtude de argumentos deve ser modificada é, em último lugar, assunto do afetado, cada vez. Disso resulta, que então, se a correção do resultado do discurso depende da correção de interpretações de interesses e se a correção de interpretações de interesses é um assunto de revisão argumentativa, o discurso é *essencialmente não-monológico*. As consequências, que resultam disso para aquele que se pergunta se algo pode ser o resultado de um discurso, contudo, são menos fatais do que pode parecer à primeira vista. Discursos são, sem dúvida, essencialmente não-monológicos, mas um discurso realizado na cabeça de uma pessoa pode aproximar-se de um discurso realizado por várias pessoas. Não se pode nunca ter certeza, sem dúvida, dos argumentos, das interpretações de interesses e da modificação das interpretações de interesses dos outros, mas é possível, em extensão considerável, fazer sobre isso presunções fundamentadas. Para quase cada questão prática já foram expostos, por pessoas totalmente diferentes, múltiplos argumentos e o cotidiano, a literatura e as ciências correspondentes abastecem cada um, que está interessado nisso, com informações numerosas sobre possíveis interpretações e modificações de interesses. Do fato da realização monológica resulta, sem dúvida, uma medida considerável de incerteza. Um critério imprestável desse fundamento seria o discurso virtual, realizado na cabeça de uma pessoa, porém, somente então, se a incerteza de um critério já iria implicar a sua imprestabilidade.

O segundo subproblema do problema do critério resulta do caráter *ideal* das exigências do discurso ideal. Nem um discurso real nem um discurso virtual realizado na cabeça de uma pessoa jamais pode cumprir completamente essas exigências. O que é possível, contudo, é um cumprimento aproximativo. Um resultado que só aproximativamente cumpre as exigências do procedimento é, necessariamente, um resultado incerto. Como já exposto, da incerteza, porém, não resulta a imprestabilidade.

O terceiro subproblema do problema do critério resulta da *estrutura interna* do discurso ideal. Na discussão do problema do consenso foi comprovado que, primeiro, também em um discurso ideal, potencialmente infinito, nunca é seguro se um consenso, uma vez obtido, é determinante ou definitivo e, que, segundo, não pode ser excluído que em um tal discurso nenhum consenso se realiza, o que significa que duas normas reciprocamente contraditórias podem ser o resultado do procedimento ideal. O problema da definibilidade causa as dificuldades mais reduzidas. Um consenso que é o resultado de um discurso ideal potencialmente infinito, não garante, sem dúvida, uma certeza terminante, contudo, uma medida tão alta em segurança que ele pode ser aceito como critério. Mais sério é o problema da contradição. Um critério, que não exclui a possibilidade que duas normas reciprocamente contraditórias são corretas, parece fracassar já nas exigências mais elementares da semântica da expressão "correto". Esse problema deve ser perseguido mais no quadro da discussão do problema da correção, a ser agora iniciada.

4. O problema da correção

No quadro do problema da correção devem ser discutidos três subproblemas: o problema do conceito de correção, o problema da objetividade e o, agora mesmo mencionado, problema da contradição. Nisso, deve ser acentuado que as reflexões, aqui feitas, somente valem para discursos práticos e, com isso, somente para a correção ou verdade prática. Até que ponto o aqui exposto é transferível a discursos teóricos e ao problema da verdade teórica deve ficar aberto.

a) Conceito e critério da correção

A objeção padrão, relacionada com o conceito de correção, contra a teoria do discurso diz que ela mescla a distinção entre o conceito e o critério da correção. Para infirmar essa objeção seja distinguido entre uma definição do conceito de correção prática livre de critérios e uma carregada de critérios. A uma definição livre de critérios chega-se quando, com apoio em Tarski,[14] desenvolve-se uma concepção semântica de correção prática, que se orienta pela equivalência: a proposição "X é devido" é correta, rigorosamente então, quando X é devido. Uma tal concepção de correção prática aclara um aspecto essencial do conceito de correção prática. Existem, porém, outros aspectos desse conceito, que somente podem ser compreendidos por uma definição procedimental carregada de critérios, como a aqui proposta. Ambas as concepções são compatíveis uma com a outra. Elas não estão em uma relação de concorrência, mas em uma de complemento.[15] Para cada, existem finalidades que as justificam.

b) O problema da objetividade

Mais importante é o segundo subproblema do problema da correção, o problema da objetividade. Nele, trata-se da objeção que o enlace, feito pela teoria do discurso, dos conceitos de correção e de verdade com os do discurso e do consenso é inadmissível. Correção e verdade são algo objetivo. Discursos e consensos pertencem, pelo contrário, ao âmbito da convicção subjetiva e do mero achar e

---

[14] Comparar A. Tarski, The Semantic Conception of Truth and the Foundation of Semantics, in: Philosophy and Phenomenological Research 4 (1943/44), S. 343.

[15] Para isto, que teorias de verdade e de correção distintas não necessariamente têm de estar em uma relação de concorrência, mas também podem estar em uma relação de complemento, comparar O. Höffe, Kritische Überlegungen zur Konsensustheorie der Wahrheit (Habermas), in: Philosophisches Jahrbuch 83 (1976), S. 315 ff.

aceitar.[16] A teoria do discurso não distingue suficientemente entre o considerar verdade e o ser verdade.[17] Que todos aprovam uma proposição não significa que ela é correta ou verdadeira, porque todos poderiam equivocar-se. Isso vale também para o resultado de discursos ideais.[18]

Essa objeção apoia-se, em parte, em mal-entendidos, em parte, ela leva a questões muito fundamentais. Um mal-entendido seria achar que, segundo a teoria do discurso, algo já então é verdadeiro quando todos o consideram verdadeiro. Não o consenso é para ela decisivo, mas a realização do procedimento do discurso. Isso vai tão longe que, como em seguida deverá ser exposto, até em um dissenso as concepções incompatíveis uma com a outra podem, em um sentido a ser determinado mais de perto ainda, ser designadas como "corretas", quando elas somente suportaram o procedimento do discurso. É, por conseguinte, não acertado imputar à teoria do discurso que ela considera o consenso como *fundamento* para a correção ou a verdade.[19]

Não o consenso, mas a realização do procedimento segundo as regras do discurso é o critério de correção verdadeiro da teoria do discurso. A questão decisiva diz o que a realização de um procedimento segundo as regras do discurso, no essencial, formais tem a ver com a correção quanto ao conteúdo de declarações normativas substanciais. Essa questão formula o problema nuclear da relação de procedimento e correção. Uma resposta somente pode dar bom resultado quando uma premissa, essencial para a teoria do discurso, é alçada à luz. A teoria do discurso pressupõe que os participantes do discurso, portanto, pessoas, assim como elas faticamente existem, em princípio, estão capacitados a distinguir fundamentos bons de ruins para declarações substanciais. Ela parte, portanto, de uma capacidade de juízo, em princípio existente, suficiente dos participantes.[20] Isso não significa que uma capacidade de juízo suficiente é uma exigência do procedimento.[21] A relação entre o procedimento do discurso e a capacidade de juízo suficiente de seus participantes corresponde antes à entre a constituição de um estado constitucional democrático e a capacidade de seus cidadãos para atividades políticas, econômicas e sociais. O último não é exigido por normas constitucionais, mas pressuposto pela constituição. Acresce a isso, que é pressuposto somente uma capacidade de juízo, *em princípio* existente, suficiente. É uma das finalidades do procedimento do discurso levá-la ao desenvolvimento.

Se, desse modo, é introduzido, como peça de união entre procedimento e correção, o pressuposto de uma capacidade de juízo, em princípio existente, suficiente, isto é, uma capacidade de distinguir fundamentos bons de ruins para de-

---

[16] O. Weinberger (nota 9), S. 188 ff.

[17] K. –H. Ilting, Geltung als Konsens, in: Neue Hefte für Philosophie 10 (1976), S. 36.

[18] O. Weinberger (nota 9), S. 192.

[19] Assim A. Wellmer (nota 1), S. 72.

[20] A falta de um tal "elo perdido" entre as regras do discurso e a correção do resultado foi multiplamente objetada. Comparar, por exemplo, O. Höffe (nota 15), S. 330; K. –H. Ilting (nota 17), S. 34.

[21] Para essa variante, comparar A. Wellmer (nota 1), S. 72.

clarações substantivas, então se pergunta, por que, no fundo, ainda se direciona para o procedimento e não logo para fundamentos bons ou fundamentações suficientes.[22] O fundamento para isso é que, em todo o caso, em perguntas práticas, nas quais se trata, essencialmente, de interpretação de interesses e compensações de interesses, não existem fundamentos bons, em si existentes. O que é um bom fundamento pode mostrar-se primeiro no processo da revisão discursiva. Se se quer empregar os conceitos da subjetividade e da objetividade, então se pode dizer que o resultado do procedimento do discurso nem é só subjetivo nem só objetivo. Ele é objetivo, à medida que ele pôde resistir a uma revisão discursiva, que teve lugar sobre a base de uma capacidade de juízo, em princípio existente, dos participantes. Desse modo, a teoria do discurso evita tanto as fraquezas de teorias morais subjetivistas ou relativistas como das objetivistas.

c) O problema da contradição

Permanece o terceiro subproblema do problema da correção, o problema da contradição, que resulta disto, que não pode ser excluído, que mesmo um discurso prático ideal pode ter como resultado duas normas reciprocamente contraditórias. Segundo a definição, dada no início, de "correto", isso significa que duas normas que se contradizem podem ser corretas igualmente. Nisso, deve ser observado que isso não quer dizer que uma pessoa pode acolher uma contradição em seu sistema de normas. Para o sistema de normas de cada pessoa individual continua a existir o postulado da liberdade de contradição. São somente admitidos sistemas de normas incompatíveis de pessoas distintas. Permanece, porém, a questão, se partes incompatíveis dos sistemas de normas de pessoas distintas, se e porque elas suportaram o procedimento, igualmente podem ser designadas como "corretas".

Isso não seria admissível se existisse para cada questão prática uma resposta unicamente correta,[23] independente disto, se existe um procedimento de encontrá-la ou comprová-la. Quem sustenta essa tese separa o conceito de correção dos conceitos da fundamentabilidade e da demonstrabilidade. Desse modo, nasce um conceito *absoluto* de correção, que tem um caráter *não procedimental*. Ele iria, de fato, excluir designar como "correta" tanto N como $\neg N$. Seu defeito é que a suposição, que está na sua base, da existência, independente de procedimento, de uma resposta unicamente correta para cada questão prática apresenta uma tese ontológica, que não só é difícil de fundamentar, mas também não é muito plausível. Respostas para questões práticas baseiam-se, sem dúvida, não só, mas, essencialmente, também em interpretações de interesses e ponderações de interesses. Não pode ser aceito que, sobre essa base, para cada questão prática sempre somente é possível, rigorosamente, uma resposta. A tese da existência de uma resposta unicamente correta para cada questão apresenta, com isso, pelo menos, no âmbito do prático, uma ficção ontológica que não pode ser justificada.

---

[22] Comparar A. Wellmer (nota 1), S. 70, 72; O. Weinberger (nota 9), S. 190 ff.

[23] Comparar R. Dworkin, A Matter of Principle, Cambridge, Mass./London 1985, S. 119 ff.

Uma tal ficção não basta para tornar vinculativo um determinado emprego da expressão "correto".

Que a tese da existência de uma resposta unicamente correta para cada questão prática deve ser abandonada não significa que o conceito de correção em nenhum sentido tem um caráter absoluto. Um caráter absoluto ele tem como ideia regulativa. Como ideia regulativa, o conceito de correção não pressupõe que para cada questão prática já existe uma resposta correta que somente se trata de descobrir.[24] Ao contrário, a resposta unicamente correta conserva o caráter de um objetivo a ser aspirado.[25]

Os participantes de um discurso prático devem, independente disto, se existe uma resposta unicamente correta, promover a pretensão que sua resposta é a unicamente correta, se suas afirmações e fundamentações devem ser convenientes. Isso pressupõe somente que é possível que existam questões práticas, nas quais, no discurso, uma resposta como unicamente correta pode ser distinguida e que não é seguro quais questões são essas, de modo que vale a pena, em cada questão, tentar o descobrir de uma resposta unicamente correta. Na base disso está uma concepção de correção *procedimental absoluta*. Ela satisfaz, sem mais, ao significado de uso corrente da expressão "correto".

O problema da contradição leva, com isso, a um fendimento do conceito de correção em um conceito de correção procedimental absoluto e um relativo. Se tanto N como $\neg\, N$ são resultado de um procedimento, então ambos são, relativamente a esse procedimento, corretos.[26] O conceito procedimental absoluto da correção exige, pelo contrário, que, mais além, seja procurado por somente uma resposta. O conceito de correção procedimental relativa desempenha em discursos reais um papel central. Ele deve, no quadro de sua discussão, ser aclarado.

IV. O discurso real

1. As modalidades discursivas

Para a discussão dos problemas do discurso real é conforme a finalidade empregar um modelo simples. Suponha-se que duas pessoas, a_1 e a_2, tentam res-

---

[24] Comparar I. Kant, Kritik der reinen Vernunft, A. 509, B 537: "Um princípio da razão que, *como regra*, postula o que deve ocorrer de nós no regresso, e *não antecipa*, o que está dado em si *no objeto* antes de todo o regresso. Por isso, eu o denomino um princípio *regulativo* da razão."

[25] Comparar I. Kant (nota 24), A 644, B 672: "Em compensação, porém, elas [ideias] têm um uso regulativo excelente e indispensavelmente necessário, ou seja, dirigir a inteligência a um determinado objetivo, com vista ao qual as linhas de direção de todas as suas regras convergem em um ponto."

[26] A concepção, aqui proposta, da correção relativa não é a única possível. Assim, mais recentemente foi apresentada uma concepção por Nicholas Unwin, que se orienta pela ideia de mecanismos de assimilação cognitivos diferentes (cognitive processing mechanism); comparar N. Unwin, Beyond Truth: Towards a New Conception of Knowledge and Communication, in: Mind 96 (1987), S. 299 ff.

ponder uma questão prática no quadro do procedimento definido pelas regras do discurso. Na data t_1, a_1 propõe N_1 e a_2 N_2, em que N_1 e N_2 são incompatíveis. Na data t_2, que marca o final do procedimento, são, entre outras coisas, possíveis as seguintes associações de soluções aos participantes: (1) ambos concordam em N_i, que pode ser idêntico, mas não tem de, com N_1 ou N_2; (2) ambos recusam N_i; (3) a_1 está para N_i e a_2 para N_j, $i \neq j$. Parece conforme a finalidade distinguir terminologicamente esses três casos. No primeiro caso, N_i é *discursivamente necessário* relativamente às regras do discurso, à medida de seu cumprimento e aos participantes na data t_2. No segundo caso, N_i é correspondentemente *discursivamente impossível*. No terceiro caso, N_i e N_j são correspondentemente, portanto, relativamente às regras do discurso, à medida de seu cumprimento e aos participantes na data t_2 nem discursivamente impossíveis nem discursivamente necessários, mas meramente *discursivamente possíveis*. Importante é, nisso, que a imagem na data t_3 e na participação de outros indivíduos pode parecer diferente.

Segundo a definição D, dada no início, da correção, deve tanto aquilo que na conclusão do procedimento é discursivamente necessário como aquilo que nessa data é só discursivamente possível ser designado como "correto". O conceito da possibilidade discursiva permite, todavia, uma suavização essencial do problema da contradição. Que tanto N como ¬ N podem ser corretos não quer dizer mais do que tanto N como ¬ N podem ser discursivamente possíveis. Contra isto, que os membros de uma contradição podem ser possíveis, não existe objeção lógica. Com isso, perde o resultado, tão problemático à primeira vista, que duas normas que se contradizem igualmente podem ser corretas, alguma coisa de seu caráter problemático.

2. O conceito relativo de correção

O verdadeiro problema consiste na relativização do conceito de correção. Ele é relativizado em quatro sentidos: com vista a (1) regras do discurso, (2) medida de seu cumprimento, (3) participantes e (4) datas.

Aqui, deve ser deixado de lado o primeiro problema, a relatividade com vista a *regras do discurso*. Ele não concerne aos problemas da utilidade e do status, mas ao problema da fundamentação, que não deve ser discutido aqui. Pelo menos, porém, fica claro que e como também esse problema está em uma relação para com o problema da correção.

Algumas regras do discurso podem somente ou ser cumpridas ou não cumpridas, em outras, pelo contrário, por causa do seu caráter ideal, somente um cumprimento aproximativo é possível. O cumprimento é, nelas, um assunto de grau. Por esse meio, nasce o problema da relatividade com vista à *medida do cumprimento*. O essencial, para isso, já foi dito na discussão do discurso ideal no quadro da discussão do problema do critério. A possibilidade de cumprir somente aproximativa leva, necessariamente, à incerteza do discurso como critério. Incerteza, porém, não implica imprestabilidade.

Também a relatividade com vista aos participantes cria incerteza. Além disso, ela leva, em todo o caso, em discursos reais temporalmente limitados, a um alargamento do espaço do só discursivamente possível. E, mais além, deve ainda ser considerado que ela é necessária em virtude da estrutura de problemas práticos. Essa exige, como já exposto, um procedimento não-monológico. Acresce a isso, que cada discurso deve ter um ponto de partida. Ele não pode iniciar com nada. Esse ponto de partida consiste nas convicções normativas, cada vez, faticamente existentes, dos participantes. O procedimento do discurso é nada mais que um procedimento de seu estudo minucioso racional. Nisso, cada convicção normativamente relevante é um candidato para uma modificação baseada em argumentação racional. Nessa limitação à estruturação racional da argumentação reside um mérito importante da teoria do discurso. Uma teoria que tenta não só estruturar racionalmente o processo de argumentação ou de decisão, mas, por exemplo, pelo fato de ela prescrever determinados conteúdos como premissas de partida, também determinar racionalmente, está exposta não só a objeções contra as premissas de partida quanto ao conteúdo, selecionadas pelo respectivo teórico da argumentação ou da decisão, às quais regularmente é mais difícil de replicar do que a objeções contra as regras do discurso, no essencial, formais, mas, mais além, também à objeção fundamental, que o teórico, com isso, entra em um campo que, já porque suas convicções normativas quanto ao conteúdo não são geralmente mais corretas que as dos participantes, melhor fica a cargo destes, uma vez que o papel de participante também ao teórico está aberto a qualquer hora.

A quarta relatividade, a relatividade com vista a *datas*, é inevitável perante os limites de cada discurso real. Em resultados só discursivamente possíveis, portanto, dissensos, a ideia regulativa da correção exige o caráter não definitivo do resultado. Em resultados discursivamente necessários, portanto, consensos, o caráter necessariamente provisório resulta da imperfeição necessária de cada discurso real.

Poderia achar-se que, em vista da relatividade do cumprimento, dos participantes e da data, deveria renunciar-se ao conceito de correção. Em vez disso, assim se poderia propor, deveriam ser empregados melhor conceitos como os da sustentabilidade, da plausibilidade, da fundamentabilidade e da razoabilidade. Isso teria, de fato, a vantagem que não se teria mais de trabalhar com um conceito fendido de correção: com o da correção procedimental absoluta, que tem o caráter de uma ideia meramente regulativa e o da correção procedimental relativa, que abarca uma medida alta de incerteza. Trata-se aqui, como tão frequentemente, de um problema terminológico, no qual se refletem questões substanciais sérias. Em todo o caso, fala em favor da terminologia, aqui privilegiada, que o uso do idioma cotidiano admite, sem mais, em vista de duas concepções normativas em sentido contrário, bem fundamentadas, dizer que ambos os argumentadores *a seu modo* têm razão (correção relativa) e, então, perguntar, mais além, quem, então, *realmente* tem razão (correção absoluta), em que se pode, simultaneamente, conceder que certamente ninguém irá conseguir averiguar isso. O fundamento substancial para a terminologia aqui escolhida é que a revisão discursiva, sem dúvida, não leva ao âmbito da segurança, contudo, para fora do âmbito do mero achar e considerar verdade. Em vista do fato que mais em questões práticas não é possível, parece-me ser conveniente o emprego do conceito de correção relativa.

Embora numerosas objeções possam ser eliminadas, permanece o resultado, porém, particularmente insuficiente. O conceito de correção sublima-se, por um lado, a uma ideia regulativa, por outro, ele é relativizado em alta medida e unido com incerteza. Esse resultado, contudo, não é a última palavra, se a tese é acertada, que o valor prático da teoria do discurso mostra-se em sua totalidade, primeiro então, quando ela é transformada em uma teoria de base das instituições, apoiadas na discussão,[27] do estado constitucional democrático.[28] Fundamentar essa tese iria significar, contudo, a abertura de um novo tema.

---

[27] Comparar para isso, BVerfGE 5, 85 (197 ff.).

[28] Comparar M. Kriele, Recht und praktische Vernunft, Göttingen 1979, S. 30 ff.; R. Alexy (nota 4), S. 185 ff. [número 4, página 84 e ss.].

6. Teoria do discurso e direitos do homem

Nas discussões atuais, nas passadas e, certamente, também nas futuras, sobre os direitos do homem deixam – como bem genericamente na filosofia política – distinguir-se quatro posições fundamentais que, com referência a modelos históricos, podem ser designadas como "aristotélica", "hobbesiana", "kantiana" e "nietzscheniana".[1] Eu irei tentar defender uma concepção kantiana.

I. A posição fundamental kantiana

Existem numerosas variantes da posição fundamental kantiana. Comum a todas elas são os princípios da universalidade e da autonomia. O princípio da universalidade dos direitos do homem diz que todos os homens têm determinados direitos. Em vez de para todos os homens pode direcionar-se também para todas as pessoas, todas as essências racionais ou semelhante.[2] Isso pode, aqui, contudo, ficar em aberto. O princípio da autonomia atua em duas direções. Ele diz respeito tanto à autonomia privada como à pública. Na autonomia privada, trata-se da escolha, a ser feita individualmente, e da realização de uma concepção pessoal do bem. Objeto da autonomia pública é a escolha, a ser feita em comum com os outros, e a realização de uma concepção política do justo e do bem. Na autonomia pública, direitos do homem e democracia estão, necessariamente, unidos. A proteção e o fazer possível de ambas as formas de autonomia é a tarefa primária dos direitos do homem na concepção kantiana. Um desenvolvimento pleno, tanto da autonomia pública como da privada, somente é possível em um estado constitucional democrático no qual os direitos do homem adquiriram a forma de direitos fundamentais. Se, no que segue, mais frequentemente, em vez de "direitos do homem", trata-se de "direitos fundamentais", é considerada essa conexão.[3]

---

[1] Comparar para isso, R. Alexy, Eine diskurstheoretische Konzeption der praktischen Vernunft, in: Archiv für Rechts- und Sozialphilosophie, Beiheft 51 (1993), S. 12 ff.

[2] Comparar para isso, C. S. Nino, The Ethics of Human Rights, Oxford 1991, S. 34 ff.

[3] Deve ser distinguido entre direitos do homem absolutos e relativos. Direitos do homem absolutos são direitos que todos têm perante todos. O direito à vida é um exemplo. Direitos do homem relativos são direitos que todos os membros de todas as comunidades jurídicas têm em sua comunidade jurídica. O direito eleitoral pode ser

O enlace das ideias da universalidade e da autonomia leva a uma teoria política liberal. A concepção kantiana dos direitos do homem é uma concepção de direitos do homem liberal. A concepção dos direitos do homem liberal é a ideia nuclear política do iluminismo e das revoluções burguesas. Ela forma até hoje o fundamento de todas as constituições do tipo ocidental. Com isso, ela é uma das ideias políticas até agora mais exitosas. Contudo, a concepção de direitos do homem liberal foi desde o início debatida e a crítica, hoje, antes cresce do que baixa. As antigas objeções do formalismo, do vazio, da abstratividade e da ausência de história e de cultura são, do arraial comunitarista, repetidas e afiladas. Não somente os conteúdos dos direitos do homem, mas a própria categoria dos direitos é posto em questão.[4] A crítica dirige-se, igualmente, contra o aspecto da autonomia, como contra o da universalidade. A autonomia deve arrancar o particular das ordens concretas, destruir comunidades crescidas e, com o desencadeamento de avidez de fruição e de posse, promover a ruína do mundo. Tudo calcificou: as almas, as comunidades e a natureza. Contra a universalidade dos direitos do homem é objetado que esses direitos, em verdade, são somente elementos de uma cultura determinada, ou seja, a do ocidente e, com isso, no máximo, teriam uma validez relativa ou particular. Cada pretensão de validez universal é imperialismo paliado humanitariamente.

É tarefa da concepção dos direitos do homem kantiana, como uma liberal, replicar todas essas objeções e, ainda, muitas outras. O fundamento dessa defesa deve ser a própria fundamentação da concepção kantiana. Eu gostaria, aqui, de expor os traços fundamentais de uma determinada variante de uma tal fundamentação, ou seja, a da teoria do discurso. Com essa fundamentação já são eliminadas, imediatamente, numerosas objeções. Outras deixam infirmar-se sobre a sua base.

Cada fundamentação dos direitos do homem tem de apoiar-se em alguma coisa. Quase tudo que de alguma maneira entra em questão foi experimentado. Encontram-se, assim, para citar oito exemplos, apelações a revelações religiosas, à natureza do homem, evidências, que não devem ser postas em dúvida, grandes tradições, decisões existenciais, interesses individuais, bens coletivos e consensos fáticos extensos. A base da fundamentação teórico-discursiva formam as regras do discurso prático. Cada fundamentação é somente tão boa quanto o são as premissas nas quais ela se apoia. A fundamentação dos direitos do homem teórico-discursiva está, com isso, diante de duas tarefas. Ela deve, em um primeiro grau, fundamentar as regras do discurso prático e, então, em um segundo passo, sobre essa base, justificar os direitos do homem. Eu inicio com o primeiro grau.

---

citado como exemplo. Tanto direitos do homem absolutos como relativos são direitos suprapositivos ou morais. Uma constituição é somente então suscetível de justificação, quando ela contém os direitos do homem absolutos e os relativos como direitos fundamentais. Se uma tal constituição vale como direito positivo, os direitos do homem foram positivados como direitos fundamentais. O catálogo de direitos fundamentais de uma constituição pode, ao lado dos direitos do homem, conter ainda outros direitos como direitos fundamentais.

[4] Comparar A. MacIntyre, Community, Law, and the Idiom and Rhetoric of Rights, in: Listenings 26 (1991), S. 96 ff.

II. A fundamentação das regras do discurso

1. As ideias fundamentais da teoria do discurso

A teoria do discurso é uma teoria procedimental da correção prática. Segundo ela, uma norma é, então, correta e, por conseguinte, válida, quando ela pode ser o resultado de um determinado procedimento, ou seja, o de um discurso prático racional.[5] O procedimento do discurso é um procedimento de argumentação. Isso distingue a teoria do discurso de teorias procedimentais da tradição hobbesiana, que dizem respeito a procedimentos de negociação e de decisão.[6]

Um discurso prático é racional, na medida em que, nele, são cumpridas as condições do argumentar prático racional. As condições do argumentar prático racional deixam em um sistema das regras do discurso[7] reunir-se.[8] Uma parte dessas regras formula exigências de racionalidade geral, que também valem independentemente da teoria do discurso. Delas fazem parte a liberdade de contradição, a universalidade no sentido de um uso consistente dos predicados empregados, a clareza conceitual-idiomática, a verdade empírica, a consideração das consequências e o ponderar. Todas essas regras valem também para monólogos. Aqui devem interessar somente as regras do discurso específicas. Essas têm um caráter não-monológico. Seu objetivo é a imparcialidade do discurso. Esse objetivo deve ser obtido por asseguramento da liberdade e igualdade da argumentação. As mais importantes dessas regras dizem:

1. Cada um que pode falar tem permissão de participar em discursos.

2. (a) Cada um tem permissão de pôr em questão cada afirmação.

   (b) Cada um tem permissão de introduzir no discurso cada afirmação.

   (c) Cada um tem permissão de manifestar suas colocações, desejos e carências.

3. Nenhum falante pode, pela coerção dominante dentro ou fora do discurso, ser impedido nisto, de salvaguardar seus direitos determinados em (1) e (2).[9]

Essas regras expressam, no plano da argumentação, as ideias liberais da universalidade e da autonomia. Se elas valem, portanto, cada um pode livre e

---

[5] Comparar para isso, R. Alexy, Die Idee einer prozeduralen Theorie der juristischen Argumentation, in: Rechtstheorie, Beiheft 2 (1981), S. 178 [número 4, página 77 e s.].

[6] Comparar, por exemplo, J. M. Buchanan, The Limits of Liberty, Chicago/London 1975, S. 6 ff., 28 ff.; D. Gauthier, Morals by Agreement, Oxford 1986, S. 113 ff.

[7] O conceito da regra do discurso é, aqui, assim formulado que ele abarca tanto regras como princípios no sentido da teoria das normas geral; comparar para isso, R. Alexy, Theorie der Grundrechte, Baden-Baden 1985 (Frankfurt a. M. 1986), S. 71 ff.

[8] Para uma tentativa de formular um tal sistema com auxílio de 28 regras do discurso, comparar dens., Theorie der juristischen Argumentation, 2. Aufl., Frankfurt a. M. 1991, S. 234 ff.

[9] Comparar dens. (nota 8), S. 240.

103

igualmente decidir sobre isto, o que ele aceita, então vale, necessariamente, a condição seguinte de aprovação universal:

UZ: uma norma pode, em um discurso, somente então encontrar aprovação universal, quando as consequências de seu cumprimento geral para a satisfação dos interesses de cada um particular podem ser aceitas por todos.

É uma suposição central da teoria do discurso que a aprovação no discurso, primeiro, pode depender de argumentos e que, segundo, entre a aprovação universal sob condições ideais e os conceitos de correção e de validez moral existe uma relação necessária.[10] Essa conexão deixa formular-se como segue:

corretas e, com isso, válidas são, exatamente, as normas que em um discurso ideal iriam ser apreciadas como corretas por cada um.

Se se faz algumas atenuações, resulta disso o princípio do discurso abstrato de Habermas:

"D: válidas são, rigorosamente, as normas de atuação, as quais todos os possivelmente afetados como participantes em discursos racionais podem aprovar."[11]

Isso corresponde, em todo o caso, na intenção fundamental, ao princípio de Kant, do poder dador de leis:

"Portanto, pode somente a vontade, concordante e unida, de todos, contanto que cada um decida sobre todos e todos sobre cada um o mesmo, portanto, somente a vontade popular universalmente unida ser dadora de leis."[12]

2. Um argumento de três pedras de construção

A ideia do discurso não é uma ideia neutra. Ela abarca a universalidade e a autonomia da argumentação, assim como uma concepção de imparcialidade baseada nisso. A ideia do discurso é, com isso, uma ideia essencialmente liberal. Por conseguinte, os problemas da fundamentação de uma posição liberal já iniciam no plano do discurso.

Existem autores, como Nino, que chamam a atenção sobre a não neutralidade do discurso moral[13] e, contudo, consideram a justificação de suas regras não só impossível, mas também não necessária. Uma justificação ou fundamentação é impossível porque moral não se deixa justificar por moral. Não necessária é ela, porque "uma explicação de como o discurso moral se desenvolve e porque

---

[10] Comparar C. S. Nino (nota 2), S. 75 f.; R. Alexy, Probleme der Diskurstheorie, in: Zeitschrift für philosophische Forschung 43 (1989), S. 87 ff. [número 5, página 94 e ss.].

[11] J. Habermas, Faktizität und Geltung, Frankfurt a. M. 1992, S. 138.

[12] I. Kant, Metaphysik der Sitten, in: Kant's gesammelte Schriften, hg. v. der Königlich Preußischen Akademie der Wissenschaften, Bd. 6, Berlin 1907/14, S. 313 f.

[13] C. S. Nino (nota 2), S. 114.

os indivíduos tendem a tomar parte nele" basta.[14] Nino tem razão quando ele diz que moral não pode ser fundamentada por moral, porque uma tal fundamentação seria, necessariamente, circular. Mas ele não tem razão quando ele declara explicações evolucionárias, tão interessantes e importantes possam essas ser, únicas alternativas. Ele subestima, com isso, as possibilidades de argumentos transcendentais. Uma concepção oposta sustenta Habermas. Ele considera um argumento transcendental fraco necessário e suficiente. Fraco deve ser esse argumento transcendental, porque ele não oferece nenhuma fundamentação última infalível, mas somente uma reconstrução falível do "conteúdo normativo de pressupostos de argumentação inevitáveis faticamente".[15] Como um argumento transcendental fraco nesse sentido, ele deve, porém, ser forte o suficiente "para fundamentar a pretensão de validez universal, ou seja, vinculativa para todos os sujeitos capazes de falar e de atuar, de um princípio moral formulado procedimentalmente".[16] Isso é uma sobre-estimação da força de argumentos transcendentais na filosofia prática.

Minha tese diz que a validez universal das regras do discurso deixa fundamentar-se somente, mas, também, pelo menos, com um argumento que se compõe de três partes totalmente diferentes. A primeira parte consiste de um argumento transcendental que forma o núcleo do argumento total e determina essencialmente seu caráter universalista. Esse argumento transcendental é, não só como em Habermas, por causa de seu caráter falível, mas, mais além, também por causa de sua validez limitada, fraco. Para a intensificação de sua validez deve ser juntado a ele, como segunda parte, um argumento direcionado para a maximização da utilidade individual. A linha kantiana e hobbesiana entram, desse modo, na fundamentação das regras do discurso, em uma união. Nela, a linha kantiana permanece, todavia, dominante. Para que essa união dê bom resultado é, como terceira parte do todo, necessária uma premissa empírica sobre a dotação de pessoas com um interesse em correção. Somente com uma tal premissa podem puras maximizadoras de utilidade ser vinculadas suficientemente forte no resultado do argumento transcendental, com o qual eu, agora, inicio.

a) A base transcendental

É confuso e debatido o que, rigorosamente, é um argumento transcendental.[17] Aqui, devem, como "transcendentais", ser designados argumentos que se compõem, pelo menos, de duas premissas com a estrutura seguinte: a primeira

---

[14] Ders. (nota 2), S. 82.

[15] J. Habermas, Erläuterungen zur Diskursethik, in: ders., Erläuterungen zur Diskursethik, Frankfurt a. M. 1991, S. 195.

[16] Ders. (nota 15), S. 194.

[17] Comparar para isso, R. Chisholm, What is a Transcendental Argument?, in: Neue Hefte für Philosophie 14 (1978), S. 19 ff.; S. L. Paulson, Läßt sich die Reine Rechtslehre transzendental begründen?, in: Rechtstheorie 21 (1990), S. 171 ff.

105

premissa identifica o ponto de partida do argumento, que consiste de coisas como percepções, ideias ou atuações linguísticas, e afirma, desse ponto de partida, que ele, em algum sentido, é necessário. A segunda premissa diz, a seguir, que algumas categorias ou regras são necessárias, se o objeto escolhido como ponto de partida deve ser possível. A conclusão diz, finalmente, que essas categorias ou regras valem necessariamente.

Na teoria do discurso foram propostas variantes distintas de argumentos transcendentais.[18] Comum a todas elas é que atos de falar particulares ou a prática da argumentação formam o ponto de partida do argumento. Por conseguinte, o argumento transcendental da teoria do discurso pertence a uma determinada classe parcial dos argumentos transcendentais: a dos argumentos pragmático--transcendentais.[19] Argumentos pragmático-transcendentais são argumentos filosófico-idiomáticos ou linguísticos que destacam as pressuposições necessárias da argumentação ou de atos de falar particulares. Desses pressupostos devem fazer parte a liberdade e a igualdade da argumentação e, com isso, as regras do discurso citadas. Se isso é exato, resta somente ainda mostrar que e em qual sentido a argumentação ou os atos de falar, que formam o ponto de partida da fundamentação, são necessários. A questão é se um tal argumento pode dar bom resultado.

Os atos de falar da afirmação, da fundamentação e da questão têm importância especial para a fundamentação das regras do discurso. Eu escolho, como ponto de partida para a versão, a ser aqui proposta, de um argumento pragmático-transcendental, o ato de falar da afirmação e inicio com teses sobre aquilo que afirmações, necessariamente, pressupõem.

Mal existe litígio sobre isto, que afirmações somente então são possíveis, se algumas regras do afirmar valem. Isso significa, que com afirmações, algumas regras, necessariamente, são pressupostas. O litígio concentra-se na questão, quais regras são essas.[20] Se o argumento transcendental deve dar bom resultado, essas regras devem ser demonstradas como pressupostos necessários da possibilidade de afirmações.

Não pode haver alternativas para elas.[21] O problema seria insolúvel se se pudesse entender sob afirmações qualquer coisa. Poderia, então, distinguir-se

---

[18] Comparar, por exemplo, K. –O. Apel, Das Apriori der Kommunikationsgemeinschaft und die Grundlagen der Ethik, in: ders., Transformation der Philosophie, Bd. II, Frankfurt a. M. 1973, S. 358 ff.; J. Habermas, Diskursethik – Notizen zu einem Begründungsprogramm, in: ders., Moralbewußtsein und kommunikatives Handeln, Frankfurt a. M. 1983, S. 93 ff.

[19] Comparar para isso, A. Dorschel/M. Kettner/W. Kuhlmann/M. Niquet (Hg.), Transzendentalpragmatik, Frankfurt a. M. 1993.

[20] Comparar H. Keuth, Fallibilismus versus transzendentalpragmatische Letztbegründung, in: Zeitschrift für allgemeine Wissenschaftstheorie 14 (1983), S. 334 ff.; G. Patzig, "Principium diiudicationis" und "Principium executionis", in: G. Prauss (Hg.), Handlungstheorie und Transzendentalpragmatik, Frankfurt a. M. 1986, S. 213.

[21] H. Albert, Die angebliche Paradoxie des konsequenten Fallibilismus und die Ansprüche der Transzendentalpragmatik, in: Zeitschrift für philosophische Forschung 41 (1987), S. 424; S. L. Paulson (nota 17), S. 174, 176.

106

numerosos conceitos da afirmação e definir cada um deles por um sistema de regras correspondente.[22] Isso, contudo, pelo menos, não é possível ilimitadamente, o que pode ser reconhecido nisto, que afirmações deixam distinguir-se de outros atos de falar, por exemplo, de manifestações de reações emocionais[23] ou de meras tomadas de posição.[24] Existe um significado nuclear da expressão "afirmação".[25] Faz parte dele que afirmações somente são tais atos de falar com os quais é promovida uma pretensão de verdade ou correção.[26] Minha primeira tese diz, por conseguinte:

(1) quem afirma algo promove uma pretensão de verdade ou correção.

Essa tese pode ser apoiada nisto, que nasce uma contradição performativa quando ela é impugnada.[27] Comete uma contradição performativa quem, com a efetivação de um ato de falar, pressupõe, requer ou implica algo que contradiz o conteúdo desse ato de falar. Tome-se a seguinte afirmação:

(1') eu afirmo que chove e eu acentuo nisso, que isso é falso.

Essa afirmação abarca uma contradição performativa porque uma parte daquilo que é dito (eu acentuo nisso, que isso é falso) contradiz aquilo que com a efetivação da afirmação, necessariamente, é pressuposto, ou seja, a pretensão de verdade ou correção.[28]

---

[22] Comparar H. Keuth (nota 20), S. 334 f.

[23] Comparar G. Patzig, Relativismus und Objektivität moralischer Normen, in: ders., Ethik ohne Metaphysik, Göttingen 1971, S. 75.

[24] Comparar para isso, H. Keuth (nota 20), S. 332.

[25] A isso corresponde a tese de Kuhlmann "que existe um âmbito nuclear de regras de argumentação e de afirmação essenciais" (W. Kuhlmann, Reflexive Letztbegründung versus radikaler Fallibilismus, in: Zeitschrift für allgemeine Wissenschaftstheorie 16 (1985), S. 373).

[26] Comparar D. Davidson, Inquiries into Truth and Interpretation, Oxford 1984, S. 268: "Alguém que faz uma afirmação representa a si mesmo como crendo no que diz e, talvez, como sendo justificado na sua crença. E desde que nós queiramos que nossas crenças sejam verdadeiras, isto parece correto ... que, quando alguém faz uma afirmação, ele representa a si mesmo como intencionado a dizer o que é verdadeiro."

[27] Fusfield fez valer que a referência a uma contradição performativa não é uma fundamentação real de uma regra do discurso (W. D. Fusfield, Can Jürgen Habermas' "Begründungsprogramm" Escape Hans Albert's Münchhausen Trilemma?, in: Jahrbuch Rhetorik 8 (1989), S. 77 ff.). Nisso, está correto que a referência a uma contradição performativa não apresenta uma fundamentação de uma proposição por uma outra proposição dela dependente, pois uma contradição performativa nasce somente então, se a regra do discurso, para cujo apoio ela é citada, já vale. Contradições performativas são, por conseguinte, somente um meio com o qual pode ser *mostrado* que regras do discurso valem. Elas servem à explicação daquilo, do que é aceito que isso é pressuposto em comum. Essa explicação pode, como cada explicação, ser inadequada e a tese, por ela apoiada, por conseguinte, falsa.

[28] Existem contextos, nos quais pode ser duvidado disto, se (1') abarca uma contradição ou nos quais (1') inequivocamente não abarca nenhuma contradição. Inequivocamente, nenhuma contradição abarca (1'), por exemplo, então, quando A, após ele (1') perante B ter manifestado como afirmação, o que abarca uma contradição performativa, (1') mais uma vez – admirado, espantado ou divertido – manifesta perante a si mesmo como autodescrição. Então, porém, o "eu afirmo" em (1') não mais é empregado para a *efetivação* de uma afirmação. Somente esse caso interessa aqui. Uma contradição é duvidosa quando alguém quer empregar a expressão "afirmar" em um outro sentido, por exemplo, no sentido de "dizer", e insiste nisto, que isso é o verdadeiro sentido de "afirmar". Aqui deve ser comprovado que essa pessoa ou não entendeu nosso significado de "afirmar" ou aspira a uma modificação de nossa prática do idioma. De nenhum realce carece que existem contextos, nos

107

Minha segunda tese enlaça a pretensão, necessariamente unida com afirmações, de verdade ou correção com a pretensão de fundamentabilidade. Ela diz:

(2) a pretensão de verdade ou correção implica uma pretensão de fundamentabilidade.

Quem faz valer que sua afirmação é verdadeira ou correta e, simultaneamente, diz que não existe nenhum fundamento para o afirmado, talvez, nem sequer estabelece uma autêntica afirmação. Em todo o caso, a sua afirmação é, necessariamente, viciosa.[29] Esse vício, todavia, é fácil de evitar, porque, para promover uma pretensão de fundamentabilidade, não se tem de referir a bons fundamentos, mas somente a alguns. Assim, basta o recurso a evidências, revelações e autoridades. Decisivo é que fundamentos entram em jogo.

Que com afirmações seja promovida uma pretensão de fundamentabilidade não significa que cada um, a qualquer hora, deve fundamentar cada afirmação perante cada um. Frequentemente, ao destinatário de uma afirmação, a afirmação já é demais e ele não quer, de modo nenhum, ainda, mais escutar fundamentos para ela. Às avessas, pode, aquele que estabeleceu uma afirmação, ter bons fundamentos para isto, de denegar uma fundamentação. A ele pode, por exemplo, faltar o tempo para isso. Se o destinatário de uma afirmação, porém, pergunta "por quê?" e, com isso, pede uma fundamentação e aquele que estabeleceu a afirmação não tem bons fundamentos para a denegação de uma fundamentação, então a pretensão de fundamentabilidade implica um dever de fundamentação. Minha terceira tese, por conseguinte, diz:

(3) a pretensão de fundamentabilidade implica um dever-prima facie de fundamentar o afirmado, a pedido.

O manifestar de uma afirmação é, sob esse aspecto, a entrada no âmbito da argumentação.

Quem fundamenta algo pretende, pelo menos, aceitar o outro, pelo menos, no que concerne ao fundamentar, como parceiro de fundamentação com os mesmos direitos. Isso mostra-se na viciosidade de uma manifestação como:

(4.1) para mim, o fundamento G, que eu cito para a minha afirmação, naturalmente, não é um bom fundamento; tu deverias, em vista da tua inteligência reduzida, porém, aceitar G como bom fundamento para essa afirmação.

Essa manifestação contradiz o postulado da *igualdade de direitos* na argumentação. Um fundamento para uma afirmação é, somente, então, um bom fundamento, quando ele pode, para cada um, ser um bom fundamento. Ademais,

---

quais a alguém, que manifesta (1'), não se censura a contradição. Alguém pode manifestar (1') como graça e todos podem ser gratos a ele por isso. Como graça pode (1'), porém, somente ser manifestado porque (1') abarca uma contradição.

[29] R. Alexy (nota 8), S. 165 ff.

108

cada um que fundamenta algo, pelo menos, pretende, pelo menos, no que concerne ao fundamentar, nem exercer mesmo coerção nem apoiar-se em coerção exercida por outros. Isso mostra-se nisto, que uma manifestação como:

(4.2) se meus fundamentos não te convencem, então tu serás despedido

não é uma fundamentação. Ela contradiz o postulado da *ausência de coerção* da argumentação. Finalmente, requer aquele, que fundamenta algo, poder defender sua afirmação não só perante os respectivos destinatários, mas perante cada um. A isso, corresponde a viciosidade de manifestações como:

(4.3) se nós excluímos *A*, *B* e *C* de nossa discussão e esquecemos suas objeções, nós podemos nos convencer disto, que o fundamento G, por mim citado, é um bom fundamento.[30]

Tais manifestações contradizem o postulado da *universalidade* da argumentação. Minha quarta tese, por conseguinte, diz:

(4) com fundamentações são, em todo o caso, no que concerne ao fundamentar como tal, promovidas as pretensões de igualdade de direitos, ausência de coerção e universalidade.

A essas pretensões correspondem as regras do discurso específicas acima citadas, que garantem o direito de cada um de participar em discursos, assim como a liberdade e igualdade em discursos. Se minha argumentação é correta, são, com isso, fundamentadas, rigorosamente, as regras do discurso que expressam as ideias liberais da autonomia e da universalidade.

Poderia ser levantada a objeção que meu argumento não é outra coisa que um truque relativo à definição. O caminho do conceito de afirmação para as regras do discurso específicas, com as estações intermediárias pretensão de correção, pretensão de fundamentabilidade e dever-prima facie de fundamentação, compõe-se de uma corrente de definições que não necessariamente teriam de sair assim. É somente introduzido um conceito de afirmação forte que implica as regras do discurso. Poderia, contudo, também se sustentar um conceito mais fraco, para o qual isso não vale. A essa objeção poderia ser replicado que é mostrado, que afirmações, no sentido aqui explicitado, são necessárias em algum sentido relevante para o argumento transcendental. Esse é o conteúdo da primeira premissa do argumento transcendental.[31]

---

[30] Para um exemplo semelhante, comparar J. Habermas (nota 18), S. 101.

[31] Entre ambas as premissas de um argumento transcendental existe uma relação estreita. Quanto mais conteúdo normativo é acolhido na segunda premissa (em nosso caso: quanto mais fortes são as implicações unidas com o conceito de afirmação), tanto mais duvidoso fica a necessidade do ponto de partida (em nosso caso: a necessidade de afirmações assim construídas). Às avessas, cai o conteúdo normativo da segunda premissa com certeza ascendente da necessidade do ponto de partida. Comparar para isso, A. J. Watt, Transcendental Arguments and Moral Principles, in: The Philosophical Quarterly 25 (1975), S. 43 ff.

Afirmações, e a argumentação, com elas unida, não seriam necessárias em nenhum sentido se se pudesse a elas renunciar arbitrariamente. Segundo Apel e Habermas, uma denegação de argumentação consequente deve ter consequências fatais. Assim, Apel fala, com referência à "psicopatologia clínica", da perda "da possibilidade da autocompreensão e da autoidentificação", sim, de "autodestruição",[32] e Habermas, de "esquizofrenia e suicídio".[33] Isso são suposições empíricas sobre as quais se pode discutir.[34] Aqui, deve bastar uma tese mais fraca. Ela diz que, no sentido que segue, é necessário fazer afirmações e fundamentações:

(5) quem, durante toda a sua vida, não estabelece nenhuma afirmação (no sentido definido por (1) – (3)) e não dá nenhuma fundamentação (no sentido definido por (4)) não participa na forma de vida mais geral da pessoa.

O argumento transcendental é, desse modo, radicalmente atenuado. Ele não fundamenta deveres argumentativos perante cada um. Para poder participar na forma de vida mais geral da pessoa não é necessário, perante cada um, que pede isso, manifestar afirmações e fundamentá-las; basta fazer isso em algumas conexões perante qualquer pessoa. O mais forte não tem de, aquilo que ele quer exigir de um mais fraco, justificar perante este. Ele pode manifestar uma simples ordem e impor essa com força e, contudo, participar na forma de vida mais geral da pessoa ao ele, com os membros do seu grupo, trocar afirmações e argumentos. Habermas pode ter razão quando ele diz que a "saída da argumentação e atuação orientada pelo entendimento leva a um beco sem saída existencial".[35] Uma fundamentação das regras do discurso ou princípios ético-discursivos, contudo, não resulta disso. Comunidades extremamente particulares podem ser recursos de tais "becos sem saída existenciais". A aceitação de princípios universalistas para isso não é necessária.

Apesar da radical atenuação do argumento transcendental, permanece, contudo, um resto sistematicamente extremamente significativo. Se não existem circunstâncias descomunais, como o crescer em completa isolação, deveria ser faticamente impossível não tomar parte na forma de vida mais geral da pessoa pelo fato de não se fazer nenhuma, ainda também tão trivial, afirmação, de não se expor nenhuma, independente de como constituída, fundamentação e também de não se colocar nunca o equivalente a afirmações e fundamentações, a questão "por quê?". Cada um tem, em princípio, a capacidade de perguntar, de afirmar algo e de fundamentar algo e cada um dispõe – abstraindo de circunstâncias descomunais – com vista a essas capacidades, pelo menos, de uma prática mínima.

---

[32] K. –O. Apel (nota 18), S. 414.

[33] J. Habermas (nota 18), S. 112.

[34] G. Patzig (nota 20), S. 213.

[35] J. Habermas (nota 18), S. 112.

Com a tese da forma de vida mais geral da pessoa não é ignorado que existem formas de vida concretas extremamente diferentes. Mas ela diz que todas as formas de vida humanas contêm, necessariamente, universais teórico-argumentativos que podem ser expressos pelas regras do discurso. Esses universais podem, em virtude de tabus, tutela ou terror, na realidade, ainda não muito, chegar a ser eficazes. Desaparecer completamente, eles iriam, primeiro, se os membros de uma forma de vida perdessem completa e terminantemente a capacidade de afirmar algo, citar um fundamento e colocar a questão "por quê?". As regras do discurso não definem, por conseguinte, uma forma de vida particular, mas algo que é comum a todas as formas de vida humanas, sem prejuízo do fato que isso, nelas, faz valer-se em medidas muito diferentes. A teoria do discurso trata de descobrir, desse modo, potenciais de razão existentes na realidade humana. Ela explora, nesse sentido, aclaramento sobre a natureza das pessoas e está, sob esse aspecto, mas também somente sob esse aspecto, na tradição do direito natural.[36]

Para a fundamentação das regras do discurso, com isso, todavia, ainda não muito está ganho. Disso, que alguém tem a capacidade de solucionar argumentativamente conflitos de interesse e, com vista a essa capacidade, dispõe de uma prática, pelo menos, mínima ou rudimentar, não segue que ele deve fazer uso dessa capacidade em cada conflito de interesse perante cada afetado. Ao mais forte, cada vez, pode parecer mais vantajoso limitar-se a rituais de dominação, ordens e força. Isso seria, somente então, diferente, se se pudesse pressupor em todas as pessoas um interesse, preponderante a todos os outros interesses, nisto, de solucionar conflitos de interesse corretamente no sentido do justo. A experiência ensina que uma tal pressuposição seria insustentável.

Esse resultado deixa descrever-se com o auxílio da distinção entre validez real e ideal. Uma regra vale realmente se e na medida em que realmente existe um motivo ou interesse para cumpri-la. Ela vale idealmente, se ela vale para todos, para os quais uma ideia regulativa, como a da verdade ou da correção moral, é um valor positivo. Um valor positivo a correção moral tem, rigorosamente, para aquelas pessoas que têm um interesse nela. O argumento transcendental pode, sem dúvida, para aqueles que têm um interesse em correção, tornar claro quais regras eles têm de cumprir. Essas regras têm, além disso, do ponto de vista ideal da correção, uma validez categórica. Nenhum argumento transcendental, porém, pode criar interesses ou motivações. Sob o ponto de vista da realidade ou da faticidade, o argumento transcendental leva, por conseguinte, somente a uma validez hipotética das regras do discurso: ele mostra o que vale quando existe um interesse em correção moral e, por conseguinte, o ponto de vista ideal da correção é ocupado. Isso é uma validez faticamente limitada.

---

[36] Poderia aproveitar-se a ocasião disso para, perante a teoria do discurso, alegar a censura clássica de uma conclusão defeituosa-ser/dever. Essa objeção ignoraria, contudo, que o argumento transcendental não consiste disto, que de fatos normas são deduzidas, mas disto, que uma prática, na qual, pelo menos, rudimentarmente, cada um participa, é reconstruída da perspectiva do participante.

b) Maximização da utilidade e interesse em correção

Neste lugar, entram em jogo ambas as outras pedras de construção de meu argumento para a validez universal das regras do discurso, a maximização da utilidade individual e uma tese sobre a dotação de pessoas com um interesse em correção. Suponha-se que uma elite está exclusivamente interessada na exploração de uma população submetida. Ela pode com esta, então, somente comunicar por ordem e pelo exercício de força. Isso, contudo, não seria ótimo. Força é cara e a ordem, por ela fundada, instável e, por conseguinte, para a elite, arriscado. Uma legitimação é mais barata e a longo prazo mais segura. Isso vale, em todo o caso, então, quando tanto na elite, particularmente na geração nela reprodutora, como na população deve ser contado com um número suficiente de pessoas que têm um interesse em correção.[37] É, seguramente, um otimismo antropológico infundado em cada pessoa contar com um interesse em correção ou esse interesse, sempre então, quando ele existe, classificar tão fortemente que ele não pode ser impedido, por interesses em sentido contrário, nisto, de desenvolver eficácia social. Às avessas, porém, é um pessimismo antropológico infundado em ninguém ou em demasiado poucos contar com um interesse em correção ou esse interesse, lá onde ele existe, classificar sempre, ou em geral, tão fracamente que ele não pode desenvolver eficácia social. Tiranos, ditadores e déspotas sabiam disto e se esforçaram, em regra, por uma legitimação também com argumentos. Que esses argumentos eram regularmente ruins ou mera propaganda, aqui, não tem importância. Decisivo é que, no fundo, é argumentado. Com isso, a maximização da utilidade individual, porque deve ser contado com um interesse suficiente em correção, leva à argumentação e, com isso, ao âmbito das regras do discurso.

Poderia ser objetado que isso não basta para a fundamentação das regras do discurso. Quem somente de fundamentos estratégicos aceita discursos teria de somente fazer como se ele aceitasse a liberdade e igualdade dos outros como parceiros do discurso. Ele poderia, nisso, exclusivamente seguir a recomendação conhecida de Machiavelli, que diz:

> "Quem melhor entendeu ser raposa andou melhor! Porém, tem de entender-se sobre isto, ocultar bem a natureza de raposa e ser mestre na hipocrisia e dissimulação ... Um soberano não precisa, portanto, em realidade, possuir todas as boas qualidades mencionadas atrás; porém, ele tem de dar-se a aparência como se ele as possuísse."[38]

Isso, contudo, somente então seria uma objeção, se se devesse considerar a criação de uma motivação, correspondente quanto ao conteúdo às regras do discurso, como componente necessário de uma fundamentação das regras do discurso. Isso, contudo, não é o caso. Também no âmbito do discurso pode ser distinguido entre uma validez subjetiva, que está relacionada com motivação, e uma

---

[37] Um tal interesse em correção é, para tiranos, sobretudo, perigoso, porque pode motivar pessoas para isto, de expor-se a riscos que elas iriam evitar em um cálculo de utilidade somente atento à própria vantagem.

[38] N. Machiavelli, Il principe, dt. Ausgabe: Der Fürst, übers. u. hg. v. R. Zorn, 6. Aufl., Stuttgart 1978, S. 72 f.

objetiva, relacionada com a conduta externa.[39] A fundamentação, aqui exposta, visa somente à validez objetiva das regras do discurso. Em vez de uma "validez objetiva", poderia falar-se também de uma "institucional". Os direitos do homem, a ser aqui fundamentados, pertencem ao âmbito do direito e, com isso, da legalidade. Por conseguinte, pode a validez objetiva das regras do discurso, pelo menos, suportar uma parte da carga de sua fundamentação.

Com isso, está concluída a primeira parte de meu argumento para os direitos do homem. Como resultado intermediário, deve ser conservado que as regras do discurso deixam fundamentar-se em um sentido tríplice. Elas expressam, primeiro, uma competência que faz parte da forma de vida mais geral das pessoas. Segundo, cada um deve, se ele tem interesse em correção, fazer uso dessa competência. Terceiro, para aquele que não tem interesse em correção, é vantajoso, em todo o caso, a longo prazo, a observância objetiva das regras do discurso sob o ponto de vista da maximização da utilidade individual.

III. A fundamentação dos direitos do homem

Até agora, tratou-se da fundamentação das regras do discurso como regras para o âmbito do discurso. Nos direitos do homem trata-se de regras ou normas para o âmbito da atuação. Sua força plena, direitos do homem somente podem então desenvolver, quando eles são garantidos por normas de direito positivo, portanto, transformados em direito positivo. Isso é, por exemplo, então o caso, quando eles são acolhidos como direito vinculativo no catálogo de direitos fundamentais de uma constituição. Pode, por conseguinte, na fundamentação dos direitos do homem, ser distinguido entre um problema de forma e um de conteúdo. No problema de conteúdo trata-se da questão, quais direitos do homem são necessários. No problema da forma trata-se da necessidade da transformação desse conteúdo em direito positivo. Eu inicio com o problema de forma.

1. A necessidade do direito

A transformação dos direitos do homem em direito positivo é somente então necessária, quando, no fundo, é necessário ter direito positivo. São três problemas que levam à necessidade do direito: o problema do conhecimento, o problema da imposição e o problema da organização. O problema do conhecimento resulta para a teoria do discurso disto, que ela não oferece um procedimento que permite em um número finito de operações sempre chegar a rigorosamente um resultado.[40] Isso leva a necessidade de decisões em procedimentos juridica-

---

[39] Essa distinção corresponde a de Kant entre moralidade e legalidade; comparar I. Kant (nota 12), S. 219.

[40] Comparar para isso, R. Alexy (nota 5), S. 180 ff. [número 4, página 79 e ss.].

mente regulados, por exemplo, em virtude do princípio da maioria. O problema da imposição nasce, porque o conhecimento da correção ou a legitimidade de uma norma é algo diferente do que o seu cumprimento.[41] Assim, a apreciação, concordante alcançada em um discurso, de uma norma como justa e, por conseguinte, correta não tem, necessariamente, o seu cumprimento por todos como consequência. Se, porém, alguns, sem mais, podem infringir uma norma, o seu cumprimento de ninguém mais deve ser exigido. Do fato, que em discursos, sem dúvida, conhecimentos podem ser criados, mas não sempre sua correspondente motivação, resulta, portanto, a necessidade de regras armadas com coerção e, com isso, a necessidade do direito.[42] O problema da organização, finalmente, resulta disto, que exigências morais numerosas e objetivos dignos de esforço somente por atuação individual e cooperação espontânea não podem ser cumpridos ou obtidos suficientemente. Pense-se no apoio de desempregados ou no auxílio para um país necessitado. A organização necessária pressupõe direito.[43] A renúncia à instalação, fundamentada pelo argumento do conhecimento, da imposição e da organização, da sociedade na forma do direito seria anarquia. Nela, porém, os direitos do homem não estariam garantidos. A necessidade do direito deixa fundamentar-se, por conseguinte, não só com reflexões de utilidade, mas também com os direitos do homem.

A necessidade da forma do direito é, certamente, só um lado da matéria. O outro, são exigências necessárias ao seu conteúdo e estrutura. Esse é o verdadeiro tema da fundamentação teórico-discursiva dos direitos do homem. Como os direitos do homem dizem respeito não só à autonomia privada, mas também à pública, a sua fundamentação abarca, necessariamente, a fundamentação da democracia. A fundamentação dos direitos do homem é, com isso, a fundamentação da necessidade de um sistema jurídico com um determinado conteúdo e uma determinada estrutura.

2. Tipos de fundamentação teórico-discursiva dos direitos do homem

Existem dois tipos de fundamentação teórico-discursiva dos direitos do homem: a imediata e a mediata. Uma fundamentação *imediata* tem lugar, quando é mostrado que determinados direitos, independente da realização fática de discursos particulares, valem somente em virtude da teoria do discurso. Tais direitos

---

[41] A isso corresponde a distinção de Kant entre o principium diiudicationis e o principium executionis: "Se a questão é: o que é moralmente bom ou não, então isso é o princípio da decisão, segundo o qual eu aprecio a boa qualidade e defeito das atuações. Se, porém, a questão é, o que me move viver segundo essa lei? Então isso é o princípio da mola propulsora" (I. Kant, Vorlesungen über Moralphilosophie: Moralphilosophie Collins, in: Kant's gesammelte Schriften, hg. v. d. Akademie der Wissenschaften der DDR und der Akademie der Wissenschaften zu Göttingen, Bd. XXVII, I, Berlin 1974, S. 274).

[42] O argumento do conhecimento e da imposição correspondem, no essencial, aos argumentos de Kant para a travessia do estado natural para o estado civil, comparar I. Kant (nota 12), S. 312.

[43] Comparar J. Habermas (nota 11), S. 148 f.

são, em sentido restrito, discursivamente necessários. Sua não validez é, em sentido restrito, discursivamente impossível.[44] De uma fundamentação meramente *mediata* trata-se, pelo contrário, quando a decisão sobre os direitos do homem é deixada a cargo de um processo político que tem lugar faticamente, que, porém, deve bastar a determinadas exigências fundamentadas teórico-discursivamente.[45] Se essas exigências são cumpridas, então as decisões, tomadas nesse processo político, sobre direitos do homem, são legítimas e esses direitos, por conseguinte, fundamentados mediatamente teórico-discursivamente.[46] Direitos fundamentados mediatamente não podem nunca, em sentido restrito, ser discursivamente impossíveis, mas eles também não tem de, nesse sentido, ser discursivamente necessários. Basta que eles, no que concerne às modalidades discursivas em sentido restrito, sejam meramente possíveis. Aqui, devem interessar somente direitos que se deixam fundamentar imediatamente teórico-discursivamente, portanto, somente direitos em sentido restrito discursivamente necessários.

A questão diz como direitos do homem deixam fundamentar-se imediatamente na base da teoria do discurso. Uma conclusão direta das regras do discurso sobre os direitos do homem não é possível. As regras do discurso são somente regras do falar. Observá-las, significa somente tratar o outro *no discurso* como parceiro com os mesmos direitos. Disso ainda não resulta que o outro absolutamente, portanto, também no âmbito da atuação, deve ser reconhecido como pessoa. De um reconhecimento pragmático-idiomático ainda não resulta um reconhecimento moral ou jurídico.[47] Para, das regras do discurso, chegar a regras de atuação são, por conseguinte, necessárias outras premissas. Essas outras premissas devem fazer parte da teoria do discurso, se se deve tratar de uma fundamentação teórico-discursiva imediata, que leva à necessidade discursiva em sentido restrito.

Deixam, conforme o caso, quais premissas adicionais são escolhidas, distinguir-se três tipos de fundamentação teórico-discursiva imediata dos direitos do homem: o argumento da autonomia, o do consenso e o da democracia. Essas três fundamentações não estão para com o outro em relação de concorrência, mas na do complemento e intensificação recíprocos. Eu inicio com o argumento da autonomia.

---

[44] Para os conceitos de necessidade, impossibilidade e possibilidade discursiva, comparar R. Alexy (nota 8), S. 256. Da necessidade e impossibilidade discursiva em sentido restrito, que dizem respeito à fundamentação teórico-discursiva imediata, devem ser distinguidas a necessidade e impossibilidade em sentido amplo, que devem ser associadas à fundamentação mediata e, com isso, entre outras coisas, relativizadas a pessoas e datas; comparar para isso, R. Alexy (nota 5), S. 181 f. [número 4, página 80 e s.]; ders., (nota 10), S. 91 f. [número 5, página 97 e s.].

[45] A distinção entre a fundamentação imediata e a mediata concorda amplamente com a de Nino entre direitos apriorísticos e aposteriorísticos; comparar C. S. Nino (nota 2), S. 253.

[46] No âmbito da fundamentação teórico-discursiva mediata cai tudo aquilo que Habermas, como formação ou concretização de seu sistema de direitos, deixa a cargo da "prática da autodeterminação dos cidadãos"; comparar J. Habermas (nota 11), S. 160 ff.

[47] Comparar para isso, A. Leist, Diesseits der ›Transzendentalpragmatik‹: Gibt es sprachpragmatische Argumente für Moral?, in: Zeitschrift für philosophische Forschung 43 (1989), S. 303 ff.

3. O argumento da autonomia

O argumento da autonomia diz que aquele que participa seriamente em discursos pressupõe a autonomia de seu parceiro de conversa, o que exclui o impugnar de determinados direitos do homem.[48] Uma variante interessante do argumento da autonomia encontra-se em Nino. Segundo Nino, cada um, que participa seriamente em discursos, aceita a seguinte "norma fundamental do discurso moral" (basic norm of moral discourse):

> "É desejável que as pessoas determinem seu comportamento somente pela livre adoção de princípios que, depois de suficiente reflexão e deliberação, elas julguem válidos."[49]

Essa norma ultrapassa claramente as regras e princípios do discurso até agora considerados. Quem a aceita aceita, não só a autonomia de seu parceiro de conversa no discurso, mas também sua autonomia no âmbito da atuação.

a) A fundamentação do princípio da autonomia

A norma fundamental de Nino do discurso moral deve, aqui, ser designada como "princípio da autonomia". Se o princípio da autonomia, em cada discurso moral, iria ser necessariamente pressuposto por todos, seria discursivamente impossível no discurso impugnar a autonomia moral ou a jurídica do outro. Quem fizesse isso cometeria uma contradição performativa.[50] Com a autonomia moral ou a jurídica seria, então, fundamentada uma de ambas as ideias nucleares da concepção liberal dos direitos do homem. A questão deve, por conseguinte, dizer se nós realmente temos de pressupor algo assim como a norma fundamental de Nino, quando nós participamos seriamente em discursos morais.

A resposta a essa questão depende disto, o que se entende de uma participação "séria" em um discurso. Deixam distinguir-se dois significados. Segundo o primeiro, participa seriamente em um discurso moral aquele que está interessado na verdade ou correção moral e em nada mais. Suponha-se que o último é o caso em A. A está incerto se o princípio P_a, até agora sustentado por ele, é correto e, por conseguinte, vale ou se isso é acertado ao princípio P_b sustentado por B, incompatível com P_a. Ele inicia, por conseguinte, um discurso com B. Depois de um certo tempo, A chega à convicção que seu princípio P_a realmente é o unicamente correto e novos argumentos não são visíveis. Ele interrompe o discurso com B e passa para o âmbito da atuação. Lá A tenta, inicialmente, mover B com persuasão e ofertas favoráveis a isto, de organizar sua vida segundo P_a. Ao isso não frutificar, A apela à força. Nessa conjuntura, A, sem dúvida, tratou B durante

---

[48] Se se define o conceito do argumento transcendental só amplo o suficiente, trata-se, de novo, de um exemplar desse gênero.

[49] C. S. Nino (nota 2), S. 138.

[50] Comparar C. S. Nino (nota 2), S. 140, que fala de uma "inconsistência pragmática" (pragmatic inconsistency).

o tempo de sua incerteza, que concorda com o tempo do discurso, como parceiro do discurso com os mesmos direitos. A partir da data, porém, na qual A convenceu-se da correção de P_a, acabou para A com o discurso também a igualdade e liberdade de B. A, em nenhuma fase, aceitou o princípio da autonomia. Portanto, existe uma participação em discursos que, em um determinado sentido, pode ser designada como séria e não pressupõe o princípio da autonomia.

Para chegar ao princípio da autonomia, o princípio da participação séria deve ser entendido em um segundo sentido, mais forte. Segundo isso, somente participa seriamente em discursos morais aquele que quer solucionar conflitos sociais por consensos discursivamente criados e controlados. Um consenso discursivamente criado é um consenso que se realizou em virtude de um discurso. Um consenso discursivamente criado permanece discursivamente controlado quando ele, a qualquer hora, de novo, pode ser posto em questão. Então, novamente, deve ser tentado criar discursivamente um consenso. Na primeira formulação do conceito da participação séria, era possível para A, depois da produção de uma convicção firme, sem mais, o recurso à persuasão e força. Isso está excluído no segundo significado. Quem quer solucionar conflitos sociais por consensos discursivamente criados e controlados aceita o direito de seu parceiro de conversa de orientar sua conduta somente por princípios, que eles, após consideração suficiente, apreciam como corretos e, por conseguinte, válidos.[51] Isso é o reconhecimento do princípio da autonomia. Com esse reconhecimento, a separação de atuação e discurso é anulada. Com isso, a igualdade e liberdade no discurso transfere-se também ao âmbito da atuação. Discurso e autonomia convertem-se em dois lados de uma matéria.[52]

Poderia parecer, assim, como se no segundo significado da seriedade, verdade e correção iriam ser substituídas por consenso e autonomia. Isso seria, contudo, uma conclusão defeituosa. Também para aquele que somente ou preferencialmente está interessado em verdade ou correção moral deve, em último lugar, ser preferido o segundo significado. Somente a possibilidade permanente de revisão discursiva de todas as normas de atuação sobre a base da autonomia pode proteger de equívocos morais duradouros.[53] Pode, por isso, dizer-se que

---

[51] A questão, se esse direito e o princípio da autonomia, que lhe corresponde, têm um caráter definitivo ou um prima facie, deve primeiro mais abaixo ser abordada.

[52] Se se pressupõe esse conceito da participação séria, o problema da renúncia autônoma à autonomia pode ser facilmente solucionado. Suponha-se que A convence B em um discurso disto, que para ele, B, o melhor é submeter-se a A em cada sentido e somente ainda fazer o que A diz. A questão, se uma tal convicção pode realizar-se em um discurso pode ficar aberta. Em todo o caso, ela deve, sob os pressupostos mencionados, permanecer sob controle discursivo. O último é somente então o caso, se o status sem autonomia, a qualquer hora, de novo, pode ser posto em questão, o que significa que um novo consenso deve ser procurado em um novo discurso e cada aplicação de força para manutenção desse status está excluída. Se, portanto, no fundo, um status sem autonomia, equivalente ao status de escravo, pode ser fundamentado no discurso, então somente um status anulável a qualquer hora com argumentos (comparar R. Alexy (nota 8), S. 171). Um tal status seria algo assim como um status de escravo livre ou um status autônomo sem autonomia. Com isso, porém, não seria renunciado, realmente, à autonomia.

[53] Isso é fundamentado não só pela possibilidade geral de equívocos, mas também pela dependência da correção moral de comunicação; comparar para isso, R. Alexy (nota 1), S. 237 f.

um interesse, plenamente formado, em correção moral abarca um interesse em autonomia. Sob esse aspecto, existe uma relação intrínseca entre correção ou verdade moral e autonomia. Naturalmente, podem aparecer problemas quando um irracional persistente denega sua aprovação para uma solução justa e insiste nisto, de exercer sua autonomia à custa de outros. Porém, isso é um problema da limitação do direito à autonomia e da organização do procedimento democrático. Ambos os problemas devem primeiro posteriormente ser tratados.

Quem, com um interesse, plenamente formado, em correção moral participa em discursos, pode ser designado como "participante do discurso genuíno". Participantes do discurso genuínos enlaçam o interesse em correção moral com o em autonomia. Eles pressupõem, com isso, necessariamente, o princípio da autonomia. Impõe-se a objeção que se pode, sem dúvida, dizer isso assim, mas tudo isso não basta como fundamentação porque é circular. Em último lugar, somente é demonstrado que aquele que quer solucionar os conflitos por princípios livremente reconhecidos avalia positivamente a atuação segundo princípios livremente reconhecidos. Uma obrigação de, desse modo, participar, séria ou genuinamente, em discursos não é, com isso, fundamentada. De uma validez necessária do princípio da autonomia para todos os participantes do discurso não pode ser falado. Toda a fundamentação tem somente um caráter hipotético: o princípio da autonomia vale somente para aquele que se decidiu para isto, de respeitar a autonomia dos outros. Pode-se também sem uma tal decisão ou uma tal vontade participar em discursos. Com isso, tudo termina na questão, se o conceito da participação genuína, de algum modo, está unido, necessariamente, com o do discurso.

Neste lugar, deve, pela segunda vez, ser trazida ao jogo a distinção entre a validez subjetiva ou motivacional e a objetiva ou institucional. Tampouco como a validez subjetiva das regras do discurso deixa fundamentar-se pragmático-transcendentalmente, tampouco a participação em discursos implica a validez subjetiva ou motivacional do princípio da autonomia. Pode participar-se em discursos sem estar interessado, no mínimo, na autonomia de seu parceiro de conversa.[54] Existem numerosas pessoas que nem têm um interesse na correção moral nem na autonomia dos outros ou cujo interesse, nisso, é tão mínimo que retrocede em cada colisão com a própria utilidade e que, contudo, falam sobre questões morais. Para essas pessoas, o princípio da autonomia não tem nenhuma ou nenhuma relevante força motivacional e, por conseguinte, nenhuma validez subjetiva. Contudo, também para elas, deixa fundamentar-se uma validez objetiva desse princípio.

Acima foi exposto que uma validez objetiva ou institucional das regras do discurso deixa fundamentar-se também para aquele que está interessado somente

---

[54] Cortina apoia sua tentativa de uma fundamentação teórico-discursiva dos direitos do homem na tese que ao idioma humano é inerente um telos do entendimento (A. Cortina, Diskursethik und Menschenrechte, in: Archiv für Rechts- und Sozialphilosophie 76 (1990), S. 40 f.). Se, com isso, deve ser considerada uma validez subjetiva, a tese é falsa.

na maximização de sua utilidade. Quem quer legitimar sua posição social deve, pelo menos, fazer como se ele observasse as regras do discurso. Isso deixa estender-se ao princípio da autonomia. Quem, por um discurso, quer alcançar legitimação deve, nesse discurso, pelo menos, fazer como se ele aceitasse a autonomia de seu parceiro de discurso. Ele deve – completamente no sentido da recomendação de Machiavelli citada –, pelo menos, hipocrizar uma participação no discurso genuína. Se ele não faz isso, cai o interesse de seus parceiros do discurso no discurso e, com isso, para ele, a possibilidade de legitimação, a zero ou quase a zero. Suponha-se que A sabe que B está interessado somente na maximização de sua utilidade ou na imposição de suas convicções já existentes e não dá o mínimo valor a isto, de respeitar a autonomia de A de algum modo. Agora, poderia ser que A tem uma certa esperança de dissuadir B dessa postura e é também imaginável que A quer examinar se as convicções já existentes de B talvez, realmente, são corretas. Abstraindo desses motivos, antes improváveis e fracos, não existe para A, porém, nenhum fundamento para discutir com B sobre a ordem justa de sua vivência em comum. Não é atrativo ter discursos de justiça com alguém, cuja oferta de conversa tem a forma: "Antes de eu te levar com força a isto, de viver conforme minhas ideias, eu quero tentar se eu não posso alcançar esse objetivo mais simplesmente por persuasão."

Que também para pessoas, que não compartilham as intenções de um participante do discurso genuíno, existem fundamentos para isto, fazer como se eles fossem participantes do discurso genuínos, não significa que esses fundamentos sempre devem preponderar. Um tirano, que está cansado de falar ou considera argumentos infrutíferos, pode apelar para a força pura. Porém, a longo prazo, isso, para ele, não é vantajoso. Assim, nasce um dilema de tirano teórico-discursivo: por um lado, terror coberto com argumentos é melhor do que força pura, por outro, o argumentar leva facilmente para o desvelamento da antijuridicidade. Esse dilema aparece já nas regras do discurso. O fato, que na argumentação a autonomia dorme, ainda o intensifica. A tirania é agravada não só com o risco da argumentação, mas também com uma mentira necessária: a autonomia negada na prática deve ser aparentada na propaganda.

Como resultado intermediário, deve ser conservado que o princípio da autonomia deixa fundamentar-se em um sentido duplo. Primeiro, deve cada um que participa em discursos genuinamente, portanto, em um sentido pleno, seriamente, pressupô-lo necessariamente. Segundo, deve aquele que não tem nenhum interesse em uma participação do discurso genuína, em discursos, pelo menos, fazer como se ele aceitasse esse princípio, se ele quer maximizar a longo prazo a sua utilidade.

b) Autonomia e direitos

Para, do princípio da autonomia, chegar a um sistema de direitos, várias questões ainda devem ser respondidas. Ambos os passos decisivos, porém, estão feitos. O primeiro consistiu na fundamentação da necessidade de regular a vivência em comum pelo direito, o segundo, na fundamentação do princípio da autonomia. Se tanto a forma do direito como o asseguramento da autonomia do particular são necessários, então corresponde ao princípio da autonomia imediatamente um direito geral à autonomia, que apresenta o direito do homem e fundamental mais geral. Esse direito também pode ser designado como "direito de liberdade geral".[55] Ele deixa formular-se como segue:

cada um tem o direito de apreciar livremente o que é ordenado e o que é bom e de atuar correspondentemente.

É de imediato claro que esse direito não pode valer ilimitadamente. A autonomia ilimitada de um iria colidir com a dos outros. O direito à autonomia é, por conseguinte, somente um direito-prima facie. Como tal, ele tem caráter de princípio. Ele exige uma medida, tão alta quanto possível, relativamente às possibilidades jurídicas e fáticas, de autonomia do particular.[56] O direito à autonomia pode, além disso, ser limitado não só por causa da autonomia de outros, mas também em favor de bens coletivos. Assim, por exemplo, a proteção da natureza exclui o pleno desenvolvimento de determinados planos de vida, por exemplo, de um caçador de grandes animais. Todavia, a autonomia tem, perante bens coletivos, uma primazia-prima facie. Esta mostra-se no discurso em uma carga de argumentação em favor da autonomia individual e por conta dos bens coletivos.[57][57] Elaborar tudo isso é tarefa de uma dogmática dos direitos fundamentais e do homem. Aqui, deve interessar somente a estrutura da fundamentação de direitos concretos ou especiais.

São duas operações que, de um direito geral à autonomia, levam a um catálogo de direitos fundamentais e do homem concretos ou especiais. A primeira é aplicada, quando é mostrado que um direito determinado concreto apresenta nada mais que um caso especial do direito à autonomia e, sob esse aspecto, está conceitualmente contido nele. Desse modo, todo o catálogo de direitos de liberdade concretos pode ser fundamentado. A segunda operação consiste nisto, que é exposto que determinados direitos são meios necessários para poder atuar autonomamente. Nesse caminho deixam fundamentar-se direitos à proteção pelo estado e direitos fundamentais sociais como, por exemplo, o direito ao mínimo existencial.[58]

Ambas as operações levam tanto a direitos que protegem e possibilitam o uso da autonomia privada como a direitos que protegem e possibilitam o uso da autonomia pública. O direito geral à autonomia abrange um como o outro.

---

[55] Também a ideia de um direito de liberdade geral deixa reduzir-se a Kant; comparar I. Kant (nota 12), S. 237 f.

[56] Comparar R. Alexy (nota 7), S. 75 ff.

[57] R. Alexy, Individuelle Rechte und kollektive Güter, in: Internationales Jahrbuch für Rechtsphilosophie und Gesetzgebung I (1989), S. 69 f. [número 10, página 177 e s.].

[58] Comparar R. Alexy (nota 7), S. 454.

Os direitos do segundo grupo estendem-se da liberdade de opinião, sobre a liberdade de reunião e a de imprensa, até ao direito à eleição geral, livre, igual e secreta. Com isso, a fundamentação teórico-discursiva dos direitos fundamentais e do homem pode ser unida sistematicamente com a mediata. Primeiro esse enlace leva a um sistema de direitos fundamentais plenamente desenvolvido. Imediatamente teórico-discursivamente podem, em princípio,[59] ser fundamentados somente direitos-prima facie e primazias-prima facie. Fazem parte dos direitos fundamentados imediatamente, porém, essencialmente tais que são necessários, se no processo de formação de opinião e de vontade política os direitos devem ser limitados e formados correta e legitimamente. Com isso, fecha-se o círculo.

4. O argumento do consenso

O argumento da autonomia apoia-se no princípio da autonomia e afirma que este é uma pressuposição necessária de participação no discurso genuína. O argumento do consenso baseia-se, pelo contrário, em suposições sobre resultados necessários e impossíveis de discursos. Essas suposições não têm de ser tão fortes que elas, como tais, já apresentam ou implicam um sistema de direitos plenamente desenvolvido. O argumento do consenso é já então interessante, quando ele leva a algumas exigências ao conteúdo ou à estrutura dos direitos do homem e fundamentais. Sob esse aspecto, existe um paralelismo estrutural para com o argumento de autonomia.

O argumento do consenso forma um elemento central da fundamentação de um sistema de direitos de Habermas. Habermas formula o objetivo de sua fundamentação como segue: "Esse sistema deve conter, rigorosamente, os direitos fundamentais que os cidadãos devem conceder-se reciprocamente, se eles querem regular legitimamente sua convivência em comum com meios do direito positivo."[60] A legitimidade do direito é vinculada, com isso, à aprovação universal. Isso corresponde ao princípio do discurso mencionado no início, que diz que, rigorosamente, são válidas e, por conseguinte, legítimas as normas de atuação, "que todos os possivelmente afetados como participantes em discursos racionais poderiam aprovar".[61] Da união desse princípio com a forma do direito devem, segundo Habermas, resultar o princípio democrático e um sistema de direitos como dois lados de uma matéria. Habermas denomina isso a "gênese de direitos lógica".[62] Nela, a ideia, que os direitos fundamentais não simplesmente são determinados ao processo político, mas nele, pelo uso público da autonomia,

---

[59] Uma exceção deveria, entre outras coisas, fazer o direito ativo à eleição geral, livre, igual e secreta. Aqui entram em questão, somente ainda, limitações muito restringidas.

[60] J. Habermas (nota 11), S. 151.

[61] Ders. (nota 11), S. 138.

[62] Ders. (nota 11), S. 154 f.

devem ser produzidos, portanto, a ideia de uma fundamentação teórico-discursiva mediata desempenha um papel central.[63]

Isso, contudo, é somente um lado da matéria. O outro é que, em Habermas, encontra-se não só a referência à necessidade da concretização dos direitos fundamentais em um processo democrático concebido discursivamente, mas também um sistema de direitos abstrato, que se compõe de cinco grupos de direitos fundamentais. Os direitos dos primeiros três grupos servem à proteção da autonomia privada, assim como a seus "correlatos", entre os quais Habermas conta a qualidade de membro em uma comunidade jurídica e a proteção jurídica. Objeto dos direitos do quarto grupo é a autonomia política. Os direitos do quinto grupo devem, finalmente, assegurar os pressupostos sociais, técnicos e ecológicos da autonomia privada e da pública. Concisamente: no sistema de direitos de Habermas, trata-se da proteção e do fazer possível da autonomia privada e da pública, portanto, rigorosamente, daquilo que acima foi fundamentado com o argumento da autonomia. Com isso, coloca-se a questão, se o argumento do consenso é somente uma segunda fundamentação da mesma matéria ou se ele acrescenta algo ao argumento da autonomia que este, sozinho, não pode fundamentar.

Minha tese diz que o argumento do consenso leva a um complemento necessário do argumento da autonomia. Esse complemento consiste na introdução da imparcialidade e, com isso, da igualdade. Desse modo, entra em jogo o segundo elemento principal da concepção de direitos do homem liberal. A autonomia é complementada pela universalidade na forma da igualdade e imparcialidade.

O critério teórico-discursivo da imparcialidade tem, todavia, uma fraqueza significativa. Ele direciona para um consenso hipotético, que pessoas reais, sob condições ideais, iriam obter.[64] Muitas vezes, são possíveis sobre o conteúdo desse consenso, no máximo, especulações. Então, uma solução somente no processo político pode ser encontrada, que, como o próximo argumento, o argumento da democracia, irá mostrar, deveria ser concebido tanto quanto possível discursivamente. Em alguns casos elementares, porém, deixa dizer-se, com segurança suficiente, o que seriam resultados discursivamente necessários ou impossíveis. A igualdade dos direitos do homem faz parte desses casos elementares. Em um discurso definido por liberdade e igualdade, ela é um resultado do discurso necessário.[65] Isso vale, em todo o caso, sob condições ideais. Direitos do homem desiguais não se deixam justificar em um discurso ideal,[66] porque nele, por causa da

---

[63] Ders. (nota 11), S. 160 ff.

[64] Comparar para isso, R. Alexy (nota 10), S. 84 ff. [número 5, página 90 e ss.].

[65] Um exemplo instrutivo para isso encontra-se em N. MacCormik, Moral Disestablishment and Rational Discourse, in: H. Jung/H. Müller-Dietz/U. Neumann (Hg.), Recht und Moral, Baden-Baden 1991, S. 228 f.

[66] A isso corresponde, ao fim e ao cabo, a tese de Habermas, que não existe um direito legítimo sem o "direito a liberdades de atuação subjetivas iguais" (J. Habermas (nota 11), S. 159), seu postulado "de direitos fundamentais políticos iguais" (ders. (nota 11), S. 161) e sua exigência de assegurar o "aproveitamento igual de oportunidade" da autonomia privada e da pública, entre outras coisas, por direitos fundamentais sociais (ders. (nota 11), S. 156 F.).

liberdade, igualdade e racionalidade da argumentação, lá dominante, argumentos para uma distribuição desigual dos direitos do homem não têm existência.[67]

Contra a fundamentação teórico-discursiva da igualdade dos direitos do homem deixam fazer-se três objeções. A primeira dirige-se contra o argumento do consenso como tal, e precisamente, contra a conexão de correção e validez moral, de um lado, e aprovação universal em um discurso ideal, por outro. Com isso, a adequabilidade da teoria do discurso, como teoria procedimental de verdade ou correção prática, é, em princípio, impugnada. Essa objeção, aqui, não pode ser discutida em seus pormenores.[68] Deve ser chamada a atenção somente aos seus pressupostos muito problemáticos. O discurso ideal é caracterizado pelo extremo desenvolvimento de clareza, ser informado e imparcialidade. Quem impugna que uma norma, reconhecida como correta sob esses pressupostos, é correta, pressupõe ou caminhos do conhecimento de norma alternativos duvidosos ou normas existentes independentemente do interesse humano e da razão humana e para ela não reconhecível ou ele deve, no fundo, impugnar que normas são corretas ou legítimas e, por conseguinte, podem requerer validez moral. Isso tudo não é aceitável.

A segunda objeção repete o que já foi discutido no argumento da autonomia: também o argumento do consenso é capaz de fundamentar uma validez objetiva ou motivacional somente para aquele que tem um interesse em correção. Essa objeção pode ser combatida, nas linhas já expostas, com a fundamentação de uma validez objetiva ou institucional.

Mais a sério deve ser levada a terceira objeção. Promove-a quem faz valer que é possível que alguém, sem dúvida, observe as regras do discurso ou também tenha um interesse na correção, contudo, mesmo sob as condições ideais da igualdade dos direitos do homem, não aprove. Com isso, é impugnada a possibilidade de uma fundamentação da universalidade dos direitos do homem pelo argumento do consenso. Suponha-se um racista que afirma que membros de outras raças somente em virtude de sua raça não têm os mesmos direitos fundamentais. Se o racista tem um interesse na correção e observa as regras do discurso, ele deve citar argumentos para a sua afirmação e expô-los à crítica. Suponha-se que o racista é um nacional-socialista que considera sua teoria da raça como teoria científica. Ele cita, para a defesa de sua afirmação, a fundamentação seguinte:

> "Em virtude do conhecimento científico mais rigoroso, nós sabemos, hoje, que a pessoa está, até às agitações inconscientes mais profundas de seu ânimo, mas também até às fibras celebrais mais pequenas, na realidade e inevitabilidade de sua

---

[67] Um paralelo interessante encontra-se aqui em I. Kant, Zum evigen Frieden, in: Kant's gesammelte Schriften, hg. v. d. Königlich Preußischen Akademie der Wissenschaften, Bd. 8, Berlin 1912/23, S. 350: "O que, com respeito ao ser do mundo mais alto, afora Deus, que eu gostaria, por exemplo, de imaginar (um grande éon), concerne ao princípio da igualdade, assim, não existe nenhum fundamento, porque eu, se eu faço em meu posto o meu dever, como cada éon no seu, deveria caber a mim meramente o dever de obedecer, àquele, porém, o direito de ordenar."

[68] Comparar para isso, R. Alexy (nota 10), S. 87 ff. [número 5, página 94 e ss.].

pertinência ao povo e à raça. A raça enforma seu rosto espiritual não menos do que sua forma externa. Ela determina seus pensamentos e sensações, forças e impulsos, ela representa sua peculiaridade, sua essência."[69]

Com isso, ele já iria fracassar em exigências elementares de verdade empírica e clareza conceitual e, com isso, em regras do discurso mais simples. Sério torna-se a matéria, contudo, quando o racista apoia suas teses em revelações religiosas, afirmações metafísicas não revisáveis ou visões mágicas. Contudo, a fundamentação da igualdade dos direitos do homem não é feita cair por meio disso. A teoria do discurso, sem dúvida, não conhece limitação da conversa (conversational restraint),[70] mas ela exige que, então, quando se trata, como nos direitos do homem, da solução de conflitos de interesse sejam mantidos perante oponentes somente argumentos *revisáveis* por todos os participantes.[71] Com isso, um racista, que persiste nisto, impugnar de fundamentos religiosos, metafísicos ou mágicos os direitos do homem, não pode, conforme a definição, ser participante de um discurso ideal. Sua existência, por conseguinte, não pode fazer cair o argumento do consenso.

Com isso, a questão, se a igualdade dos direitos do homem seria um resultado necessário de um discurso ideal, certamente, ainda não está respondida completamente. Poderia ser que todos, em virtude de argumentos para todos revisáveis e, nesse sentido, racionais, em um discurso ideal chegam à convicção que uma distribuição desigual dos direitos do homem é a solução correta. Um adversário do argumento do consenso poderia fazer valer que essa possibilidade já não pode ser excluída porque nunca ainda um mortal participou de um discurso em todos os sentidos ideal[72] e nunca irá fazer isso. Mas como deveria, então, saber-se o que iria ser seu resultado e o que não? Assim, não pode ser excluído que todos decidem-se pelo domínio de uma elite que é definida por inteligência particular e algumas outras características, como aplicação e desinteresse. Uma tal decisão por uma elite poderia abarcar a renúncia da maioria a direitos como o direito eleitoral, a liberdade de manifestação de opinião e a liberdade de religião e a liberdade de profissão. A maioria poderia querer essa renúncia, por exemplo, porque ela espera dela mais prosperidade e tranquilidade e só considera como correta uma ordem da sociedade que assegura ambos esses valores.

Contra esse ataque à possibilidade de fundamentar a igualdade dos direitos do homem com auxílio do argumento do consenso, deixam citar-se três argumentos. Todos os três argumentos concedem que ainda nunca uma pessoa participou de um discurso em todos os sentidos ideal e nunca uma pessoa irá fazer isso. Mas eles fazem valer que somente disso ainda não resulta que, em nenhum caso, pode ser dito o que seria o resultado de um discurso ideal.

---

[69] W. Stuckart/H. Globke, Kommentare zur deutschen Rassengesetzgebung, Bd. I, München/Berlin 1936, S. 10.

[70] Comparar para isso, B. Ackerman, Why Dialogue?, in: The Journal of Philosophy 86 (1989), S. 16 ff.

[71] Comparar as regras (6.1) – (6.3) em R. Alexy (nota 8), S. 255.

[72] Para esse conceito, comparar R. Alexy (nota 10), S. 84 [número 5, página 90].

O primeiro argumento diz que existem suposições empíricas plausíveis que, primeiro, não podem ser feitas cair em um discurso ideal e, segundo, sugerem determinados resultados. Assim, existem, para permanecer no nosso exemplo, sem dúvida, pessoas que, simultaneamente, são particularmente inteligentes, aplicadas e desinteressadas. A experiência ensina, contudo, que toda a renúncia a direitos iguais em favor do domínio de pessoas com essas ou outras qualidades é mais do que arriscado. Os participantes do discurso ideal conhecem essa história e sabem que poder político incontrolável é, mais dia, menos dia, abusado. Enquanto eles não querem tornar-se vítimas, eles não irão, por conseguinte, renunciar a seus direitos.

Contra isso, não pode ser objetado que pessoas, durante um discurso ideal, poderiam modificar-se de modo que a desconfiança fundamental contra os titulares do poder político não mais é autorizada. O discurso ideal é uma construção relacionada com a fala. A ilimitabilidade temporal vale somente nessa construção e, nela, somente para a fala. A atuação, à qual o resultado da fala deve dizer respeito, é atuação neste mundo, no qual se misturam ideal e real.

Contra o argumento, até agora exposto, poderia ser objetado que ele faz pressupostos infundados. Assim, a suposição que participantes de um discurso ideal não iriam deixar todos os direitos, particularmente não todos os direitos políticos, a cargo de uma elite, baseia-se não só na experiência que poder político incontrolável é, mais dia, menos dia, abusado, mas, essencialmente, também nisto, que eles não queriam ficar vítimas daquela elite. Donde, porém, poderia saber-se que não, rigorosamente, isso ou algo semelhante, segundo um discurso ideal, é o objetivo de todos que não mostram as características dos membros da elite? A resposta a essa questão leva ao segundo e ao terceiro argumento contra a possibilidade que uma distribuição desigual dos direitos do homem pode ser o resultado de um discurso ideal. Em ambos os argumentos, a autonomia desempenha um papel central. Porém, ela tem, cada vez, um status diferente.

O segundo argumento consiste em um enlace do argumento do consenso com o argumento da autonomia, já exposto. O argumento da autonomia diz que aquele, que participa como parceiro do discurso genuíno em discursos, pressupõe a autonomia de todos os parceiros do discurso como valor positivo. Ele diz, ademais, que aquele, que não participa seriamente nesse sentido, pelo menos, deve fazer assim como se ele aceitasse a autonomia como valor positivo, se ele quer maximizar sua utilidade a longo prazo. O último, contudo, neste lugar, não precisa interessar mais, porque deve ser aceito que os participantes de um discurso, em todos os sentidos ideal, são parceiros do discurso genuínos. Na questão, a ser aqui perseguida, pelos resultados de um discurso ideal pode, por isso, ser partido de parceiros do discurso genuíno.

O enlace do argumento do consenso com o da autonomia leva a um alívio considerável do argumento do consenso. A autonomia e os direitos, com ela unidos, não mais têm de ser fundamentados no quadro do argumento do consenso. Eles já foram fundamentados, pelo argumento da autonomia, da estrutura do discurso, e precisamente, de cada um e não somente do discurso ideal. No argumento do consenso trata-se, somente ainda, da distribuição igual do bem já fundamentado, da autonomia.

Se, primeiro, uma vez, a autonomia está fundamentada, então, para a igualdade é somente ainda um pequeno passo, porque entre autonomia e igualdade existe uma conexão estreita. Tome-se a autonomia política e lá, como exemplo, um direito eleitoral de três classes. Em um tal direito eleitoral, os membros de classe inferior não só são tratados desigualmente, eles também não tem nenhuma autonomia política completa. A decisão política de cada um particular membro da classe inferior é, na relação da ponderação desigual dos votos, dominada pela decisão de cada um particular membro da classe superior. Particularmente claro fica isso quando a determinados círculos populacionais o direito eleitoral fica totalmente retido. Seus membros são, então, não só tratados desigualmente. O tratamento desigual é, simultaneamente, a denegação da autonomia política. Quem avalia positivamente a autonomia política deve, por conseguinte, avaliar negativamente uma distribuição desigual de direitos políticos. Isso exclui a avaliação positiva do papel de uma vítima política. Análogo vale para a autonomia privada e os direitos a ela correspondentes. O enlace do argumento do consenso com o da autonomia leva, por isso, ao resultado que, em princípio, somente uma distribuição igual dos direitos do homem é um resultado possível de um discurso ideal. Algo diferente iria, somente, então, valer, se uma distribuição desigual dos direitos do homem pudesse levar a mais autonomia para todos. Isso não é, abstraindo de situações de exceção extremas, contudo, segundo todas as experiências históricas, o caso, ou, pelo menos, extremamente pouco provável.

O terceiro argumento distingue-se do segundo pelo fato de ele não se apoiar no princípio da autonomia como pressuposto do discurso, mas na autonomia como objeto de interesses humanos elementares. Um argumento de consenso baseado sobre isso deve trabalhar com a suposição sobre isto, que interesses os participantes de um discurso ideal, sob as condições da imparcialidade argumentativa, iriam considerar autorizados.[73] Tais suposições podem, se no fundo, somente ser fundamentadas sobre a base de uma concepção de pessoa a ser associada à teoria do discurso. Muito fala em favor disto, que com auxílio da teoria do discurso deixa fundamentar-se uma concepção de pessoa, na qual o interesse em autonomia desempenha um papel central. Isso, contudo, neste lugar, não mais deve ser perseguido. Seja apenas observado que a variante do argumento do consenso, a ser direcionada ao interesse em autonomia, no caso de seu dar bom resultado, iria levar não só a um complemento do argumento da autonomia, mas também à sua intensificação. Ela iria com a tese, que o princípio da autonomia iria encontrar a aprovação de todos no discurso ideal, proporcionar uma segunda fundamentação

---

[73] Comparar para isso, R. Alexy (nota 1), S. 246.

desse princípio e, com isso, do direito geral à autonomia, assim como dos direitos especiais que resultam deste.

Como resultado intermediário, resta ser conservado que o argumento do consenso leva à igualdade dos direitos do homem e, com isso, ao princípio liberal da universalidade. Para aqueles que estão interessados em correção moral, fundamenta isso uma validez subjetiva ou motivacional, para aqueles que não têm tal interesse, uma objetiva ou institucional, desse princípio.

5. O argumento da democracia

O terceiro argumento teórico-discursivo para os direitos do homem, o argumento da democracia, deve, aqui, só rudimentarmente ser esboçado. Ele consiste de três premissas. A primeira, diz que o princípio do discurso pode ser realizado aproximativamente pela institucionalização jurídica de procedimentos democráticos da formação da opinião e da vontade.[74] Se na realidade é possível uma aproximação à correção e legitimidade, então, somente na democracia.[75] A segunda premissa refere-se imediatamente a isso e diz que uma democracia, na qual as exigências de racionalidade discursiva podem ser realizadas aproximativamente, somente então é possível, se os direitos fundamentais e do homem políticos valem e podem ser exercitados com oportunidades iguais suficientes. A terceira premissa diz que o exercício dos direitos fundamentais e do homem políticos com oportunidades iguais suficientes pressupõe a validez e cumprimento de alguns direitos fundamentais e do homem não políticos. Entre esses contam, por exemplo, o direito à vida, a um mínimo existencial e a uma certa formação. Se essas três premissas são verdadeiras, então vale a proposição seguinte:

quem é interessado em correção e legitimidade também deve ser interessado em democracia; quem é interessado em democracia, deve, também, ser interessado em direitos fundamentais e do homem.

Esse argumento não tem tanto interesse, porque ele ainda acrescenta um a ambas as fundamentações, até agora expostas, para direitos fundamentais e do homem. Seu verdadeiro significado consiste nisto, que ele conduz a vista dos direitos fundamentais e do homem aos procedimentos e instituições democráticos e torna claro que a ideia do discurso somente pode ser realizada em um estado constitucional democrático, no qual direitos fundamentais e democracia entram em uma união inseparável, apesar de todas as tensões. A teoria do discurso permite, por conseguinte, não só uma fundamentação dos direitos fundamentais e do homem, ela também se mostra como teoria de base do estado constitucional democrático.

---

[74] J. Habermas (nota 11), S. 161.
[75] Comparar C. S. Nino (nota 2), S. 248 ff.

7. A teoria do discurso jurídico de Jürgen Habermas

A teoria do discurso do direito de Jürgen Habermas tenta mostrar que e como os conteúdos ideais do princípio do discurso podem ser realizados no quadro institucional de um sistema jurídico. O resultado é uma teoria do estado constitucional democrático, cuja ideia fundamental é a associação e autodeterminação de consortes jurídicos livres e iguais.[1] Essa teoria é, de longe, mais do que uma mera aplicação da teoria do discurso ao direito. A teoria do discurso exige, por um lado, de fundamentos internos da teoria, a institucionalização de um sistema jurídico.[2] Por outro, permanece o direito positivo dependente da teoria do discurso, se legalidade deve ser unida com legitimidade. Assim, reconciliam-se ideal e realidade.

No caminho de uma teoria do discurso do direito colocam-se quase todos os problemas da filosofia do direito, da teoria do direito, da teoria da constituição e da filosofia política. Isso não pode ser diferente, porque uma teoria adequada do direito pode somente dar bom resultado como teoria do sistema jurídico ampla. Aqui não é possível salientar em conjunto o sistema projetado por Habermas e completamente excluído comentá-lo criticamente em todos os aspectos. Eu irei, por conseguinte, pressupor as ideias fundamentais da teoria do discurso e concentrar-me sobre a questão se a teoria do discurso jurídico de Habermas é adequada como teoria do decidir jurídico racional.

I. Faticidade e validez

O tema diretivo da teoria do direito de Habermas é a tensão entre faticidade e validez. No discurso jurídico, manifesta-se essa relação "como tensão entre o princípio da certeza jurídica e a pretensão de pronunciar decisões corretas",[3] concisamente: como tensão entre "certeza jurídica e correção".[4] Uma teoria do

---

[1] J. Habermas, Faktizität und Geltung, Frankfurt a. M. 1992, S. 217, 467.

[2] Ders. (nota 1), S. 144 ff.

[3] Ders. (nota 1), S. 241 f.

[4] Ders. (nota 1), S. 244.

discurso jurídico que quer satisfazer à "pretensão de legitimidade do ordenamento jurídico",[5] deve, por conseguinte, dar uma resposta à questão, como decisões jurídicas tanto podem realizar-se em vinculação a decisões institucionais precedentes como ser, "na matéria, fundamentadas razoavelmente".[6] A resposta de Habermas gira em torno dos conceitos de coerência, de princípio, do discurso de aplicação, da conveniência, do paradigma e do discurso.

II. Coerência

O conceito de coerência tem fascinado desde sempre juristas e teóricos do direito. Ele promete tanto vinculação ao direito positivo como racionalidade. Autoridade e razão parecem deixar reconciliar-se no sistema.

A postura de Habermas para com a coerência é discrepante. Por um lado, ele aceita de Dworkin a ideia de uma "coerência do sistema jurídico justificada de modo ideal",[7] por outro, ele critica a "teoria da coerência do direito" por causa de sua indeterminação.[8] Essa crítica baseia-se na teoria do discurso de aplicação de Klaus Günther. Segundo isso, deve o peso das regras, princípios e objetivos correspondentes poder ser determinado somente por motivo da decisão de casos particulares.[9] Mas, então, existe o perigo que o sistema degenere em um catálogo de topois e perca a força de garantir certeza jurídica.

Habermas deve ser aprovado nisto, que uma teoria da coerência do direito sozinha não pode solucionar o problema da aplicação do direito racional. Assim como regras não se podem mesmas aplicar, assim um sistema não pode mesmo criar a resposta correta. Para isso, são necessários pessoas e procedimentos. Habermas tem, ademais, razão, quando ele, contudo, persevera na ideia de coerência, porque coerência é um postulado de racionalidade elementar. Confuso permanece, contudo, o papel da coerência.

III. Princípios

O lugar da coerência está situado entre o institucional-histórico e o correto-racional. O meio que a leva a ser eficaz é a argumentação sistemática. A parte mais importante da argumentação sistemática é a argumentação de princípios.

---

[5] Ders. (nota 1), S. 243.

[6] Ebd.

[7] Ders. (nota 1), S. 268; comparar, ademais, S. 236, 243, 317.

[8] Ders. (nota 1), S. 269.

[9] Ders. (nota 1), S. 268.

Princípios desempenham, em Habermas, um papel importante. Todavia, sua teoria dos princípios apresenta, de longe, mais questões do que aqui podem ser tratadas. Eu quero limitar-me, por conseguinte, em dois pontos: no status deontológico de princípios e na questão, se princípios jurídicos podem ser concebidos como mandamentos de otimização.

Habermas esclarece o conceito de princípio ao ele o delimitar do de valor. Princípios devem ter um sentido deontológico, valores um teleológico.[10] Essa distinção, que corresponde a dicotomia clássica entre o devido e o bom, deve ser aprovada. Causa problemas, pelo contrário, a afirmação de Habermas que "a validez do dever de normas ... (tem) o sentido absoluto de uma obrigação incondicional e universal: o devido requer, igualmente, ser bom para todos".[11] Pelo contrário, deve "a atratividade de valores ... (ter) o sentido relativo de uma estimativa de bens aclimatada ou adotada em culturas e formas de vida: decisões de valor agravantes ou preferências de ordem superior dizem o que, visto ao todo, é bom para nós (ou para mim)".[12] Se se toma isso literalmente, então princípios são objetos de discursos morais e valores objeto de éticos, no sentido de Habermas.[13] Isso, porém, causa problemas no caso de princípios de direito. Habermas acentua sempre de novo que questões jurídicas distinguem-se de morais. Normas jurídicas devem, "em geral, não (dizer) o que igualmente é bom para todas as pessoas; elas regulam a conexão de vida dos cidadãos de uma comunidade jurídica concreta".[14] Por conseguinte, devem discursos de fundamentação e de aplicação, no âmbito do direito, abrir-se também a argumentos pragmáticos e éticos.[15] Isso, porém, exclui definir princípios de direito sem outras qualificações como normas com "vinculatividade ... absoluta"[16] no sentido universalista exposto, porque isso os transformaria completamente em normas morais.

Habermas vê o problema. Para os direitos fundamentais, ele tenta solucioná-lo com uma referência a isto, que eles concretizam um sistema de direitos fundamentável teórico-discursivamente e, com isso, universalisticamente. Isso deve fundamentar sua "primazia rigorosa" diante de "determinações de objetivos e orientações de valores do dador de leis".[17]

Não todos os princípios e, já de modo algum, todas as normas de um sistema jurídico são, contudo, como o âmbito nuclear dos direitos fundamentais, exigidos desde o ponto de vista da moral universalista, de modo que o sistema jurídico não

---

[10] Ders. (nota 1), S. 310 f.

[11] Ders. (nota 1), S. 311.

[12] Ebd.

[13] J. Habermas, Vom pragmatischen, ethischen und moralischen Gebrauch der praktischen Vernunft, in: ders., Erläuterung zur Diskursethik, Frankfurt a. M. 1991, S. 101 ff.

[14] Ders. (nota 1), S. 190 f.

[15] Ders. (nota 1), S. 191.

[16] Ders. (nota 1), S. 311.

[17] Ders. (nota 1), S. 312.

deve adquirir nenhum conteúdo que os contradiga.[18] Contudo, todos os princípios de direito e todas as normas jurídicas têm um caráter deontológico. Disso resulta que o caráter deontológico não abarca o absoluto. Normas jurídicas têm também então, quando o dador de leis as votou de fundamentos pragmáticos ou éticos, um status deontológico. A "primazia rigorosa" dos direitos fundamentais é, à medida que ela existe, fundamentada moralmente, não lógico-normativamente.

O desligamento do sentido deontológico dos princípios de um caráter absoluto leva à questão, se eles, sob conservação de seu caráter deontológico, podem ser concebidos como mandamentos de otimização. Habermas parece excluir isso de fundamentos conceituais, porque ele identifica a construção dos princípios como mandamentos de otimização com sua inclusão em uma análise-custos-utilidades.[19] Sob pontos de vista normativos, ele teme que a conceptualização dos princípios como mandamentos de otimização leve à sua limitabilidade arbitrária em favor de bens coletivos como, por exemplo, da "'capacidade funcional' do exército federal ou da administração da justiça".[20]

A conceptualização dos princípios como mandamentos de otimização leva, de fato, à inclusão de critérios do âmbito da racionalidade econômica no direito, e, rigorosamente, esse é o seu sentido. Esses critérios correspondem ao princípio da proporcionalidade do direito constitucional alemão, que diz que uma intervenção em direitos fundamentais somente sob três pressupostos é admissível: ele deve, primeiro, no fundo, ser *idôneo* para obter o objetivo com ele perseguido. Segundo, deve ele, para isso, ser *necessário*, isto é, não deve existir nenhum meio mais atenuado, menos interveniente. Terceiro, ele deve ser *proporcional*, o que significa que os fundamentos justificadores da intervenção devem pesar tanto mais gravemente quanto mais intensiva é a intervenção. Habermas concede que "não cada direito ... na conexão de fundamentação concreta de uma decisão do caso particular" pode "impor-se contra cada bem coletivo", em que ele realça, que um tal retroceder pressupõe que "a primazia de um objetivo coletivo, por sua vez, pode ser justificada na luz de princípios",[21] porque, "*por fim*, somente são direitos que no jogo da argumentação podem trunfar".[22] Se o último é exato, pode ser apreciado somente em virtude de reflexões complicadas sobre a relação lógica entre direitos individuais e bens coletivos,[23] o que, aqui, é superficial, porque a tese da otimização também, então, é exata, quando o discurso jurídico na última instância é um puro discurso-direitos. Indiferente se um direito individual em favor de bens coletivos ou em favor de direitos individuais de outros é limitado, a limitação é, necessariamente, inadmissível e viola o direito se ela é inidônea,

---

[18] Para a colisão de normas jurídicas e normas morais, comparar dens. (nota 1), S. 193, 206, 344.

[19] Ders. (nota 1), S. 316.

[20] Ebd.

[21] Ders. (nota 1), S. 315.

[22] Ders. (nota 1), S. 316.

[23] Comparar R. Alexy, Individuelle Rechte und kollektive Güter, in: Internationales Jahrbuch für Rechtsphilosophie und Gesetzgebung I (1989), S. 49 ff. [número 10, página 176 e ss.].

não necessária ou desproporcional. Somente quem impugna isso pode impugnar a tese de otimização, porque o princípio da proporcionalidade, com seus três princípios parciais, implica a tese de otimização e esta, aquele.[24]

Permanece a objeção, que os direitos perdem o seu caráter como trunfos dworkianos e, com isso, sua "força de justificação maior" e, por isso, "(cai) aquele muro de fogo que, com a compreensão deontológica de normas jurídicas e princípios de direito, é introduzido no discurso jurídico".[25] O perigo de uma contenção muito forte de direitos individuais em favor de bens coletivos existe, de fato. Ele não deveria, contudo, por uma primazia do deontológico, em conjunto, ser conjurado diante do teleológico, que, no direito, é ambíguo e, mesmo assim, não pode ser sustentado rigorosamente, mas por primazias definitivas, fundamentadas substancialmente, e prima facie, de direitos individuais diante de bens coletivos.[26]Algo diferente iria somente então valer, se tivessem soluções melhores do problema das colisões de princípios. Segundo Habermas, o conceito do discurso de aplicação, que é orientado pela ideia da conveniência, deve ser a chave para uma tal solução melhor.

IV. Discurso de aplicação, conveniência e paradigmas

Em discursos de aplicação não se deve tratar da validez de normas, mas, exclusivamente, da decisão correta de um caso particular. A decisão de um caso particular deve ser correta, quando ela apoia-se na norma conveniente. Para comprovar se uma norma em uma determinada situação é conveniente, deve ser necessário e suficiente apreciá-la com vista a todas as características dessa situação e com vista a todas as normas que entram em questão alternativamente.[27] "A justificação de uma sentença singular (deve) apoiar(-se) na quantidade de todos os fundamentos normativos correspondentes ..., que em virtude de uma interpretação da situação completa, cada vez, são relevantes."[28]

A ideia do discurso de aplicação é, simultaneamente, correta, vazia e equívoca.[29] Ela é *correta*, à medida que ela expressa a exigência hermenêutica antiga da consideração de todos os pontos de vista. Essa exigência é um postulado de racionalidade elementar. Ela é *vazia*, porque ela não diz que pontos de vista

---

[24] R. Alexy, Theorie der Grundrechte, Baden-Baden 1985 (Frankfurt a. M. 1986), S. 100 ff.

[25] J. Habermas (nota 1), S. 315.

[26] Comparar R. Alexy (nota 23), S. 69 f. [número 10, página 197 e s.].

[27] K. Günther, Der Sinn für Angemessenheit, Frankfurt a. M. 1988, S. 257 ff.

[28] J. Habermas (nota 1), S. 267.

[29] R. Alexy, Normenbegründung und Normanwendung, in: Festschrift für Werner Krawietz, hg. v. A. Aarnio/ S. L. Paulson/O. Weinberger/G. H. v. Wright/D. Wyduckel, Berlin 1993, S. 3 ff. [número 2, página 46 e ss.]; comparar, ademais, I. Dwars, Application Discourse and the Special Case-Thesis, in: Ratio Juris 5 (1992), S. 67 ff.

como devem ser considerados. Habermas aproxima-se dessa estimativa, quando ele diz que a tarefa "de (esgotar) ... otimamente um sistema de normas válidas, sob consideração de todas as circunstâncias relevantes", em vista do fato que "as relações de primazia podem modificar-se com cada situação que se apresenta nova, ... em regra, também", irá "exigir demais a uma jurisprudência profissionalizada".[30] Habermas acha, sem dúvida, que a indeterminação pode ser reduzida com auxílio de uma "compreensão do direito paradigmática".[31] Porém, ele concede que também isso, por causa da concorrência de paradigmas distintos, não é uma solução perfeita.[32] Acresce a isso, que paradigmas como os da compreensão do direito liberal, da estatal-social ou da procedimental, são altamente abstratos. Em muitos casos, eles não bastam para a determinação de uma decisão definitiva. Eles podem, no máximo, fundamentar primazias-prima facie entre princípios. O conceito de conveniência é, com isso, como o da coerência, muito indeterminado para poder solucionar o problema da decisão jurídica racional.

Por fim, a ideia do discurso de aplicação é *equívoca*, porque ela contém o perigo de uma prática de decisão não universalista. Esse perigo acontece quando discursos de aplicação são separados de discursos de fundamentação. Habermas diz que "o interesse público na simplificação do direito ... (re)alça um traço conciso na lógica da jurisprudência".[33] Uma simplificação do direito no sentido de uma prática de decisão universalista somente então é possível, quando, por motivo da decisão de casos particulares, regras são formadas, que obtêm força prejudicial. Essas regras, porém, têm o caráter de normas relativamente concretas e são, por conseguinte, suscetíveis de fundamentação e carentes de fundamentação. Com isso, cada discurso de aplicação abarca um discurso de fundamentação.

V. O discurso jurídico

A pequena olhada nos conceitos de coerência, de princípio, de discurso de aplicação, de conveniência e de paradigma mostrou que somente com seu auxílio o problema da racionalidade da jurisprudência não pode ser solucionado. A solução somente pode residir em uma teoria do discurso jurídico. Essa teoria tem três tarefas. Ela deve, primeiro, determinar a relação entre certeza jurídica e correção. Segundo, ela deve trazer ao desenvolvimento os postulados de racionalidade não saturados situados nos conceitos de coerência, de princípio, de conveniência e de paradigma. Por fim, ela deve, terceiro, assentar o procedimento argumentativo e o institucional de aplicação do direito em uma teoria do estado constitucional de-

---

[30] J. Habermas (nota 1), S. 270.

[31] Ebd.

[32] Ders. (nota 1), S. 271 f.

[33] Ders. (nota 1), S. 290.

mocrático. Essas três tarefas determinam o caráter do discurso jurídico e somente desse deve tratar-se aqui.

Habermas dirige-se contra a tese que o discurso jurídico é um caso especial do discurso prático geral.[34] Se a tese do caso especial é exata, depende disto, o que se entende sob o "discurso prático geral". A crítica de Habermas dirige-se contra isto, "que discursos jurídicos são entendidos como subconjunto de argumentações morais",[35] portanto, contra a tese, que o discurso jurídico é um caso especial do *discurso moral*.[36] Essa tese é, de fato, falsa, porque o discurso jurídico está aberto não só para fundamentos morais, mas também para éticos e pragmáticos.[37] A tese do caso especial pode, por conseguinte, somente então ser exata, quando, sob o "discurso prático geral", entende-se um discurso prático, no qual questões e fundamentos morais, éticos e pragmáticos são unidos um com o outro. A formação de um tal conceito do discurso prático é conveniente e necessária, porque entre os três tipos de fundamentos existe não só uma relação de complemento,[38] mas também uma relação de penetração.[39] Se se pressupõe esse conceito do discurso prático geral, então é exata a tese do caso especial. O discurso jurídico é um caso especial, caracterizado por vinculações institucionais, do discurso prático geral. As vinculações institucionais são feitas valer por argumentos linguísticos, genéticos e sistemáticos.[40] Esses argumentos, que podem ser designados como "institucionais", são por argumentos práticos gerais, que se pode, em contrapartida, classificar como "substanciais", completados, penetrados e controlados.

Algo diferente somente então iria valer, se os argumentos morais, éticos e pragmáticos, necessários no discurso jurídico, pelo emprego no discurso jurídico perdessem seu caráter geral e adquirissem uma natureza jurídica específica. A tese de Habermas, que discursos jurídicos *originalmente* são "relacionados com o direito estatuído democraticamente" e dizem respeito não só a normas jurídicas, "mas, com suas formas de comunicação, são *aceitos* mesmos no sistema jurídico",[41] parece aproximar-se disso. A isso opõe-se, contudo, a tese, sustentada, igualmente, por Habermas, que "o discurso jurídico não se" pode "mover satisfeito consigo mesmo em um universo, hermeticamente isolado, do direito vigente", mas deve "manter-se aberto ... perante argumentos de outra origem".[42]

---

[34] Ders. (nota 1), S. 283 ff.

[35] Ders. (nota 1), S. 283.

[36] O conceito do discurso moral é, aqui, empregado no sentido definido por Habermas; comparar J. Habermas (nota 13), S. 101 ff.

[37] Ders. (nota 1), S. 191 ff., 282 f., 345.

[38] Ders. (nota 13), S. 110.

[39] Assim depende, por exemplo, a decisão entre uma concepção da justiça estatal-social e uma libertária, essencialmente, disto, como se se entende mesmo e a comunidade, na qual se vive.

[40] R. Alexy, Juristische Interpretation [número 3, página 70 e ss.].

[41] J. Habermas (nota 1), S. 287.

[42] Ders. (nota 1), S. 282 f. Essa tese, todavia, não é totalmente inequívoca, porque Habermas acrescenta que os argumentos de outra origem "especialmente" compõem-se dos "fundamentos pragmáticos, éticos e morais feitos valer no processo de dação de leis e enfeixados na pretensão de legitimidade de normas jurídicas" (ebd.).

A solução correta deveria ser que os argumentos práticos gerais empregados no discurso jurídico, por um lado, permanecem o que são, que, porém, por outro, o discurso jurídico, como todo, expressa o "sentido limitado especificamente"[43] do direito[44] e sua "dimensão de validez mais complexa".[45] A tese do caso especial aponta para ambos os aspectos. Ela expressa, com isso, a unidade da razão prática realizada e realizável no direito.

A mudança "especialmente" mostra que Habermas não é da opinião que todos os fundamentos pragmáticos, éticos e morais, a serem considerados no discurso jurídico, já estão contidos na vontade do dador de leis e nas normas jurídicas. Contudo, ele, com a formulação citada, aproxima-se demais da ideia que, em último lugar, já tudo está abarcado na vontade do dador de leis e no sistema do direito.

[43] Ders. (nota 1), S. 208.

[44] Ders. (nota 1), S. 190 ff.

[45] Ders. (nota 1), S. 286.

III - DIREITOS E PRINCÍPIOS

8. Sobre o conceito do princípio de direito

I. Introdução

H. L. Hart falou recentemente de sinais para uma mudança de época.[1] Terminar deve um período de duzentos anos, introduzido por Bentham, da teoria do direito anglo-saxônica e filosofia política, que estava caracterizado pelo utilitarismo e pela tese da separação de direito e moral. Como sinais, Hart denomina, de uma parte, as teorias de Rawls[2] e Nosick,[3] dirigidas contra o utilitarismo e, de outra parte, a teoria de seu sucessor de Oxford, Dworkin, dirigida contra o positivismo jurídico. A crítica de Ronald Dworkin do positivismo apoia-se, essencialmente, em sua teoria dos princípios de direito. Analisar o conceito de princípio de direito em disputa com Dworkin oferece, com isso, não só a vantagem de poder discutir algumas das muitas perguntas ainda abertas[4], que estão unidas com esse conceito, no quadro da crítica de uma teoria ampla e sutil, mas abre, adicionalmente, a possibilidade de, nisso, investigar, em amplo pedaço, a presunção hartiana.

Dworkin desenvolve suas concepções sobre o status lógico, a fundamentabilidade e o emprego de princípios no quadro de um "ataque geral ao positivismo",[5] em que a ele a teoria de Hart[6] serve como objetivo do ataque. Objeto de sua crítica são três teses que, segundo Dworkin, formam o andaime principal não

---

[1] H. L. A. Hart, Law in the Perspective of Philosophy: 1776-1976, in: New York University Law Review 51 (1976), S. 541.

[2] J. Rawls, A Theory of Justice, Cambridge, Mass. 1971.

[3] R. Nozick, Anarchy, State and Utopia, New York 1974.

[4] Comparar, por exemplo, a comprovação de Weinberger, que considera "a apresentação adequada da forma de princípios de direito" "um problema até agora não resolvido" (O. Weinberger, Die logischen Grundlagen der erkenntniskritischen Jurisprudenz, in: Rechtstheorie 9 (1978), S. 131 f.).

[5] R. Dworkin, The Model of Rules I, in: ders., Taking Rights Seriouly, London 1977 (pela primeira vez publicado sob o título: The Model of Rules, in: University of Chicago Law Review 35 (1967), S. 14 ff.; impresso sob o título: Is Law a System of Rules?, in: R. Summers (Hg), Essays in Legal Philosophy, Oxford 1968, S. 25 ff.; G. Hughes (Hg.), Law, Reason, and Justice, New York 1969, S. 3 ff.; R. Dworkin (Hg.), The Philosophy of Law, Oxford 1977, S. 38 ff.), S. 22.

[6] H. L. A. Hart, The Concept of Law, Oxford 1961.

só da teoria hartiana, mas de cada positivista.[7] A primeira tese concerne à estrutura e aos limites do sistema jurídico. Segundo ela, o direito de uma sociedade consiste exclusivamente de regras, que podem ser identificadas com base em critérios, que não dizem respeito ao seu conteúdo, mas à sua origem (pedigree) e ser distinguidas de outras regras sociais, especialmente, de regras morais. O exemplo principal para um tal critério de identificação é o rule of recognition de Hart. A segunda tese resulta da primeira. Se o direito compõe-se exclusivamente das regras válidas segundo o critério de identificação e se, como Hart realça,[8] existem casos, nos quais essas regras, por exemplo, porque elas são vagas, não determinam o decididor sobre uma consequência jurídica, então deve o decididor, porque o direito não lhe fornece nenhum critério, julgar segundo critérios que não fazem parte do ordenamento jurídico. Mas se alguém pode julgar somente segundo critérios que não fazem parte do ordenamento jurídico, ele, em sua decisão, não está vinculado pelo ordenamento jurídico e tem, sob esse aspecto, um poder discricionário (discretion).[9] A terceira tese diz respeito ao conceito da obrigação jurídica. Segundo ela, pode somente então ser falado disto, que alguém tem uma obrigação jurídica (e em conformidade com isso, um outro, um direito), quando existe uma regra que declara uma tal obrigação.[10] Disso resulta que o juiz, em casos difíceis, nos quais ele, no sentido da segunda tese, com base em seu poder discricionário, deve formar primeiro, como um dador de leis, uma regra, não somente declara uma obrigação já existente, mas, ao contrário, primeiro, fixa uma obrigação não existente até a sua decisão.[11]

A parte essencial do ataque dworkiano a teorias desse tipo forma a tese que indivíduos têm direitos, independente disto, se antes regras correspondentes foram criadas.[12] *Descobrir* esses direitos, não *criar* novos direitos, é tarefa do juiz.[13] Também em casos difíceis (hard cases) existe somente uma resposta correta.[14]

---

[7] R. Dworkin (nota 5), S. 17.

[8] H. L. A. Hart (nota 6), S. 121 ff.

[9] Dworkin distingue três tipos de poder discricionário (discretion). Poder discricionário em um primeiro sentido fraco existe, quando a aplicação não se pode realizar mecanicamente, mas pressupõe capacidade de juízo; poder discricionário em um segundo sentido fraco está dado, quando o ou os decididores são a última instância, a decisão, portanto, não mais pode ser anulada; poder discricionário no terceiro sentido forte alguém tem, quando ele não está vinculado por critérios, que pela autoridade, a qual ele está submetido, foram dados (comparar R. Dworkin (nota 5), S. 31 ff.; dens., Judicial Discretion, in: The Journal of Philosophy 55 (1963), S. 624 ff.). Dworkin dirige-se somente contra a tese que o juiz tem poder discricionário no terceiro sentido. Para o conceito dworkiano de poder discricionário, que aqui não pode ser discutido, comparar G. C. MacCallum, Dworkin on Judicial Discretion, in: The Journal of Philosophy, 55 (1963), S. 638 ff.; N. B. Reynolds, Dworkin as Quixote, in: University of Pennsylvania Law Review 123 (1974/75), S. 574 ff.; K. Greenwalt, Discretion and Judicial Decision: The Elusive Quest for the Fetters that Bind Judges, in: Columbia Law Review 75 (1975), S. 365 ff.

[10] Comparar para isso H. L. A. Hart Definition and Theory in Jurisprudence, Oxford 1953, S. 16.

[11] R. Dworkin (nota 5), S. 17, 44.

[12] Ders., Taking Rights Seriously, London 1977, Introduction, S. XI.

[13] Ders., Hard Cases, in: ders. (nota 12) (pela primeira vez publicado in: Harvard Law Review 88 (1975), S. 1057 ff.), S. 81.

[14] Ders., No Right Answer?, in: P. M. S. Hacker/J. Raz (Hg.), Law, Morality, and Society, Festschrift f. H. L. A. Hart, Oxford 1977, S. 58 ff. Crítico para isso nota: Dworkin's "Rights Thesis", in: Michigan Law Review 74 (1976), S. 1191 ff.

Não existe, sem dúvida, um procedimento de comprovar essa resposta em cada caso, disso, contudo, não resulta que não sempre, rigorosamente, uma declaração sobre direitos, verdadeira[15] é.[16] Todavia, existem procedimentos para investigar a resposta correta e, com isso, critérios para a apreciação da correção ou verdade de afirmações sobre direitos também em casos duvidosos. Verdadeira ou correta é a resposta que pela melhor teoria do direito (soundest theory of law), o melhor é justificada.[17] No quadro de tais teorias, princípios devem desempenhar um papel decisivo. A melhor teoria é aquela que contém aqueles princípios e ponderações de princípios que o melhor justificam as prescrições da constituição, as normas jurídicas fixadas e os precedentes.[18] Sob "princípio", entende Dworkin, nisso, todos o critérios que, sem serem regras, podem servir como argumentos para direitos individuais.[19] Essas três teses do positivismo, viciosas segundo Dworkin, devem basear-se no desconhecimento do papel que princípios, na argumentação jurídica, tanto desempenham realmente[20] como, também, devem desempenhar.[21] O significado dos princípios já é visível disto, que muitas decisões são apoiadas em princípios; mais claramente, eles mostram-se nisto, que normas jurídicas, por eles, podem ser limitadas ou suprimidas.[22] Princípios deveriam, por conseguinte, ser considerados como parte do ordenamento jurídico. O ordenamento jurídico, com isso, não é um sistema que consiste exclusivamente de regras. Também não é possível identificar os princípios por uma rule of recognition *social*.[23] A compro-

---

[15] Para o emprego de Dworkin da expressão "verdade", comparar dens. (nota 14), S. 82. As declarações de Dworkin sobre direitos são declarações normativas. Se é conveniente designá-las como "verdade", pode, aqui, ficar aberto, porque do uso da expressão "verdade" nada de essencial depende no quadro da teoria de Dworkin. Ela pode em toda a parte ser, por exemplo, substituída por "correto".

[16] R. Dworkin (nota 14), S. 76 ff.; ders. (nota 13), S. 81. Crítico para isso A. D. Woozley, No Right Answer, in: The Philosophical Quarterly 29 (1979), S. 25 ff.

[17] Esse critério é formulado por Dworkin de modos distintos. Comparar, por exemplo, dens. The Model of Rules II, in: ders. (nota 12) (primeiro publicado sob o título: Social Rules and Legal Theory, in: The Yale Law Journal 81 (1972), S. 855 ff.), S. 66; dens. (nota 13), S. 105 ff.; dens. (nota 14), S. 82.

[18] Comparar, por exemplo, dens. (nota 5), S. 66; dens. (nota 13), S. 116 ff.

[19] Ders. (nota 13), S. 90. Aos princípios, Dworkin contrapõe as "policies". Sob isso, ele entende objetivos sociais coletivos (ders. (nota 13), S. 82). Policies devem, na resposta à questão quais direitos indivíduos têm, somente desempenhar um papel limitado. Elas devem, segundo Dworkin, ser consideradas somente no quadro da aplicação de normas estatuídas como seus objetivos (purposes) (ders. (nota 13), S. 107 ff.), e no caso de grande imperiosidade (ders. (nota 13), S. 92). A distinção dworkiana entre principles e policies não é não problemática. Para a sua crítica, comparar nota: Dworkin's Rights Thesis (nota 14), S. 1172 ff., 1177, na qual a existência de uma diferença relevante é impugnada: "Se juízes fazem argumentos de principle ou argumentos de policy (pelas definições de Dworkin) eles, realmente, estão fazendo, essencialmente, o mesmo tipo de coisa." Lá também se encontra uma apresentação do desenvolvimento da distinção de principle e policy em Dworkin, que nem sempre foi feita na nitidez citada (S. 1173, Anm. 40). Os problemas dessa distinção dworkiana não precisam, contudo, neste lugar, ser abordados, porque a resposta às questões, a serem aqui tratadas, não depende dela.

[20] R. Dworkin (nota 5), S. 22.

[21] Dworkin caracteriza sua teoria tanto descritiva como normativa (ders. (nota 13), S. 123).

[22] Ders. (nota 5), S. 37 f.

[23] Ders. (nota 17), S. 59 ff. De outra concepção, nesse ponto, é Sartorius, que considera possível um critério de teste para a identificação de princípios que fazem parte do ordenamento jurídico: "Existe algum critério definitivo pelo qual se pode, em princípio, determinar se ou não qualquer padrão dado *é um* padrão *legal*; um critério estreitamente em conformidade ao espírito, se não à letra, da regra de reconhecimento de Hart." Sartorius concede, todavia, que "o real preenchimento de tal critério definitivo poderia ser uma tarefa complexa e

vação dos princípios, a serem considerados, cada vez, pressupõe, essencialmente, ponderações *morais*.[24] A primeira tese é, portanto, falsa. A insustentabilidade da segunda tese resulta disto, que princípios, de outra forma como regras, ao juiz sempre oferecem apoio. Se uma resposta, em virtude de regras, não é possível, ela deve ser dada com base em princípios.[25] Como esses fazem parte do ordenamento jurídico, o juiz nunca tem poder discricionário neste sentido, que ele não está vinculado pelo ordenamento jurídico. A terceira tese, finalmente, é falsa porque o juiz não inventa sua resposta, mas com base em princípios descobre que direitos as partes têm.[26]

Já esse esboço rudimentar da teoria de Dworkin torna claro o papel dos princípios nela. Das múltiplas questões, que essa teoria apresenta, devem, no que segue, ser tratadas somente aquelas sobre o status lógico, a fundamentação e emprego de princípios. Nisso, deve estar no primeiro plano a análise do conceito do princípio de direito em delimitação para com o de norma jurídica ou regra jurídica. Em seguimento a essa análise, devem ser tratadas algumas conclusões, que resultam dela, para a teoria da fundamentação e emprego de princípios.

II. A distinção entre regras e princípios

Segundo Dworkin, existe entre regras e princípios uma diferença lógica. A expressão "lógica" é, nisso, usada em um sentido amplo, no qual ela também compreende qualidades gerais da estrutura da norma. Como mal-entendidos mal devem ser temidos, deve, aqui, a terminologia dworkiana ser seguida. A primeira parte da tese da diferença lógica indica que regras são aplicáveis de um modo-tudo-ou-nada (all-or-nothing-fashion). Se as características do tipo estão presentes, existem somente duas possibilidades. Ou a regra é válida, então a consequência jurídica deve ser aceita, ou ela não é válida, então ela não dirime nada para a decisão.[27] O fato que uma regra pode ter exceções (exceptions) não prejudica seu caráter-tudo-ou-nada.[28] Uma formulação completa da regra deve conter todas as exceções. As exceções são, com isso, componente da regra. Se elas existem, segue, coercitivamente, que a regra, da qual fazem parte, não é aplicável.

---

cheia de pretensões para cada sistema legal maduro, se ele é, realmente, uma possibilidade prática, no fundo." (R. Sartorius, Social Policy and Judicial Legislation, in: American Philosophical Quarterly 8 (1971), S. 155 f.) Também Raz é da concepção que a existência de princípios não coage a isto, abandonar a ideia de uma regra de reconhecimento. Ele quer incluir os princípios como "costumes judiciais" na regra de reconhecimento (J. Raz, Legal Principles and the Limits of Law, in: The Yale Law Journal 81 (1972), S. 851 ff.). Crítico para Sartorius e Raz, R. Dworkin (nota 17), S. 59 ff., 64 ff.

[24] R. Dworkin (nota 17), S. 67 f.

[25] Ders. (nota 5), S. 35 f.

[26] Ders. (nota 5), S. 44.

[27] Ders. (nota 5), S. 24.

[28] Ders. (nota 5), S. 25.

Por mais numerosas que sejam as exceções, pelo menos, teoricamente, é possível citá-las completamente.[29]

Princípios, pelo contrário, não devem, mesmo quando neles tipo e consequência jurídica deixa diferenciar-se e os pressupostos do tipo estão cumpridos, determinar coercitivamente a decisão,[30] mas somente conter fundamentos, que falam a favor de uma ou de outra decisão, sugeri-la.[31] Outros princípios podem precedê-los. Os exemplos contrários (counter-instances) que, desse modo, deixam achar-se para princípios não podem, como em regras, ser tratados como exceções. É impossível compreendê-los em uma formulação completa do princípio para, então, aplicar o princípio como uma regra em um modo-tudo-ou-nada. De outra forma como as exceções de regras, os exemplos contrários para princípios também teoricamente não são enumeráveis.[32]

Essa primeira parte da tese da diferença dworkiana implica uma segunda. Segundo isso, princípios têm uma dimensão, que regras não têm, uma dimensão do peso (dimension of weight),[33] que se mostra em sua conduta de colisão. Quando dois princípios colidem, o princípio com o peso relativamente maior decide, sem que o princípio com o peso relativamente menor, com isso, fique inválido. Em uma outra conjuntura de casos, os pesos poderiam ser distribuídos às avessas. Ao contrário, em um conflito entre regras, como ele, por exemplo, existe, quando uma regra ordena algo e uma outra regra proíbe o mesmo, sem que uma das regras estatua uma exceção para com as outras,[34] sempre, pelo menos, uma é inválida. Como será decidido o que vale, é indiferente. Isso poderia ocorrer segundo uma regra como "lex posterior derogat legi priori" ou segundo isto, que regra é apoiada por princípios mais importantes.[35] Decisivo é que essa decisão é uma decisão sobre validade, o que significa, que a regra inválida, de outra forma como um princípio retrocedente, é despedida do ordenamento jurídico.

Isso torna claro que a distinção dworkiana não é uma distinção segundo o grau. Os critérios de distinção não são comparativos, mas, rigorosamente, classificatórios. A isso corresponde que Dworkin recusa expressamente a distinção, frequentemente, muito zelosa,[36] segundo o grau de generalidade,[37] a qual ainda

---

[29] Ebd.

[30] Ebd.

[31] Ders. (nota 5), S. 26; ders. (nota 17), S. 72.

[32] Ders. (nota 5), S. 25.

[33] Ders. (nota 5), S. 26.

[34] Ders. (nota 17), S. 74.

[35] Ders. (nota 5), S. 27.

[36] Comparar, por exemplo, J. Raz (nota 23), S. 838; G. C. Christie, The Model of Principles, in: Duke Law Journal 1968, S. 669; G. Hughes, Rules, Policy and Decision Making, in: The Yale Law Journal 77 (1968), S. 419.

[37] Uma regra é tanto mais geral quanto mais não específicos são os modos de atuação por ela compreendidos. Assim, a regra de nunca mentir tem um grau de generalidade relativamente alto e a regra de dizer à sua mulher em assuntos de dinheiro sempre a verdade, um relativamente baixo. Comparar para isso, R. M. Hare, Freedom and Reason, Oxford 1963, S. 39 f., assim como dens., Principles, in: Proceedings of the Aristotelian Society 73 (1972/73), S. 2 f.

será abordada.[38] É, por isso, justificado, com vista à concepção dworkiana, falar de uma "tese da separação rigorosa". A *tese da separação rigorosa* indica que a distinção de regras e princípios não é uma distinção segundo o grau, mas que regras e princípios são critérios normativos de estrutura lógica completamente diferente. Se um critério pode ser uma regra ou um princípio, ele é sempre ou uma regra ou um princípio. Como alternativas da tese da separação rigorosa entram em consideração duas teses: a tese da separação fraca e a tese da concordância. A *tese da concordância* indica que entre regras e princípios não existe nenhuma diferença lógica, e, precisamente, também nenhuma diferença lógica no sentido amplo acima mencionado. Todas as qualidades lógicas que se podem encontrar naquilo que, de modo usual, denomina-se "princípio", podem também se encontrar naquilo que se denomina "regra" ou "norma". Ao contrário, a *tese da separação fraca*, como a rigorosa, tem como conteúdo que regras e princípios podem ser distinguidos sob pontos de vista lógicos. Mas essa diferença é exclusivamente uma diferença segundo o grau.[39]

Essas três teses dizem respeito à estrutura lógica de regras e princípios no sentido amplo, que também abarca coisas como as formas de aplicação e as formas de colisão. Numerosos outros critérios de distinção são, ao lado ou em concorrência a tais do tipo citado, imagináveis e são, frequentemente, mencionados. Assim, poderia considerar-se distinguir regras e princípios segundo seu modo de nascimento, por exemplo, segundo isto, se elas foram criadas ou são crescidas,[40] segundo a explicitude de seu conteúdo de valoração,[41] seu conteúdo moral ou sua referência à ideia de direito[42] ou a uma lei jurídica suprema,[43] seu significado para o ordenamento jurídico,[44] a segurança do seu conhecimento ou de sua validade universal ou ubiquidade. Também outros critérios de distinção lógicos em sentido amplo entram em consideração. Assim, foi proposto distinguir regras e

---

[38] R. Dworkin (nota 17), S. 78.

[39] As três teses excluem-se no sentido que elas não podem valer simultaneamente com vista aos mesmos objetos. Isso, contudo, não indica que elas não podem ser aplicáveis, uma ao lado da outra, com vista a coisas diferentes. A medida extrema de aplicabilidade paralela estaria dada em um modelo no qual três tipos de regras ou três tipos de princípios são distinguidos de modo que três pares podem ser formados que, cada vez, correspondem a uma das três relações de distinguibilidade. Aqui, todavia, é sustentada a concepção, que um tal modelo é não acertado. Ademais, a tese da separação fraca torna-se, por uma atenuação, compatível com a forte. Um exemplo para uma tal tese da separação fraca atenuada é a tese que a diferença não *só*, mas, *frequentemente, também* é uma do grau de generabilidade.

[40] S. I. Shuman, Justification of Judicial Decisions, in: Essays in Honor of Hans Kelsen, The California Law Review 59 (1971), S. 723, 729; T. Eckhoff, Guiding Standards in Legal Reasoning, in: Current Legal Problems 29 (1976), S. 209 f.

[41] C. –W. Canaris, Systemdenken und Systembegriff in der Jurisprudenz, Berlin 1969, S. 50.

[42] K. Larenz, Methodenlehre der Rechtswissenschaft, 4. Aufl., Berlin/Heidelberg/New York 1979, S. 207, 410.

[43] H. J. Wolff, Rechtsgrundsätze und verfassungsgestaltende Grundentscheidungen als Rechtsquellen, in: Festschrift f. W. Jellinek, hg. v. O. Bachof/M. Drath/O. Gönnenwein/E. Walz, München 1955, S. 37 ff.

[44] K. Larenz (nota 42), S. 464; A Peczenik, Principles of Law. The Search for Legal Theory, in: Rechtstheorie 2 (1971), S. 30. Comparar para isso, também S. Wronkowska/M. Zielinski/Z. Ziembinski, Rechtsprinzipien. Grundlegende Probleme, in: Zaday prawa, Warschau 1974, S. 226. À medida que o conceito de significado para o ordenamento jurídico pode ser reconduzido a relações lógicas entre princípios e regras (comparar para isso, A. Peczenik (nota 44), S. 31 f.), trata-se também nesse critério de um, em sentido amplo, lógico.

princípios segundo isto, se eles são fundamentos para regras ou mesmo regras[45] ou segundo seu objeto de regulação, por exemplo, segundo isto, se eles são regras de argumentação ou regras de conduta.[46] Ao lado da multiplicidade desses critérios coloca-se a, muitas vezes, realçada, multiplicidade dos tipos de princípios. O catálogo mais colorido oferece Esser, que distingue entre princípios axiomáticos, retóricos e dogmáticos,[47] imanentes e informativos,[48] jurídicos e princípios do direito[49] e princípios de estrutura e de valor,[50] entre outras coisas.[51] [52] É de presumir que a adequação dos critérios citados também depende de suas relações para com tipos de princípio distintos. Se, em vista dessa situação, aqui, a diferença lógica em sentido amplo, discutida por Dworkin, entre regras e princípios está no centro, então porque a análise da tese da separação rigorosa dworkiana promete oferecer um bom ponto de partida para a análise e avaliação também dos outros critérios. Dworkin elaborou a tese da separação rigorosa, sem dúvida, mais amplamente, mas ele não é o seu único partidário. Na área da língua alemã ela é representada o mais claramente por Esser, o qual acentua que a distinção de regras e princípios não depende do grau de generalidade,[53] mas "da qualidade".[54] O "preceito jurídico moderno do sistema continental", por exemplo, é caracterizado do modo seguinte como assunto-tudo-ou-nada: ele "deve ser ›aplicável‹, isto é, em seu âmbito e em seu modo de efeito ser determinado por critérios que um quadro de pessoal funcionalista, de modo controlável, deve comprovar como dados ou não dados".[55] Ao contrário, o princípio não "contém nenhuma instrução vinculativa de tipo imediato para um âmbito de questão determinado",[56] "não" é "mesmo

---

[45] J. Raz (nota 23), S. 839.

[46] H. Gross, Standards as Law, in: Annual Survey of America Law 1968/69, S. 578; T. Eckhoff (nota 40), S. 207.

[47] J. Esser, Grundsatz und Norm in der richterlichen Fortbildung des Privatrechts, 3. Aufl., Tübingen 1974, S. 47 f.

[48] Ders. (nota 47), S. 73 ff.

[49] Ders. (nota 47), S. 90.

[50] Ders. (nota 47), S. 156.

[51] Para outras classificações de princípios, comparar A. Peczenik (nota 44), S. 17 ff., que distingue (I) "princípios ou ›leis‹ da lógica", (2) "princípios de justiça", (3) "semilógicos" e (4) "princípios legais instrumentalmente formulados", (5) princípios "similares aos instrumentalmente formulados" e (6) "todos os outros princípios".

[52] Dessas classificações deve ser distinguida a concepção dos princípios como proposições descritivas e como diretivas ou normativas (comparar para isso, S. Wronkowska/M. Zielinski/Z. Ziembinski (nota 44), S. 225). Assim como cada norma jurídica pode ser reproduzida por uma proposição descritiva ("preceito jurídico" no sentido de Kelsen, comparar H. Kelsen, Reine Rechtslehre, 2. Aufl., Wien, 1960, S. 73 ff.), assim corresponde a cada princípio diretivo um descritivo. Duvidoso é se o contrário é acertado. Isso vale, particularmente, para "referência(s) concisa(s) a um grande número de leis" (comparar para isso, J. Raz (nota 23), S. 828 f.).

[53] J. Esser (nota 47), S. 51. Rigorosamente ataca Esser (ders. (nota 47), S. 49) a tese de Simonius, que princípios estão para normas jurídicas como princípios de hierarquia mais elevada para princípios de hierarquia mais baixa (A. Simonius, Über Bedeutung, Herkunft und Wandlung der Grundsätze des Privatrechts, in: Zeitschrift für Schweizerisches Recht, N. F. 71 (1972), S. 239).

[54] J. Esser (nota 47), S. 95.

[55] Ders. (nota 47), S. 51.

[56] Ders. (nota 47), S. 50.

›instrução‹, mas fundamento, critério e justificação da instrução".[57] Larenz associou-se a ele com influência direta.[58] Também o teorema da colisão dworkiano encontra-se em Esser e Larenz. Ele experimentou uma outra elaboração por Canaris. Enquanto, segundo isso, de duas normas reciprocamente contraditórias, pelo menos, uma é inválida,[59] desenvolvem princípios, que são caracterizados como "fórmulas atuantes em sentido contrário",[60] "seu sentido verdadeiro, primeiro, no jogo de conjunto de complemento e limitação mútuos".[61] Pode, por isso, sem que sejam abordadas outras qualificações,[62] como também certas manifestações, que poderiam sugerir atenuantes,[63] ser dito que os autores mencionados sustentam os elementos essenciais da tese da separação rigorosa. Uma discussão dessa tese, na forma na qual ela é sustentada por Dworkin, é, sob esse aspecto, simultaneamente, uma discussão de suas concepções.

1. O-caráter-tudo-ou-nada

A primeira parte da tese da separação dworkiana, a tese, que regras são um assunto-tudo-ou-nada, depende da sua tese da enumeração fundamental das exceções. Se as exceções, como Dworkin afirma, pelo menos, fundamentalmente, não são enumeráveis, uma formulação completa da regra não é possível. Se, porém, uma formulação completa não é possível, pode somente em virtude dos pressupostos, cada vez conhecidos, da regra, jamais ser concluído com segurança pela consequência jurídica. Sempre é possível que o caso dê lugar para incluir uma nova exceção na forma de uma característica negativa no tipo da regra.[64] Ocorre isso, a regra não é aplicada em sua formulação até agora conhecida.

---

[57] Ders. (nota 47), S. 51 f.

[58] K. Larenz, Richtiges Recht, Grundzüge einer Rechtsethik, München 1979, S. 24 f.; ders. (nota 42), S. 458.

[59] C. –W. Canaris (nota 41), S. 26, 116 f.; K. Larenz (nota 42), S. 250.

[60] J. Esser (nota 47), S. 80.

[61] C. –W. Canaris (nota 41), S. 55.

[62] Aqui deve ser pensado, sobretudo, na distinção de Larenz entre "princípios abertos" e em "forma de preceito jurídico" (K. Larenz (nota 42), S. 463 f.). Um princípio deve ser em forma de preceito jurídico quando ele é "condensado para uma regra imediatamente aplicável" (ders. (nota 42), S. 463). Exemplos para princípios em forma de preceito jurídico devem, por exemplo, ser o princípio da liberdade de forma dos contratos e o princípio "nulla poena sine lege" (ders. (nota 42), S. 464). De normas jurídicas com tipos formulados muito amplamente devem distinguir-se princípios em forma de preceito jurídico pelo fato de a eles caber um significado destacado (ebd.), portanto, com respeito ao seu conteúdo ou com respeito ao papel, que eles desempenham no ordenamento jurídico, não, porém, com respeito à sua forma. Segundo a divisão dworkiana, eles devem, por conseguinte, ser designados como regras.

[63] Atenuações poderiam sugerir manifestações que dizem respeito a distinções difusas. Assim, Larenz fala disto, que "os limites entre princípios ›abertos‹ e ›em forma de preceito jurídico‹ ... (são) difusos. O ponto do qual um princípio já está concretizado tão amplamente que ele pode ser considerado como um princípio em forma de preceito jurídico não se deixa designar rigorosamente" (K. Larenz (nota 42), S. 464). Também Canaris fala, ocasionalmente, de travessias difusas: "Trata-se, porém, somente de graus distintos de um processo de concretização, em si, contínuo", que, como aquele do valor para o princípio, "semelhantemente mostra travessias difusas" (C. –W. Canaris (nota 41), S. 52, Anm. 147 von S. 51).

[64] Trata-se, nisso, de um caso de redução por acrescentamento conjuntivo de uma característica negada. Esse conceito pode ser explicitado como segue: a regra N, (x) $(Tx \rightarrow ORx)$ é aplicável no caso de a, porque a é um

Poderia, certamente, achar-se que isso não toca o seu caráter-tudo-ou-nada, porque ela, em tais casos, em sua nova formulação, é aplicada ou não aplicada. A tese da enumeração fundamental diz respeito não só às exceções até agora conhecidas, mas, mais além, a todas as imagináveis. Contra essa variante da tese-tudo-ou-nada falam, contudo, suas consequências sistemáticas. Que a existência de uma regra pressupõe a existência de todas as suas possíveis exceções significa que cada regra contém todos os seus casos de aplicação em todos os mundos para ela possíveis. Se é conveniente aceitar isso com vista a regras, deve, correspondente, também com vista a princípios ser conveniente. Entre regras, que contêm todos os seus casos de aplicação em todos os mundos para ela possíveis, e princípios, que contêm todos os seus exemplos contrários em todos os mundos para eles possíveis, existe, com respeito à enumeração, porém, no máximo, uma diferença gradual. A tese da separação rigorosa deveria ser deixada cair. Se essa consequência deve ser evitada, deve, por conseguinte, ser partido da variante da tese-tudo-ou-nada, que direciona para as exceções conhecidas.

Sistemas normativos são imagináveis, que consistem exclusivamente de regras, que não admitem exceções, exceto aquelas que foram estatuídas, portanto, contêm uma regra que proíbe a limitação de regras por novas cláusulas de exceção. Os ordenamentos jurídicos modernos, aos quais Dworkin diz respeito, porém, não são sistemas normativos desse tipo. Isso ensina uma olhada na prática.[65] Que em numerosos casos não se pode estar seguro que não ainda uma nova exceção deve ser estatuída,[66] deixa, além disso, esclarecer-se pela relação entre regras e princípios. Dworkin mesmo realça que cada regra, sob circunstâncias particulares, em virtude de cada princípio, pode tornar-se inaplicável.[67] Com isso, justamente a existência de princípios elimina os pressupostos para o caráter-tudo-ou-nada como critério de distinção entre regras e princípios.

T (Ta). ORa, o mandamento (O), que R deve acontecer com a (Ra), porém, não é considerado conveniente. N, contudo, não deve ser declarada inválida, porque em numerosos casos em Tx a consequência jurídica ORx é conveniente. Somente quando, como no caso de a, existem circunstâncias particulares (M), ORx não deve valer. A limitação, com isso aspirada, de N é obtida por acrescentamento conjuntivo da característica de exceção negada M. N converte-se em N': $(x)(Tx \wedge \neg Mx \rightarrow ORx)$. N' é a *redução* de N por $\neg M$. Contra o caráter-tudo-ou-nada fala, sob um outro pressuposto, não só essa possibilidade de redução, mas também a possibilidade de extensão por acrescentamento disjuntivo. Esse conceito deve ser explicitado como segue: a regra N, $(x)(Tx \rightarrow ORx)$ não é aplicável porque a não é T. ORa deve, porém, valer porque a é a um indivíduo, que é um T, com vista aos fundamentos, que falam em favor de N, suficientemente semelhante. $M's$ devem, portanto, ser tratados como $T's$. A ampliação, com isso aspirada, de N é obtida por acrescentamento disjuntivo de M. N converte-se em N'': $(x)(Tx \vee Mx \rightarrow ORx)$. N'' é uma *extensão* de N por M. O pressuposto mencionado consiste nisto, que então, quando da possibilidade da extensão deve resultar um argumento contra o caráter-tudo-ou-nada, N'', primeiro, deve ser concebida como *uma* norma e, segundo, como um complemento de N. Isso poderia ser duvidoso, porque N'' indica nada mais que $(x)(Tx \rightarrow ORx) \wedge (x)(Mx \rightarrow ORx)$, portanto, que ambas as normas $(x)(Tx \rightarrow ORx)$ e $(x)(Mx \rightarrow ORx)$.

[65] Comparar, por exemplo, BGHZ 4, 153; 59, 236.

[66] Comparar para isso G. C. Christie (nota 36), S. 658; R. S. Bell, Understanding the Model of Rules: Toward a Reconciliation of Dworkin and Positivism, in: The Yale Law Journal 81 (1972), S. 929, 945.

[67] R. Dworkin (nota 5), S. 37 f.; comparar, ademais, J. Raz (nota 23), S. 837.

Se a não aplicabilidade de uma regra, em virtude de um princípio, não leva a isto, que ela absolutamente se torna inválida, isso significa que, em virtude do princípio, uma cláusula de exceção é estatuída como regra.[68] Se é aceito que os exemplos contrários a princípios não são enumeráveis, então também deve ser aceito que seus casos de aplicação não são enumeráveis. Se seus casos de aplicação não são enumeráveis e se a aplicação de princípios pode levar a exceções de regras, não podem, por conseguinte, as exceções de regras ser enumeráveis. Se princípios não são aplicáveis de um modo-tudo-ou-nada, por conseguinte, também regras não são.

Existe, certamente, um procedimento simples de salvar o caráter-tudo-ou-nada de regras. Em vez de tentar completar regras pelo fato de se incluir todos os tipos de exceção concretos em sua formulação, que, como demonstrado, sob pressupostos aceitáveis, não é possível, pode-se tentar obter esse objetivo por introdução de uma cláusula de reserva geral. Assim, é possível, sem mais, acrescentar às características conhecidas da proposição antecedente de uma regra cláusulas como, "e se não, segundo um princípio, algo diferente é ordenado juridicamente" ou "e se não fundamentos, a serem observados do ponto de vista do direito, exigem outra coisa". A regra torna-se, de imediato, um assunto-tudo-ou-nada. Se as características conhecidas existem, se nenhum princípio ordena outra coisa ou nenhum fundamento, a ser observado do ponto de vista do direito, exige outra coisa, resulta, coercitivamente, a consequência jurídica.

Essa tentativa de salvação tem, contudo, desvantagens. A menor consiste nisto, que a comprovação se uma cláusula está cumprida, equivale à comprovação se um princípio é aplicável. Regras com cláusulas de reserva gerais têm, com isso, a mesma função que, em geral, regras sem cláusula, juntamente com princípios, cumprem. O caráter-tudo-ou-nada chega, em regras com cláusulas de reserva gerais, primeiro então, a ser eficaz, quando as questões realmente decisivas estão respondidas. Isso, contudo, no quadro da tese-tudo-ou-nada, é bem genericamente assim. A tese diz respeito somente a isto, que então, quando os pressupostos de uma regra estão cumpridos, independente como esses, em seus pormenores, estão formulados, a consequência jurídica, necessariamente, deve produzir-se. Regras com cláusulas de reserva gerais formam somente um caso extremo, no qual a fraqueza técnica[69] da tese-tudo-ou-nada expressa-se particularmente clara. Elas parecem-se, sob esse aspecto, a regras que contêm expressões como "razoável", "justo", "antimoral", "reprovável", e assim por diante, por exemplo, à regra do § 1 da lei de proteção dos animais (ninguém deve ocasionar a um animal, sem fundamento razoável, dores, padecimentos ou danos).[70] Con-

---

[68] C. Tapper, A Note on Principles, in: The Modern Law Review 34 (1971), S. 630 f.

[69] Uma teoria é, em sentido técnico, tanto mais fraca, quanto menos com ela é afirmada. Sob o ponto de vista da fundamentação, a fraqueza técnica significa, todavia, fortidão. Quanto mais fraca é uma afirmação, a tanto menos objeções ela está exposta. Ela perde, porém, com fraqueza progressiva, em relevância. Vale, com isso, o postulado de otimizar ambos os valores, a fortidão técnica e a fortidão da fundamentação.

[70] Dworkin diz de tais regras que elas desempenham logicamente o papel de uma regra e substancialmente, o de princípios (R. Dworkin (nota 5), S. 28).

tudo, também em normas, que não contêm tais expressões, a fraqueza técnica da tese-tudo-ou-nada mostra-se com toda a clareza. Assim, no caso da vagueza para com a justificação de uma declaração de interpretação, frequentemente, são necessários argumentos que estruturalmente mal podem ser distinguidos daqueles que devem ser expostos para o cumprimento de cláusulas de reserva gerais.[71] Primeiro quando a interpretação está fixada o caráter-tudo-ou-nada chega a ser eficaz. A primeira desvantagem é, com isso, não algo que, pela inserção de cláusulas de reserva, primeiro, é provocado, mas, somente, uma consequência saliente particular da formulação, tecnicamente fraca, da tese-tudo-ou-nada.

A verdadeira desvantagem da inserção de cláusulas de reserva gerais consiste nas consequências que disso resultam. Se regras podem ser dotadas com cláusulas como, "e se não, segundo um princípio, algo diferente está ordenado juridicamente", coisa análoga também é possível em princípios. Mas, se se dota princípios com uma condição como, "se não um outro princípio com resultado contraditório prevalece", então, também, princípios são aplicáveis de um modo-tudo-ou-nada. Se em um caso concreto é comprovado que a um princípio correspondente não prevalece um princípio com resultado contraditório, então a decisão resulta coercitivamente desse princípio.

Com isso, resulta que, então, quando se renuncia a cláusulas de reserva, nem regras nem princípios são um assunto-tudo-ou-nada, que, porém, então, quando se as emprega, tanto regras como princípios são aplicáveis desse modo. O mero caráter-tudo-ou-nada não forma, portanto, indiferente para o que se decide, um critério de distinção para regras e princípios.

2. O teorema da colisão

Também na discussão do segundo critério de distinção, do teorema da colisão, é conforme a finalidade não perder de vista a possibilidade de reconstruir regras e princípios com ou sem cláusula de reserva. Tais cláusulas de reserva são um instrumentário analítico que permite apresentar, aqui, qualidades importantes de regras e princípios no plano de sua formulação e, com isso, discutir mais precisamente. O emprego das cláusulas oferece, além disso, a vantagem de poder compreender diferenças, que somente se baseiam no modo de apresentação de regras e princípios, como tais.

a) Colisões de regras

Muitas contradições[72] entre regras sem cláusulas deixam eliminar-se por inserção de exceções. Se é proibido abandonar o espaço antes do sinal de campai-

---

[71] Comparar R. Alexy, Theorie der juristischen Argumentation, Frankfurt a. M. 1978, S. 283 ff.

[72] Para os distintos tipos de contradições entre regras ou normas ou suas expressões, comparar O. Weinberger, Rechtslogik, Wien/New York 1970, S. 214 ff.; C. Weinberger/O. Weinberger, Grundzüge der Normenlogik und ihre semantische Basis, in: Rechtstheorie 10 (1979), S. 43 ff. Aqui, seja apenas realçado que, como mostra

nha e é ordenado a abandoná-lo em alarme de fogo, o último é fácil de reconhecer como exceção ao primeiro. Raz acha que tais conjunturas, ele refere-se à relação da prescrição de legítima defesa para com prescrições penais particulares, parecem-se, fundamentalmente, com colisões de princípios. Existe somente a diferença que em conflito de regras a relação de preferência vale para todos os casos, enquanto ela, em princípios, pode modificar-se de caso para caso.[73] Isso, contudo, fundamenta uma diferença fundamental da conduta de colisão. Que uma regra, em determinados casos, sempre precede outra sem, com isso, deixar sem vigência esta, indica que ela estatui uma exceção. Pelo menos, desde a data, na qual está fixado que uma das regras fundamenta uma exceção para a outra, não pode mais se tratar de um conflito entre as regras.[74] O conflito é eliminado definitivamente, justamente como na despedida de uma de duas regras, reciprocamente contraditórias, do ordenamento jurídico. Em princípios, isso é diferente. Em um outro caso pode valer uma outra relação de preferência.

Se, porém, a eliminação de uma contradição por inserção de uma exceção não é possível, deve, pelo menos, uma das regras ser inválida. A possibilidade de conservar ambas as regras como componentes da ordem jurídica e decidir, conforme o peso, o caso concreto está excluída. Um juiz não pode tanto qualificar, simultaneamente, válidas como, não simultaneamente, aplicar duas regras com consequências jurídicas reciprocamente contraditórias, cujos pressupostos existem em um caso. Que uma regra é válida e aplicável em um caso *significa* que sua consequência jurídica vale. Se ambas as regras deveriam ser tratadas como simultaneamente válidas e aplicáveis, deveriam, por conseguinte, ser declaradas, em uma decisão, duas, que se contradizem, sentenças de dever jurídicas concretas.[75] Isso deve, indiferente como se fundamenta em seus pormenores,[76] ser excluído. Com regras sem cláusulas de reserva, por conseguinte, acontece o teorema da colisão dworkiano.

A possibilidade de uma contradição, a ser resolvida no sentido do teorema da colisão, também então está dada, quando se reconstrói regras com cláusulas de reserva. Se se emprega cláusulas que dizem respeito a princípios, portanto, por exemplo, têm o conteúdo, "e se não, segundo um princípio, algo diferente é ordenado juridicamente", o número dos casos, nos quais existe uma contradição,

---

o exemplo que segue no texto, contradições, frequentemente, são dependentes da situação. A proibição de abandonar o espaço antes do sinal de campainha e o mandamento de abandoná-lo em alarme de fogo contradizem-se só relativamente a situações, nas quais, simultaneamente, o sinal de campainha ainda não está tocado e o alarme de fogo foi dado. A possibilidade dessa contradição depende, certamente, de pressupostos lógicos: da possibilidade lógica que, simultaneamente, tanto um como o outro é o caso.

[73] J. Raz (nota 23), S. 832 f.

[74] A crítica de Dworkin a Raz, Dworkin fala de uma "noção bizarra do que é um conflito" (R. Dworkin (nota 17), S. 74) deve, nesse ponto, ser aprovada.

[75] Para esse conceito, comparar K. Engisch, Logische Studien zur Gesetzesanwendung, 3. Aufl., Heidelberg 1963, S. 3 ff.

[76] Comparar, por exemplo, G. H. v. Wright, Norm and Action, London 1963, S. 135, 141 ff.; A. Ross, Directives and Norms, London 1968, S. 169 ff.

todavia, é reduzido fortemente. Assim, por exemplo, então, quando o princípio, que apoia uma regra, cumpre a cláusula da outra, somente uma é aplicável, não, porém, a outra. Da descrição da situação, na qual se produz a inaplicabilidade, deixam, nesse caso, ganhar-se as características para a formulação de uma exceção.

Existem, porém, também casos nos quais as cláusulas não se tornam relevantes, princípios, portanto, não ordenam outra solução que aquela que regras sem cláusulas reciprocamente contraditórias prescrevem. Tais casos sempre existem então, quando os princípios, que apoiam a regra em sentido contrário, têm o mesmo peso. Mas eles podem também então existir, quando os pesos dos princípios, que falam em favor da regra, distinguem-se, particularmente, então, quando em favor de uma regra somente, por exemplo, fundamentos melhores falam do que em favor da outra, porque somente isso ainda não significa que as cláusulas estão cumpridas. Se o último é o caso, depende não só dos princípios que falam em favor ou contra as regras como tais, mas também de princípios e/ou regras que, universalmente, dizem respeito à admissibilidade de limitação e à tarefa de regras. Nisso, mostra-se uma diferença entre cláusulas em regras e cláusulas em princípios que, como ainda deve ser demonstrado, tem importância considerável. Em tais casos, apesar do peso diferente dos fundamentos para as regras como tais, deve ser comprovada uma contradição. Que essa contradição então, porque ela deve ser eliminada, também com base no critério do peso, somente um pouco maior, dos fundamentos pode ser solucionada, é uma outra coisa. Ela não toca o fato que existe uma contradição. Com isso, o que, certamente, só irá acontecer em escala reduzida, também regras, com cláusulas de reserva relacionadas com princípios, no sentido do teorema da colisão, podem contradizer-se.

Ao lado da reconstrução de regras sem cláusulas de reserva e da com cláusulas de reserva relacionadas com princípios é, ainda, imaginável um terceiro modo de reconstrução. As cláusulas podem, em vez de com princípios, ser relacionadas com regras, portanto, por exemplo, ter o conteúdo, "e se não, segundo uma outra regra, algo diferente é ordenado". Por esse meio, o teorema da colisão, contudo, não é tocado. Uma tal cláusula de reserva, simplesmente relacionada com regras, leva somente a isto, que cada das regras reciprocamente contraditórias declara a outra como aplicável. A contradição, por esse meio, não é eliminada. Também cláusulas qualificadas, relacionadas com regras, não oferecem nenhum recurso. Tais cláusulas podem ser, ao caso, ou absolutas ou relativas. Se elas são absolutas, elas têm, portanto, por exemplo, o conteúdo "e se não por uma regra, perante essa, em cada caso, mais importante, outra coisa é ordenada", então é, com a marca de uma regra como mais importante em cada caso, a outra ou declarada inválida ou é estatuída uma exceção a ela. A contradição é eliminada no sentido do teorema da colisão. Se elas são relativas, elas têm, portanto, por exemplo, o conteúdo "e se não por uma regra, perante essa, no caso concreto, mais importante, outra coisa é ordenada", então ambas as regras, em conjunto, indicam nada mais que uma regra que põe duas consequências jurídicas, que se excluem, assim

149

à escolha, que entre elas, no caso particular, deve ser escolhido segundo a importância. Um exemplo para uma tal regra seria, por exemplo, a regra "Se chove, a janela deve ser fechada ou aberta, conforme o caso, o que é mais importante". Com isso, porém, não existe mais colisão, mas uma nova regra. Essa regra pode com outras regras colidir no sentido do teorema da colisão. Poderia, certamente, achar-se que a escolha, que é necessária segundo essa nova regra, corresponde à ponderação entre dois princípios. Embora um certo parentesco não deva ser ignorado, existe, contudo, uma diferença importante. Uma escolha entre duas possibilidades de atuação, abertas por uma tal regra, é, por conseguinte, algo diferente que uma ponderação entre dois princípios, porque ambas as regras, que foram juntadas para essa regra, não dão um fundamento para a decisão, mas somente determinam aquilo sobre o que, com base em fundamentos, deve ser decidido. A reconstrução de regras com cláusulas de reserva relacionadas a regras, com isso, não toca o teorema da colisão.

No total deve, com isso, ser comprovado que o teorema da colisão vale para regras. Sem dúvida, desaparecem então, quando se emprega cláusulas relacionadas a princípios, numerosas colisões. Mas, também, então, existem casos que devem ser solucionados no sentido do teorema, de modo que esse permanece aplicável. Cada reconstrução leva a isto, que sempre ou existe uma contradição, que deve ser solucionada segundo o teorema da colisão, ou um conflito, independente de qual tipo, não mais existe.

b) Colisões de princípios

Contra a validez do teorema da colisão no âmbito dos princípios,[77] contra isto, que em colisões de princípios o princípio, que no caso concreto tem o peso maior, deve ser aplicado sem que o princípio retrocedente, com isso, torne-se inválido, deixa, primeiro, facilmente se argumentar com base em exemplos.

Um exemplo, por causa de sua extremidade como objeto de demonstração, bem idôneo proporciona o próprio Dworkin com um "princípio abstrato de igualdade", que ele formula como princípio não eficaz do direito de responsabilidade e, nisso, também relaciona com o direito das obrigações.[78] Esse princípio indica que, no caso de uma perturbação de prestação, cada vez, o mais rico tem de suportar o dano. Que um tal princípio colide com os princípios do direito das obrigações, indiferente como se os formula em seus pormenores, não precisa ser mencionado. Importante é somente que essa colisão é de outro tipo que, por exemplo, esta, que, no âmbito dos negócios judiciais, entre o princípio da auto-

---

[77] Foi, até agora, renunciado a isto, esclarecer geralmente os conceitos da regra e do princípio. Nisso também deve ser perseverado no que segue. Como, em regras e princípios, trata-se de subtipos de prescrições ou, se se direciona para a sua função como critérios de apreciação, de critérios, um esclarecimento desses conceitos, sem recorrer a critérios de distinção, como eles, aqui, são discutidos, não é conveniente. Deve ser renunciado, aqui, também a uma análise das formas distintas de regras e princípios, assim como de seus elementos (para a análise do conceito de regra, comparar G. H. v. Wright (nota 76), S. 70 ff.; A. Ross (nota 76), S. 106 ff.).

[78] R. Dworkin (nota 13), S. 116.

150

configuração ou autovinculação e o princípio da confiança, deve ser vencida.[79] O teorema da colisão acontece com o último. Ambos devem ser considerados. Isso é diferente no primeiro caso. Os princípios do direito das obrigações excluem o princípio da responsabilidade do mais rico. Assim, como eles são, podem valer ou somente eles ou este princípio. A colisão deve, por isso, ser solucionada como uma contradição entre regras. Com isso, existem colisões entre princípios que devem ser tratadas como contradições entre regras.

Contra isso não pode ser objetado que a prescrição da responsabilidade do mais rico não é um princípio, mas uma regra que contradiz as regras do direito das obrigações, uma colisão de princípios, portanto, não existe. Essa prescrição forma um equivalente para com os princípios do direito das obrigações e poderia, teoricamente, interagir com eles.[80]

Uma outra objeção, porém, é possível. Nela, o conceito de pertinência ao ordenamento jurídico desempenha um papel importante. Deixam distinguir-se formulações completamente diferentes desse conceito. Para as finalidades da argumentação, a ser aqui exposta, deve, sem que, com isso, seja afirmado que essa variante é adequada para todas as finalidades, ser empregado um conceito muito amplo da pertinência. Um princípio, segundo isso, já então faz parte do ordenamento jurídico se, pelo menos, existe um caso, em seu âmbito, no qual ele é um fundamento para a decisão. A objeção inicia com uma concessão. Sem dúvida, existem casos nos quais de dois princípios somente um faz parte do ordenamento jurídico e, nesse sentido, pode valer. Colisões desse tipo, nas quais se trata da pertinência ao ordenamento jurídico, devem, porém, ser distinguidas de colisões entre princípios, cuja pertinência ao ordenamento jurídico está fora de questão. Para estes, vale o teorema da colisão. O mais interessante nesse argumento é que acontece uma remoção significativa do problema. Enquanto, até agora, parecia que colisões entre princípios são, bem genericamente, as correspondências para com contradições entre regras, as colisões entre princípios mostram-se, agora, em um plano categorialmente diferente. Tanto em regras como em princípios pode, no caso de uma contradição, tratar-se disto, qual regra ou qual princípio faz parte do ordenamento jurídico. Mais além, pode em princípios, quando sua pertinência ao ordenamento jurídico está fixada, também, ainda, tratar-se disto, a qual, no caso particular, é devido a primazia. Como limitação do âmbito de validez do teorema da colisão, isso deve ser aceito. No que segue, deve ser perguntado se esse teorema da colisão, limitado nesse sentido, é exato.

Novamente deixam, facilmente, encontrar-se exemplos que também pelo teorema da colisão limitado não são compreendidos. Ele, a todos os princípios absolutos, nunca é aplicável. Princípios absolutos são princípios, dos quais não se pode dizer que eles, por causa do seu peso menor no caso concreto, devem

---

[79] Comparar para isso, por exemplo, K. Larenz (nota 58), S. 81 ft.

[80] Neste lugar seja notado que por uma trivialização da ideia dos equivalentes sempre facilmente pode ser construída uma contradição entre princípios. O princípio precisa somente ser negado como um todo.

ceder a outros princípios. Como exemplo para uma prescrição desse tipo pode, quando, da mesma forma como Dworkin faz isso,[81] concebe-se prescrições da constituição como prescrições que podem mostrar a conduta lógica de princípios, citar-se o artigo 1, alínea 1, proposição 1, da lei fundamental, "A dignidade das pessoas é intangível". A absolutidade de tais princípios é, certamente, em grande parte, um assunto técnico. Sem dúvida, nenhum tribunal pode dizer que, por exemplo, a proteção da existência do estado no caso concreto prevalece à proteção da dignidade humana e, por conseguinte, justifica uma violação da dignidade humana. Na interpretação do conceito da intangibilidade da dignidade humana são, porém, necessários argumentos que, daqueles que devem ser expostos na fundamentação de uma relação de preferência entre princípios, estruturalmente, não se distinguem. Sob esse aspecto, é característico a comprovação seguinte do tribunal constitucional federal na sentença de escuta: "No que concerne ao princípio da intangibilidade da dignidade humana, mencionado no artigo 1, da lei fundamental, ... assim, tudo depende da determinação, sob que circunstâncias a dignidade humana pode ser violada. Pelo visto, isso não se deixa dizer geralmente, mas sempre somente com respeito ao caso concreto."[82] O último não quer dizer que de caso em caso deve ser decidido, mas somente, que o conteúdo do conceito da violação da dignidade humana, quando as antigas precisações não bastam, deve, cada vez, com vista a novos casos, ser precisado além.[83] Isso significa, sob o ponto de vista da aplicação formal da prescrição, nada mais que, como em uma regra, uma expressão com um espaço é precisada por uma regra semântica.[84] Com isso, o teorema da colisão não é idôneo para a distinção de princípios absolutos e regras. Ele deve, portanto, mais uma vez, ser limitado.

Pergunta-se se ele, pelo menos, com essas duas limitações pode ser mantido. Isso é o caso, quando se reconstrói princípios sem cláusulas de reserva. Se se emprega, pelo contrário, cláusulas, colisões podem ser excluídas. Isso deixa mostrar-se facilmente com base nas ponderações de bens do tribunal constitucional federal. Na sentença-Lebach[85] tratava-se disto, se um filme documentário sobre uma conduta punível grave, no qual os nomes dos participantes são mencionados e suas imagens mostradas, viola os direitos de um dos participantes quando ele, pouco antes de sua liberação da prisão para a pena, é irradiado na televisão. O tribunal constitucional federal responde essa questão no caminho

---

[81] R. Dworkin (nota 13), S. 93. Comparar também K. Larenz (nota 58), S. 136 ff.

[82] BVerfGE 30, 1 (25).

[83] Comparar R. Alexy (nota 71), S. 274 ff.

[84] Ders. (nota 71), S. 279, 290. Como princípios absolutos somente nessa forma oferecem uma – certamente, frequentemente, muito ampla – possibilidade de configuração, portanto, nem exceções nem exemplos contrários no sentido dworkiano conhecem, desempenham eles, também no quadro da tese-tudo-ou-nada, um papel particular. Eles têm um caráter-tudo-ou-nada rigoroso. Nisso, mostra-se a fraqueza técnica, acima mencionada, da tese-tudo-ou-nada particularmente clara. Se essa tese fosse concludente, deveria ela, por conseguinte, o que afeta princípios absolutos, ser limitada.

[85] BVerfGE 35, 202. Para uma análise ampla dessa sentença, comparar R. Alexy, Die logische Analyse juristischer Entscheidungen, in: Archiv für Rechts- und Sozialphilosophie, Beiheft 14 (1980), S. 194 ff. [número 1, página 27 e ss.].

de uma ponderação "entre a proteção da personalidade, garantida no artigo 2, alínea 2, em união com o artigo 1, alínea 1, da lei fundamental, e a liberdade de reportagem pela radiodifusão, segundo o artigo 5, alínea 1, proposição 2, da lei fundamental".[86] O primeiro seja notado como N_1, o último como N_2. Se existisse somente N_1, a irradiação seria proibida, se existisse somente N_2, ela seria permitida. Considerados isoladamente, N_1 e N_2 conduzem, portanto, a uma contradição. Característico para o caráter lógico de normas de direitos fundamentais é que o tribunal constitucional não fala de uma contradição, mas de uma situação de tensão. Se N_1 ou N_2 "merece a primazia" deve, assim o tribunal constitucional, "ser averiguado por ponderação de bens no caso concreto".[87] Com isso, o proceder do tribunal corresponde, rigorosamente, ao teorema da colisão dworkiano.

Uma outra reconstrução é, contudo, facilmente possível. A caracterização da colisão como situação de tensão significa que nem de N_1, sem mais, a proibição, nem de N_2, sem mais, a permissão pode ser deduzida. N_1 implica o primeiro e N_2 o último somente sob o pressuposto que, sob a consideração de uma prescrição em sentido contrário, aqui, N_2 ou N_1, nada mais resulta. Se se acolhe isso como cláusula de reserva nas formulações das prescrições, então a colisão desaparece.

Sugere-se, de imediato, a objeção, que isso, na matéria, não fundamenta uma diferença. É indiferente, se uma situação de ponderação é reconstruída de modo que a ponderação tem lugar entre duas prescrições ou de modo que, rigorosamente, essa ponderação ocorre no quadro de uma das prescrições. Essa objeção acerta algo correto. Mas ela tem de se ocupar com isto, que não só em princípios, mas também em regras colisões podem ser eliminadas por cláusulas de reserva relacionadas a princípios. Como essa reconstrução por cláusulas é nada mais que a apresentação de qualidades, que não se expressam em formulações livres de cláusulas, tem de, se o teorema da colisão duplamente limitado deve servir para distinção, haver uma diferença entre cláusulas, relacionadas a princípios, em regras e princípios, adicionalmente, que elas estão, precisamente, em regras ou princípios.

3. O caráter-prima facie de regras e princípios

Uma tal diferença pode ser vista no caráter-prima facie diferente de regras e princípios.[88] Em regras acontece, no caso normal, a consequência jurídica então, quando os pressupostos conhecidos estão dados. Quem, em virtude de um princípio, quer fazer uma exceção de uma regra, suporta, bem semelhante como no desvio de precedentes ou, no fundo, no desvio do existente,[89] a carga da argumen-

---

[86] BVerfGE 35, 202 (219).

[87] BVerfGE 35, 202 (221).

[88] Para o caráter-prima facie de regras comparar, por exemplo, M. G. Singer, Generalization in Ethics, New York 1961, S. 98 ff. Não acertada é a tese de Raz, que regras e princípios contêm um "›dever‹ prima facie" igual (J. Raz (nota 23), S. 836).

[89] Comparar para isso, R. Alexy (nota 71), S. 242 ff., 305, 336 ff.

tação. Em princípios, que podem ser limitados por princípios, isso é diferente. Uma regra jurídica válida contém, perante princípios, uma determinação para a decisão de casos que, primeiro, deve ser driblada, se um princípio deve prevalecer; princípios não contêm tais determinações. Quando se diz que regras, porque com elas foi feita uma tal determinação, tem uma existência histórica, pode dizer-se que princípios, referente ao seu conteúdo de determinação relativamente a outros princípios, não têm existência histórica. Em seu conteúdo de determinação com referência a casos são, sob esse aspecto, todos, fundamentalmente, iguais. Não existe, por conseguinte, nenhum fundamento para, de antemão, privilegiar um. Por isso, deve aquele que, com base em princípios, primeiro quer fazer uma determinação, quando surgem dúvidas, demonstrar que princípios em sentido contrário retrocedem.[90] O caráter diferente das cláusulas de reserva e, com isso, o núcleo fundado do teorema da colisão dworkiano pode, com isso, ser explicado pelo caráter-prima facie diferente. Seria interessante se na base do último estivesse uma qualidade lógica no sentido amplo, acima mencionado, que agora o explica.

4. Dever real e ideal

Um candidato prometedor para uma tal qualidade pode ser visto nisto, que prescrições, que mostram a conduta de colisão, a qual Dworkin considera característico para princípios, ordenam, proíbem ou permitem algo que pode ser cumprido mais ou menos fortemente. Uma regra como o § 5, alínea 1, da ordenação da circulação rodoviária, "deve ser ultrapassado pela esquerda", pode somente ou ser seguida ou não seguida.[91] Pelo contrário, uma prescrição como "a liberdade de re-

---

[90] O caráter-prima facie diferente lança luz na tese de Raz, que os modos de conduta diferentes de regras e princípios são "uma consequência de um programa legal" (J. Raz (nota 23), S. 834, 842). São introduzidos os conceitos de *dureza* e de *moleza* de um ordenamento jurídico. Um aspecto desses conceitos pode, rudimentarmente, como segue, ser esclarecido. Um ordenamento jurídico é tanto mais mole quanto maior é o papel que princípios nele desempenham. Como a extensão do papel, que regras e princípios desempenham em ordenamentos jurídicos, deve ser determinada, é aqui deixado em aberto. A dureza ou moleza do ordenamento jurídico ou de uma parte do mesmo pode ser um postulado político. Isso, porém, não indica que, como Raz acha, os modos de conduta diferentes de regras e princípios são um resultado de uma política. Ao contrário, as qualidades diferentes de regras e princípios são pressuposto para isto, que elas podem servir a políticas distintas: regras, tais que têm em vista a segurança e princípios, tais que a flexibilidade. Para isso, que o litígio sobre a dureza necessária do ordenamento jurídico não é um tema novo, comparar O. Behrends, Institutionelles und prinzipielles Denken im römischen Privatrecht, in: Zeitschrift der Savigny-Stiftung für Rechtsgeschichte, Romanistische Abteilung 25 (1978), S. 187 ff.

[91] O § 5, alínea 1, da ordenação da circulação rodoviária, é uma regra na qual isso torna-se particularmente claro. Pode ultrapassar-se ou somente pela esquerda ou pela direita. A qualidade de poder ser somente ou cumprido ou não cumprido não se limita a regras desse tipo simples. Ela não é dependente disto, que a atuação ordenada (proibida, permitida) somente ou pode ser executada ou não executada. Também regras, que prescrevem atuações, que podem ser executadas em graus distintos, podem ter aquela qualidade. Elas têm aquela qualidade quando um determinado grau da atuação ou modo de conduta é ordenado (proibido, permitido). Um exemplo formam as prescrições que dizem respeito à conduta imprudente. Exigido não é uma medida máxima de cuidado, mas, diferenciado segundo âmbitos do direito, uma determinada medida de cuidado. Sem dúvida podem, referente à medida do cuidado ordenado, no caso particular, nascer questões duvidosas, isso é, contudo, possível na aplicação de cada norma e não fundamenta nenhuma particularidade. No esclarecimento dessas

portagem deve ser protegida" é, em vista de prescrições colidentes, cumprível em medida maior ou menor. Ao a proteção da liberdade de reportagem ser ordenada, não é ordenado protegê-la em alguma medida determinada, mas, relativamente às possibilidades jurídicas e fáticas, em medida tão alta quanto possível. Isso é expresso claramente pelo princípio da proporcionalidade.[92] Característica de tais prescrições é, com isso, que elas contêm mandamentos de otimização. Sob esse aspecto, princípios colidentes parecem-se a prescrições de objetivos como os do § 1 da lei de estabilidade, que prescreve aspirar, simultaneamente, à estabilidade do nível de preços, uma alta posição de trabalho, equilíbrio econômico exterior e a um crescimento econômico constante e conveniente. Em vez de mandamentos de otimização poderia, por exemplo, em alusão ao emprego desse conceito em Moore, v. Wright e Scheler,[93] também falar-se de "dever ideal" ou de "ideais". Por suas conotações múltiplas e prenhes de tradição, esses conceitos, certamente, sugerem facilmente mal-entendidos. Se esses conceitos, aqui, são empregados, então, no seguinte, em sentido geral e fraco: um dever ideal é todo dever que não pressupõe que aquilo que é devido é possível real e juridicamente em sua totalidade, mas para isso pede cumprimento tão amplo ou aproximativo quanto possível. Pelo contrário, o caráter mandamental de prescrições, que podem ser ou somente cumpridas ou não cumpridas, pode ser qualificado de "dever real".[94] Esse conceito do dever ideal pode ser empregado para explicação do caráter-prima facie particular de princípios, e, com isso, sua conduta de colisão, ou do caráter particular de suas cláusulas de reserva. Como ideais, são princípios, em sua realização, dependentes tanto das possibilidades fáticas como das possibilidades

---

questões duvidosas trata-se justamente disto, se a medida do cuidado, ordenado pela prescrição, foi cumprida ou não. Essa colocação da questão é característico para uma regra.

[92] Comparar, por exemplo, BVerfGE 35, 202 (226). Para o princípio da proporcionalidade, comparar L. Hirschberg, Der Grundsatz der Verhältnismäßigkeit, Göttingen 1981.

[93] Nenhum dos autores mencionados emprega, certamente, esse conceito rigorosamente no sentido, no qual, aqui, ocorre. Moore direciona para a diferença entre mandamentos, que concernem a algo que está no poder do agente e tais que concernem a algo que não está em seu poder, por exemplo, sentimentos. "Aquele é um conjunto de regras que afirmam ... que sempre *é* um dever, fazer ou abster-se de certas ações e afirmar, por conseguinte, que isso está sempre no poder da vontade do agente, fazer ou abster-se delas; enquanto o outro tipo somente afirma que, aquilo do que se trata, *seria* um dever se isso *estivesse* dentro de nosso poder, sem afirmar, no fundo, que isso sempre está dentro de nosso poder" (G. E. Moore, The Nature of Moral Philosophy, in: ders., Philosophical Studies, London 1922, S. 319 f.). Se se relaciona isso, em vez de com as possibilidades fáticas, com as jurídicas, o conceito de Moore do dever ideal aproxima-se daquele aqui empregado. G. H. v. Wright relaciona o conceito do ideal com aquilo que deve ser, em oposição àquilo que deve ser feito. Seus exemplos mostram que ele, nisso, não pensa estados simples como este, que a janela está fechada, mas em estados que, em geral, só aproximativamente podem ser obtidos, como as virtudes da justiça, da moderação e da valentia (G. H. v. Wright (nota 76), S. 14 f., 112 f.). Isso aproxima o seu conceito de ideal àquele aqui empregado. Scheler fixa o dever ideal em oposição ao dever normativo. Exemplo para proposições, que expressam um dever ideal, são "antijurídico não deve ser" e "bom deve ser" (M. Scheler, Der Formalismus in der Ethik und die materiale Wertethik, 5. Aufl., Bern/München 1966, S. 194, 218). Pelo contrário, deve sempre então, quando se trata de "dever" ou de "norma", existir um dever normativo, imperativo ou real (ders. (nota 93), S. 211 ff.). O parentesco para com a distinção, aqui feita, também, nesse caso, é claro.

[94] A distinção entre dever real e ideal não implica que dois operadores deônticos são necessários. Mandamentos ideais e reais da forma mais simples podem ambos ser apresentados por "Op". Se com vista a Op deve ser falado de um dever ideal ou de um real, depende somente de p.

jurídicas, definidas por outros princípios. Uma declaração sobre o seu conteúdo mandamental real pressupõe, por conseguinte, sempre uma declaração sobre as possibilidades fáticas e jurídicas. O caráter-prima facie de uma declaração somente relacionada com um ideal é, por conseguinte, claramente mais fraco que aquele de uma declaração relacionada com uma regra, porque o último contém, como determinação das exigências de, certamente, sempre, vários ideais, já uma comprovação sobre possibilidades fáticas e jurídicas.

Também muitos dos outros critérios de distinção, acima mencionados, podem, com auxílio desses conceitos, ser analisados. Isso vale, particularmente, para o critério da generalidade. Um fundamento para isto, que princípios, em regra, mostram um grau de generalidade alto reside nisto, que eles ainda não estão relacionados com os limites das possibilidades do mundo fático e do normativo. Explicações para a concorrência regular ou frequente de outras qualidades como do modo de nascimento particular, da explicidade do conteúdo de valoração, do conteúdo moral, da referência à ideia de direito, do modo de emprego como fundamentos para regras, do significado para o ordenamento jurídico, da certeza do conhecimento e da ubiquidade, sugerem-se. Elas, aqui, não podem ser abordadas. Sejam realçadas somente duas coisas: primeiro, que o critério do dever ideal é superior ao teorema da colisão não só porque ele explica este e, sob esse aspecto, é mais profundo, mas também porque ele, de outra forma como este, também compreende princípios formulados absolutamente;[95] segundo, que ele, se se formular esse conceito tão amplamente, oferece um critério lógico para a distinção de regras e princípios, que corresponde à tese da separação rigorosa. Cada prescrição contém ou um dever ideal ou um real.[96]

---

[95] Princípios formulados absolutamente têm uma estrutura mais complicada que os, neste estudo, analisados, relativos. Quando aqui é dito que o critério do dever ideal também compreende princípios absolutos, então deve, com isso, simplesmente, ser afirmado que esse critério compreende um aspecto essencial da estrutura também desses princípios.

[96] Nem tudo que é designado como "princípio" é, segundo esse critério, um princípio. Assim, por exemplo, a prescrição "nulla poena sine lege" ou "Um ato somente pode ser apenado se a punibilidade estava determinada legalmente antes de o ato ser iniciado" (artigo 103, alínea 2, da lei fundamental; § 1 do código penal) deve ser classificada como regra. Mal se quererá, contudo, renunciar a isto, designá-la, por causa de seu significado para o ordenamento jurídico, como "princípio". Larenz, desses fundamentos (comparar supra, nota 62), propôs distinguir entre princípios abertos e em forma de preceito jurídico. O critério apresentado vale, portanto, somente para uma classe parcial das prescrições que podem ser designadas como "princípios". Isso não diminui o seu significado. De uma parte, essa classe parcial é muito ampla e, por outra, trata-se, nela, de uma classe parcial excelente, à medida que as prescrições, que fazem parte dela, têm uma outra estrutura lógica que o resto das prescrições a serem contadas entre o ordenamento jurídico. Essa estrutura lógica particular condiciona que essas prescrições desempenham na argumentação jurídica um outro papel que regras. Não deve ser excluído que existem, ainda, outros critérios que justificam designar uma prescrição como "princípio". É também imaginável que existem critérios que ordenam limitar o mencionado. Depende somente disto, distinguir cuidadosamente os tipos distintos de princípios. Isso, não por furor de classificação, mas porque da estrutura das prescrições, a serem designadas como "princípios", depende tanto sua posição no ordenamento jurídico como seu emprego na argumentação jurídica. Seja sinalado que a distinção, aqui feita, entre regras e princípios mostra um certo parentesco para com a luhmaniana entre programas e valores (comparar N. Luhmann, Positives Recht und Ideologie, in: ders., Soziologische Aufklärung, Bd. I, 3. Aufl., Opladen 1972, S. 190 f.; dens., Rechtssoziologie, Bd. I, Reinbek 1972, S. 88 ff.).

III. A fundamentação e emprego de princípios

O dito até agora tem consequências imediatas para a teoria da fundamentação e emprego de princípios. A questão sobre a fundamentação de princípios deixa dividir-se em várias questões. Aqui somente deve ser colocada aquela sobre a pertinência ao ordenamento jurídico no sentido muito amplo, acima[97] esclarecido. Essa questão tem dois aspectos. Pode ser perguntado sobre a mera pertinência independente do peso, isto é, sobre princípios com cláusulas de reserva relacionadas a princípios. Mas também pode ser perguntado sobre os pesos relativos e, com isso, sobre relações de princípios. A resposta à primeira questão é fácil, mas vale pouco, a à segunda questão vale muito, mas difícil. Relativamente fácil de responder é a primeira questão, porque, por causa da cláusula de reserva, basta para a pertinência, que um princípio, em algum lugar de seu âmbito de aplicação, com razão, é relevante. Somente quando ele sempre, em seu âmbito de aplicação, com razão, é contido, seja porque ele, sem cláusula de reserva, é incompatível com todos os precedentes e normas aceitáveis, seja porque princípios em sentido contrário, em todos os casos, são mais importantes, ele não faz parte do ordenamento jurídico. Com a fundamentação da pertinência nesse sentido mal algo está obtido. Ganha-se não mais que um catálogo de topoi que quase abarca tudo.[98] Se princípios devem mais dirimir que proporcionar pontos de vista, é necessária uma determinação do grau de cumprimento ordenado ou da relação de princípios. Deve ser efetivado o passo do mundo espaçoso do ideal para o estreito do dever real. Nesse sentido, Dworkin põe aos juízes a exigência de desenvolver uma "teoria do direito", que também contém os pesos relativos (relative weights) dos princípios.[99] Tais teorias do direito pressupõem que é possível estabelecer e fundamentar relações de princípios utilizáveis. Se isso é possível depende disto, como relações de princípios podem ser constituídas.

Relações de princípios podem ser constituídas por *condições de primazia*. A sentença-Lebach, já mencionada, proporciona, para isso, um exemplo. No primeiro grau, o tribunal comprova que nem a proteção da personalidade (N_1), nem a liberdade de reportagem pela radiodifusão (N_2) "pode requerer uma primazia fundamental".[100] Entre N_1 e N_2 não existe, segundo isso, uma relação de preferência absoluta. No segundo grau, ele chega ao resultado que para a reportagem atual sobre condutas puníveis (seja essa condição notada como C_1) "o interesse da informação" merece, "no geral, a primazia",[101] N_2, sob a condição C_1, portanto, em geral, isto é, caso não existam outras circunstâncias que exigem outra coisa, deve ser preferido a N_1. No terceiro e concreto grau, ele decide, finalmente, que uma

---

[97] Comparar supra, página 150 e ss.

[98] Comparar R. Dworkin (nota 17), S. 68: "... é difícil pensar em um princípio único ... que não encontraria algum lugar ... "

[99] Ders. (nota 17), S. 66; ders. (nota 13), S. 105 ff.

[100] BVerfGE 35, 202 (225).

[101] BVerfGE 35, 202 (231).

"reportagem de televisão repetida, não mais coberta pelo interesse da informação atual, sobre uma conduta punível grave, em todo o caso, então (é) inadmissível, quando ela põe em perigo a ressocialização do autor".[102] Sob essas condições, que podem ser reunidas em C_2, deve, com isso, N_1 ser preferido a N_2.[103]

Uma teoria perfeita das relações de princípios seria uma teoria que abarca todas as relações de princípios imagináveis em um grau de generalidade, que corresponde àquele do terceiro grau, ou, caso necessário para a decisão do caso, ainda é mais baixo. Essa teoria conteria a solução de cada um caso. Uma tal teoria, contudo, não só faticamente não pode ser estabelecida, ela não seria também mais uma teoria dos princípios verdadeira, mas um sistema de regras, que tudo compreende, portanto, uma proposta de codificação perfeita. Isso, porque uma comprovação como esta, que no caso de uma reportagem de televisão, não mais coberta pelo interesse da informação atual, sobre uma conduta punível grave, que põe em perigo a ressocialização do autor, a proteção da personalidade tem a primazia perante a liberdade de reportagem, indica nada mais que a regra, que, nesse caso, a reportagem está proibida.[104]

Sob atenuações, isso vale para todos os graus de generalidade, até ao primeiro. Como uma teoria da relação de princípios que está limitada aos primeiros graus, dirime mal mais que um catálogo de pertinência, exclusivamente no terceiro grau, porém, não é possível, pode ela, se ela, como no exemplo, é construída por condições de primazia, compor-se somente de uma mistura de relações de graus distintos. Mas então ela, porque ela não contém todas as relações de princípios, não é perfeita. Ela não responde todas as questões, a cuja resposta ela foi criada. Uma alternativa a esse modelo, não particularmente atrativo, existiria se uma ordem, cardinal ou ordinal, dos princípios, com respeito ao seu peso, fosse possível. Contra essa possibilidade, contudo, foi exposto já um feixe inteiro de fundamentos convincentes, aos quais, aqui, irá referir-se.[105] Assim, uma teoria utilizável desse tipo pressupõe uma ordem transitiva ou uma função que, sob a consideração de graus de cumprimento, também em colisões de vários princípios, em virtude das relações aceitas até agora, dá rigorosamente uma resposta em novos casos, o que, como, por exemplo, Steiner mostrou, não é possível.[106] Não só dificuldades teóricas de tais modelos sugerem considerar teorias de relações que

---

[102] BVerfGE 35, 202 (237).

[103] Para uma apresentação pormenorizada, comparar R. Alexy (nota 85), S. 204 ff. [número 1, página 37 e ss.]. Com base na análise dessa decisão deixa mostrar-se em quais formas de argumento (para esse conceito, comparar dens. (nota 71), S. 123) princípios podem ser empregados. N_1 como N_2 podem, cada um para si, ser empregados como regras em esquemas dedutivos (comparar a forma (4), (J. I. I.), J. I. 2), ders. (nota 71), S. 246, 274, 279). Em conclusões incompatíveis, portanto, em colisões, é necessária a fixação de uma (em regra, condicionada) relação de preferência (por exemplo $(N_1$ P $N_2)$ C_2; comparar a forma (4.6), ders. (nota 71), S. 249). C_2 corresponde à proposição antecedente de uma regra, da qual, no esquema dedutivo (J. I. I), (J. I. 2), é deduzível a mesma consequência jurídica como de N_1.

[104] Ders. (nota 85), S. 207 ff. [número 1, página 40 e ss.].

[105] Comparar, por exemplo, B. Schlink, Abwägung im Verfassungsrecht, Berlin 1976, S. 130 ff., 154 ff.; J. M. Steiner, Judicial Discretion and the Concept of Law, in: Cambridge Law Journal 35 (1976), S. 152 ff.

[106] J. M. Steiner (nota 105), S. 153 ff.

são construídas por condições de primazia. Isso é também conforme a finalidade, porque essas teorias, como modelos de reconstrução, permitem conhecimentos que, independente da sustentabilidade de modelos alternativos, têm importância. Um deles é que entre a fundamentação de relações de princípios abaixo do grau mais geral e a aplicação de princípios, cuja relação com respeito ao caso a ser decidido ainda não está fixada, não existe uma diferença fundamental. Em ambos os casos é, com vista a determinadas circunstâncias, perguntado a qual princípio é devido a primazia. A resposta deixa, nisso, sempre se formular de outro modo em uma regra com as circunstâncias como proposição antecedente.

Essa equivalência de relações de princípios, que são formuladas por condições, e regras indica que tampouco como das regras, cada vez vigentes, podem ser deduzidas as regras necessárias para a solução de todos os casos, das relações, cada vez aceitas, são deduzíveis todas as novas relações. É sempre possível que uma nova característica, juntamente com as conhecidas, dê a condição para uma nova relação. A equivalência indica, particularmente, que tampouco como de uma regra geral, para a finalidade de determinações em seu espaço semântico, pode ser deduzida uma regra especial, de uma relação geral, para essa finalidade, uma relação especial. Se essas relações, a serem pressupostas, não respondem todas as questões, as respostas às questões abertas não podem ser derivadas delas.

Em uma teoria, que se compõe de princípios e relações, poderiam, porém, resultar novas relações, em vez das antigas relações, de princípios. Assim, oferece-se como candidato para a fundamentação de uma nova relação entre dois princípios (P_1 e P_2) um terceiro princípio (P_3). Que P_1 é preferido a P_2 em virtude de P_3, significa, porém, nada mais que P_1 e P_3, em conjunto, são preferidos a P_2. Para essa nova relação pode, outra vez, ser exigida uma fundamentação. Se é citado P_4, coloca-se o mesmo problema, e assim por diante. A imagem de Dworkin, que princípios, nesse plano, "antes são conexos do que unidos um com o outro"[107] obscurece o problema antes de que ela contribui para a solução.

Do material, a ser pressuposto, à medida que ele compõe-se de regras, princípios e relações de princípios, não resultam, com isso, sem agregação de outras premissas, as relações de princípios que são necessárias para a decisão de casos duvidosos. Isso atenua consideravelmente o valor da ideia de Dworkin do "suporte institucional", segundo a qual a melhor teoria do direito é aquela que contém a classe de "princípios e pesos relativos atribuídos a cada um", que melhor justificam os precedentes, as normas estatuídas e a constituição,[108] assim como a utilidade da ideia, que parece nele claramente, de um holismo jurídico. Em forma pura, todavia, também Dworkin não sustenta esta ideia, que está na base das fórmulas numerosas, e frequentemente usadas, de "conexão de valoração interna do

---

[107] R. Dworkin (nota 5), S. 41.

[108] Ders. (nota 17), S. 66.

ordenamento jurídico",[109] do "todo de sentido do ordenamento jurídico"[110] ou do "sistema do ordenamento jurídico",[111] e cuja fascinação reside na ideia de um regimento autônomo do material jurídico. Ele mesmo realça que o "teste do suporte institucional ... base nem mecânica ou histórica ou moralmente neutra para estabelecer uma teoria do direito como a melhor" não prevê e continua: "De fato, isso não permite mesmo a um único advogado distinguir um conjunto de princípios legais de sua moral mais geral ou princípios políticos".[112] Com isso, é concedido a critérios da moral no processo de decisão jurídica um papel essencial. Assim devem, por exemplo, "argumentos de moralidade política" poder vencer a força de precedentes.[113] A isso, corresponde a tese geral de Dworkin "que as questões da jurisprudência são, em seu cerne, questões de princípio *moral*, não fato legal ou estratégia".[114] Com isso, uma teoria do direito abarca elementos que, sob o ponto de vista do holismo jurídico, são externos: argumentos morais ou teorias da moral.

Dworkin tenta, todavia, também nessa conexão, ainda, produzir uma integração no ordenamento jurídico. O juiz não deve julgar segundo suas representações de valores pessoais, mas deve seguir a "moral comunitária", sob a qual ele entende "a moralidade política, pressuposta pelas leis e instituições da comunidade".[115] Ele tem de, todavia, simultaneamente, conceder que o conteúdo da moral comunitária, que não deve ser confundida com as convicções realmente propagadas,[116] não raramente é debatido. Acertadamente, ele qualifica-a como aquilo "que cada pretensão concorrente pretende ser".[117] Sobre tais pretensões, suponha-se, por exemplo, que elas concernem ao conceito de justiça, seguramente a ser incluído na moral comunitária, pode, sobretudo, quando, nisso, deve tratar-se de "verdade ou solidez",[118] ser decidido somente sob inclusão de argumentos morais ou práticos gerais. Isso não é, pela ideia de uma melhor teoria do direito, a ser construída, essencialmente, de princípios, assim como pelo conceito, com ela enlaçado, da moral comunitária, compreendido suficientemente. A interessante referência de Dworkin a pontos de vista holísticos pode, se sua tese, que provocou Hart à presunção de uma mudança de época filosófico-jurídica, que as questões essenciais da ciência do direito são "questões de teoria moral",[119]

---

[109] Fr. Wieacker, Zur Topikdiskussion in der zeitgenössischen deutschen Rechtswissenschaft, in: Xenion, Festschrift f. P. J. Zepos, hg. v. E. v. Caemmerer/J. H. Kaiser/G. Kegel/W. Müller-Freienfels/H. J. Wolff, Athen 1973, S. 408.

[110] K. Larenz (nota 42), S. 420.

[111] BVerfGE 34, 269 (292); 49, 304 (322).

[112] R. Dworkin (nota 17), S. 68.

[113] Ders. (nota 13), S. 122.

[114] Ders. Jurisprudence, in: ders. (nota 12), S. 7 (realçado por R. A.).

[115] Ders. (nota 13), S. 126.

[116] Ders. (nota 13), S. 129.

[117] Ebd.

[118] Ders. (nota 13), S. 124.

[119] Ders. (nota 114), S. 7.

deve valer, suficientemente só em uma teoria ser desenvolvida, que inclui a teoria da argumentação prática geral ou moral na teoria da argumentação jurídica e fundamenta esta, naquela.[120] A teoria dworkiana deveria por uma tal teoria, pelo menos, ser complementada. Isso teria, possivelmente, consequências para suas teses, que existe sempre somente uma resposta correta e que o juiz não tem poder discricionário. Isso, neste lugar, contudo, não mais pode ser abordado.

---

[120] Para uma tal teoria, comparar R. Alexy (nota 71), S. 17 ff., 261 ff.

9. Sistema jurídico e razão prática*

I. Constitucionalismo e legalismo

Em um estado constitucional democrático do tipo da lei fundamental deixam distinguir-se duas concepções fundamentais do sistema jurídico: a do constitucionalismo e a do legalismo.

O exemplo principal de uma posição *constitucionalista* oferece a teoria dos valores do tribunal constitucional federal. Segundo essa concepção, pela primeira vez, plenamente formada na sentença-Lüth, do ano de 1958, contém a lei fundamental, em seu título de direitos fundamentais, um "ordenamento de valores objetivo" que, como "decisão fundamental jurídico-constitucional", vale para todos os âmbitos do direito e da qual dação de leis, administração e jurisdição recebem "linhas diretivas e impulsos".[1] A suposição, que fazem parte do sistema jurídico, ao lado de normas de tipo usual, também valores que, além disso, como valores de hierarquia constitucional desenvolvem um "efeito de irradiação" sobre todo o direito ordinário, tem consequências amplas. A constituição não é mais somente fundamento da autorização e quadro para o direito ordinário. Ela converte-se, sobretudo, com conceitos como aqueles da dignidade, da liberdade e da igualdade, assim como aqueles do estado de direito, da democracia e do estado social, em meio quanto ao conteúdo do sistema jurídico. Na aplicação do direito, isso mostra-se na ubiquidade do princípio da proporcionalidade e na tendência, que lhe é inerente, de substituir a subsunção clássica sob regras jurídicas por uma ponderação, orientada pela constituição, de valores ou princípios. A crítica contra essa concepção do sistema jurídico elevou-se cedo e parece, atualmente, intensificar-se. Ela, sem dúvida, não levou a um modelo contrário uniforme e fechado, certamente, porém, a um arsenal de teses que, no total, podem ser designadas como "*legalista*". Já um ano depois da sentença-Lüth sucede a célebre proposição de Forsthoff: "A ciência do direito destrói-se a si mesma se

---

* Texto, dotado com notas, de minha conferência inaugural feita em 16 de junho, de 1987, na faculdade de ciências jurídicas da Christian-Albrechts-Universität de Kiel.

[1] BVerfGE 7, 198 (205); jurisprudência constante; comparar de tempo mais recente BVerfGE 73, 261 (269). Exemplos antigos de argumentar teórico-valorativo oferecem BVerfGE 2, 1 (12 f.); 5, 85 (204 ff.); 6, 32 (40 f.).

ela não persevera incondicionalmente nisto, que a interpretação das leis é a averiguação da subsunção correta no sentido da conclusão silogística".[2] A teoria dos valores leva à "dissolução da conceitualidade clara em palavreado".[3] Ela contém, além disso, o perigo de eliminar o conteúdo liberal da lei fundamental em favor de uma – como Carl Schmitt o formulou, em seguimento a Nikolai Hartmann,[4] – "tirania dos valores".[5] [6] Somente escárnio Forsthoff tem para a ideia, segundo a qual o sistema jurídico todo nada mais é, ou deve ser, que uma concretização da constituição. Ele fala, nessa conexão, da "constituição como ovo do mundo jurídico, do qual tudo resulta, do código penal até à lei sobre a produção de termômetros de febre".[7]

A posição contrária, com isso aludida, deixa reunir-se em quatro fórmulas abreviadas: (1) norma em vez de valor; (2) subsunção em vez de ponderação; (3) autonomia do direito legislado ordinário em vez de ubiquidade da constituição; (4) autonomia do dador de leis democrático no quadro da constituição em vez de onipotência, apoiada pela constituição, dos tribunais, particularmente, do tribunal constitucional federal.

A crítica à teoria dos valores permaneceu longamente só literária. Primeiro em 1985 ela encontrou, com o voto especial do juiz Böckenförde e Mahrenholz para a sentença sobre a duração do serviço substitutivo para objetores de consciência – embora somente em forma de uma opinião desviadora –, entrada na jurisprudência do tribunal constitucional federal. Ambos os juízes fizeram contra o início, teórico-valorativamente orientado, da maioria do senado, as objeções, no essencial, já formuladas por Forsthoff. A "estrutura normativa clara da constituição"[8] é dissolvida em favor da ponderação entre elementos de tensão. A constituição perde, com isso, sua "precisão quanto ao conteúdo".[9] As determinações constitucionais iriam, em último lugar, ser "reduzidas de grau para o material de ponderação de tomada de decisão judicial";[10] os direitos fundamentais recebem o caráter de meros "pontos de vista de ponderação".[11] Isso tudo efetua que "o direito aplicável ..." tem "a sua sede não mais na constituição, mas na decisão de ponderação do juiz".[12]

---

[2] E. Forsthsoff, Die Umbildung des Verfassungsgesetzes, in: Festschrift für C. Schmitt, hg. v. H. Barion/E. Forsthoff/W. Weber, Berlin 1959, S. 41.

[3] Ders. Der Staat der Industriegesellschaft, 2. Aufl., München 1971, S. 69.

[4] N. Hartmann, Ethik, Berlin/Leipzig 1926, S. 523 ff.

[5] C. Schmitt, Die Tyrannei der Werte, in: Säkularisation und Utopie, Festschrift für E. Forsthoff, Stuttgart/Berlin/Köln/Mainz 1967, S. 37 ff.

[6] E. Forsthoff (nota 2), S. 47.

[7] Ders. (nota 3), S. 144.

[8] BVerfGE 69, 1 (64).

[9] BVerfGE 69, 1 (63).

[10] BVerfGE 69, 1 (65).

[11] BVerfGE 69, 1 (63).

[12] Ebd.

Na base do litígio entre constitucionalistas e legalistas estão diferenças profundas sobre a estrutura do sistema jurídico. Uma resposta bem fundamentada à pergunta quem tem razão é, por conseguinte, somente possível sobre a base de uma teoria do sistema jurídico. Essa é objeto das reflexões a serem aqui feitas.

Em um primeiro passo deve, sobre o fundamento da distinção teórico-normativa de regras e princípios, ser mostrado que uma posição legalista rigorosa é inadequada. Em um segundo passo será, a seguir, exposto que uma teoria dos valores, limpada de suposições insustentáveis, pode ser reconstruída como teoria dos princípios e, como tal, é componente irrenunciável de uma concepção adequada do sistema jurídico. O terceiro passo leva a um modelo do sistema jurídico de três graus, orientado pelo conceito da razão prática, que apresenta um argumento para um constitucionalismo moderado.[13]

II. Um modelo-três-planos do sistema jurídico

1. Regras e princípios

A base de meu argumento para um constitucionalismo moderado forma a distinção de regras e princípios.[14] Tanto regras como princípios podem ser concebidos como normas. Se isso ocorre, então se trata de uma distinção dentro da classe de normas. O ponto decisivo para a distinção de regras e princípios é que princípios são *mandamentos de otimização*, enquanto regras têm o caráter de *mandamentos definitivos*.[15] Como mandamentos de otimização, princípios são normas que ordenam que algo seja realizado em uma medida, tão alta quanto possível, relativamente às possibilidades jurídicas e fáticas. Isso significa que eles podem ser cumpridos em graus diferentes e que a medida ordenada de seu cumprimento depende não só das possibilidades fáticas, mas também das jurídicas que, além de por regras, são determinadas, essencialmente, por princípios em sentido contrário.[16] O último implica que princípios são suscetíveis e carentes de ponderação. A ponderação é a forma de aplicação do direito característica para princípios. Ao contrário, regras são normas que sempre somente ou podem ser cumpridas ou não cumpridas. Se uma regra vale e é aplicável, então é ordenado

---

[13] Para a defesa de um constitucionalismo moderado (ainda sem emprego desse conceito) comparar, de tempo mais recente, R. Dreier, Der Rechtstaat im Spannungsverhältnis zwischen Gesetz und Recht, JZ 1985, S. 353 ff. A distinção entre constitucionalismo e legalismo resultou de conversações com ele.

[14] Comparar para isso, com mais demonstrações, R. Alexy, Rechtsregeln und Rechtsprinzipien, in: Archiv für Rechts- und Sozialphilosophie, Beiheft 25 (1985), S. 13 ff. [Nota do tradutor: ver também infra, número 5, nota 12.]

[15] Para uma análise pormenorizada dessa distinção, que leva a uma série de outras diferenciações, comparar J. –R. Sieckmann, Regelmodelle und Prinzipienmodelle des Rechtssystems, Baden-Baden 1990, S. 52 ff.

[16] Para o último, comparar C. –W. Canaris, Systemdenken und Systembegriff in der Jurisprudenz, 2. Aufl., Berlin 1983, S. 53 ff.

fazer rigorosamente aquilo que ela pede, não mais e não menos. Regras contêm, nesse sentido, fixações no espaço do fático e juridicamente possível. Sua aplicação é um assunto-tudo-ou-nada.[17] Elas não são nem suscetíveis nem carentes de ponderação. A forma de aplicação do direito para elas característica é a subsunção.

A diferença entre regras e princípios mostra-se o mais claramente em conflitos de regras e colisões de princípios. Um exemplo para um conflito de regras oferece uma decisão do tribunal constitucional federal, na qual se trata de um conflito entre uma norma jurídico-estadual, que proíbe a abertura de postos de venda na quarta-feira, a partir das 13.00 horas, e uma norma jurídico-federal, que a permite até às 19.00 horas.[18] O tribunal soluciona esse caso segundo a norma de conflito "direito federal rompe direito estadual" (artigo 31 da lei fundamental), ao ele declarar a norma jurídico-estadual nula. Isso é um caso clássico de um conflito de regras. Ambas as normas contradizem-se. Uma permite o que a outra proíbe. Se ambas valessem, então a abertura na quarta-feira de tarde seria tanto permitida como proibida. A contradição é eliminada pelo fato de uma das normas ser declarada inválida e, com isso, despedida do ordenamento jurídico.

Completamente de outra forma procede o tribunal em uma resolução sobre a realização de uma negociação principal contra um inculpado, que ameaça o perigo de um ataque apoplético e um enfarte cardíaco.[19] O tribunal comprova que, em tais casos, existe, entre o dever do estado para com a garantia de uma prática judicial penal apta a funcionar e o direito fundamental do inculpado à vida e integridade corporal (artigo 2, alínea 2, proposição 1, da lei fundamental), uma relação de tensão. Essa deve ser resolvida, em conformidade com o princípio da proporcionalidade, por ponderação. Nisso, depende a quais dos interesses, abstratamente da mesma hierarquia, no caso concreto, cabe o peso maior. No caso a ser decidido, tratava-se "do perigo concreto, evidente que o inculpado, na realização da negociação principal, iria perder sua vida ou prejudicar gravemente sua saúde".[20] Sob essas circunstâncias, o tribunal aceita uma primazia do direito fundamental do promovente do recurso à vida e integridade física.

Esse caso mostra todas as qualidades de uma colisão de princípios. A "situação de tensão", da qual fala o tribunal, existe entre o mandamento de cuidar de uma medida, tão alta quanto possível, em aptidão para funcionar da prática judicial penal e o mandamento de deixar não tangida a vida e a integridade corporal do inculpado em uma medida tão alta quanto possível. Se existisse somente o princípio da aptidão para funcionar da prática judicial penal, então a realização da negociação principal seria ordenada, pelo menos, permitida. Se existisse

---

[17] R. Dworkin, Taking Rights Seriously, 2. Aufl., London 1978, S. 24 ff. Para o problema do critério-tudo-ou-nada, comparar R. Alexy, Zum Begriff des Rechtsprinzip, in: Rechtstheorie, Beiheft 1 (1979), S. 68 ff. [número 8, página 144 e ss.].

[18] BVerfGE 1, 283 (292 ff.).

[19] BVerfGE 51, 324 (343 ff.).

[20] BVerfGE 51, 324 (346).

somente o princípio da proteção da vida e da integridade corporal, ela estaria proibida. Ambos os princípios levam, portanto, cada vez aplicados para si, a uma contradição. Essa situação não é solucionada pelo fato de um de ambos os princípios ser declarado inválido e despedido do ordenamento jurídico. A solução consiste, ao contrário, na fixação de uma relação de primazia, relacionada com as circunstâncias do caso, entre os princípios colidentes. O princípio precedente limita, desse modo, as possibilidades jurídicas do cumprimento do retrocedente. O princípio retrocedente permanece parte do ordenamento jurídico. Em um outro caso, a questão da primazia pode ser resolvida às avessas. Como ela deve ser resolvida, depende dos pesos relativos dos princípios em sentido contrário no caso concreto. Com isso, é, simultaneamente, claro que em colisões de princípios, de outra forma como em conflitos de regras, não se trata da pertinência ao sistema jurídico. Colisões de princípios não têm lugar na dimensão da validez, mas ocorrem, uma vez que somente princípios válidos podem colidir, dentro do sistema jurídico, na dimensão do peso.[21]

A conduta de colisão dos princípios torna claro que entre princípios e valores existe uma concordância estrutural ampla. Em vez de dizer que o princípio da aptidão para funcionar da prática judicial penal colide com o da vida e da integridade corporal, pode dizer-se que existe uma colisão entre o valor da aptidão para funcionar da prática judicial penal e o da vida e da integridade corporal. Cada colisão de princípios pode ser apresentada como colisão de valores e cada colisão de valores pode como colisão de princípios. A única diferença consiste nisto, que em colisão de princípios trata-se da questão, o que, no resultado, portanto, definitivamente, é devido, enquanto a solução de uma colisão de valores responde a isto, o que, no resultado, portanto, definitivamente, é melhor. Um critério que diz o que é devido, portanto, ordenado, proibido ou permitido, tem caráter deontológico. Se ele diz, pelo contrário, o que é bom e ruim ou melhor e pior, então ele tem um status axiológico. Princípios e valores são, com isso, o mesmo, uma vez em trajes deontológicos e, uma vez, em axiológicos.[22]

Todos os problemas de uma teoria dos valores deixam, com isso, discutir-se no quadro de uma teoria dos princípios, e às avessas. No quadro de uma teoria do sistema jurídico, a dignidade da preferência da teoria dos princípios resulta disto, que o caráter de dever do direito, nela, chega à expressão sem rodeios. Acresce a isso, que o conceito de princípio, menos do que o de valor, dá lugar a suposições problemáticas. Uma tal suposição problemática é a ideia, frequentemente, unida com o conceito da ordenação de valores objetiva, de um "ser dos valores", como ela, por exemplo, é sustentada por Max Scheler.[23] A teoria dos princípios renuncia a tais teses ontológicas, do mesmo modo como à afirmação, teórico-cognitiva du-

---

[21] Comparar R. Dworkin (nota 17), S. 26 f.

[22] Mais pormenorizado para isso R. Alexy, Theorie der Grundrechte, Baden-Baden 1985 (Frankfurt a. M. 1986), S. 125 ff.

[23] M. Scheller, Der Formalismus in der Ethik und die materiale Wertethik, 5. Aufl., Bern/München 1966, S. 195.

vidosa, de uma capacidade específica da visão de valores. Princípios são normas, que ou valem ou não valem. O problema de seu conhecimento é um problema do conhecimento da norma, o de sua aplicação, um problema de aplicação de norma. A questão pode, por conseguinte, somente dizer se exclusivamente normas com a estrutura de regras ou também tais com a estrutura de princípios devem ser consideradas como elementos do sistema jurídico.

2. O modelo de regras do sistema jurídico

Para averiguar, se os melhores fundamentos falam a favor ou contra conceber princípios como componentes do sistema jurídico, deve, primeiro, ser perguntado o que iria significar se o sistema jurídico contivesse exclusivamente regras. Uma concepção do sistema jurídico, segundo a qual esse compõe-se somente de regras pode ser designada como *"modelo de regras* do sistema jurídico".[24]

O modelo de regras do sistema jurídico é caracterizado por um enlace particular de vinculação e abertura. À medida que as regras determinam a decisão de um caso, o sistema de regras mostra uma medida máxima em vinculação. As regras determinam a decisão de um caso quando a decisão ou resulta logicamente delas juntamente com uma descrição indiscutível do fato, ou delas, em conjunto com uma descrição indiscutível do fato, sob emprego de regras asseguradas da metodologia jurídica, pode ser fundamentada coercitivamente. À medida que as regras não determinam a decisão de tal maneira – e tanto conhecimentos da doutrina do método jurídico[25] como o suceder cotidiano de casos duvidosos comprovam que isso é o caso em proporção considerável – deve o juiz, uma vez que ele, no modelo de regras, conforme a definição, somente por regras pode ser vinculado juridicamente, decidir sem qualquer vinculação jurídica. Ele tem, conforme isso, do outro lado das fixações feitas por regras, um poder discricionário juridicamente não vinculado, portanto, juridicamente livre que, se ele, no fundo, quer orientar-se por critérios, somente pode fazer isso por critérios extrajurídicos. Essa consequência poderia, no modelo de regras, somente por uma dação de leis ser evitada, sob a qual não existem mais casos duvidosos. A experiência histórica, como também reflexões lógicas, semânticas e metodológicas mostram, contudo, que uma tal dação de leis não é possível. Com isso, está claro uma primeira desvantagem do modelo de regras. Ele, mesmo em dação de leis ótima e aplicação perfeita das regras e formas da interpretação jurídica, não é capaz de

---

[24] O modelo de regras é, frequentemente, unido com a tese do positivismo. As teorias de Kelsen e Hart são, para isso, exemplos. Uma tal união coloca-se próxima, mas não é necessária. Assim, mostra a tese de Kant da rigorosidade do direito que também uma teoria jurídico-racional pode orientar-se em um modelo de regras (I. Kant, Metaphysik der Sitten, in: Kant's gesammelte Schriften, hg. v. d. Königlich Preußischen Akademie der Wissenschaften, Bd. VI, Berlin 1907/14, S. 233 ff.).

[25] Comparar R. Alexy, Theorie der juristischen Argumentation, Frankfurt a. M. 1978, S. 17 f., 273 ff.; H. –J. Koch/H. Rüßmann, Juristische Begründungslehre, München 1982, S. 119 ff. E. Forsthoff, Zur Problematik der Verfassungsauslegung, Stuttgart 1961, S. 34, 39 f., recomenda um regresso às "regras antigas, confirmadas da hermenêutica jurídica, sob as quais ele entende os cânones savignyanos da interpretação". Uma segurança do resultado não pode, com isso, ser obtida.

garantir uma precisão e certeza do direito geral. A precisão e certeza do direito é, nele, um assunto-tudo-ou-nada. Ou o decididor é vinculado rigorosamente ou, no fundo, não. Modelos de regras puros mostram, por isso, necessariamente, lacunas. Como o sistema jurídico nada diz sobre isto, como elas devem ser fechadas, podem essas lacunas ser designadas como "lacunas de abertura". Deve ser mostrado que uma teoria dos princípios pode contribuir essencialmente para o fechamento das lacunas de abertura.

O problemas das lacunas de abertura coloca-se em todos os sistemas de regras. Dificuldades adicionais causa o modelo de regras em sistemas jurídicos do tipo do estado constitucional democrático. O mais claro, isso torna-se nos direitos fundamentais. Tome-se uma determinação constitucional, que primeiro concede um direito fundamental e, então, estatui a competência do dador de leis de limitar esse direito fundamental por uma lei. Se se lê isso como duas regras, então o direito fundamental é posto completamente ou até o limite de seu conteúdo essencial (artigo 19, alínea 2, da lei fundamental) à disposição do dador de leis. Ele, sob esse aspecto, anda no vazio. Se isso deve ser impedido e a vinculação do dador de leis, ordenada pelo artigo 1, alínea 3, da lei fundamental, assegurada, a norma concedente de direito fundamental deve ser compreendida como princípio, cuja contenção somente então é admissível, quando um princípio em sentido contrário a justifica.[26]

O argumento da lacuna e o do andar no vazio não dizem que o modelo de regras é absolutamente irracional. Mas eles mostram que ele é expressão de uma concepção limitada da realização de racionalidade prática no sistema jurídico. Quem sustenta um modelo de regras puro transfere ao sistema jurídico, como tal, a realização somente de um postulado de racionalidade, ou seja, somente a do postulado da certeza jurídica.[27] Certeza jurídica é, sem dúvida, uma exigência central, mas não a única, da razão prática ao sistema jurídico.[28] Todas as outras exigências têm, no modelo de regras puro, caráter externo ao sistema jurídico. Elas dirigem-se, como exigências políticas ou morais, aos participantes no processo de criação do direito. O que por eles é transformado em regras jurídicas vigentes e, com isso, incorporado ao sistema jurídico é, do ponto de vista do modelo de regras, casual.

3. O modelo-regras/princípios do sistema jurídico

Um representante do modelo de regras poderia conceder tudo isso e, contudo, dizer que deve ser renunciado a princípios como componentes do sistema jurídico. O modelo de regras tem, sem dúvida, numerosas fraquezas, a admissão

---

[26] Mais pormenorizado R. Alexy (nota 22), S. 106 ff.

[27] Para a certeza jurídica como exigência da razão prática, comparar, fundamentalmente, I. Kant (nota 24), S. 312.

[28] Comparar G. Radbruch, Rechtsphilosophie, 8. Aufl., Stuttgart 1973, § 9.

de princípios no sistema jurídico, porém, primeiro, não iria realmente diminuí-las e, segundo, somente levar a problemas adicionais.

O modelo de regras seria fácil de defender se como alternativa a ele somente entrasse em questão um *modelo de princípios* puro, portanto, uma concepção, segundo a qual o sistema jurídico compõe-se exclusivamente de princípios. Um modelo de princípios puro iria, por causa de sua indeterminação e moleza, contradizer exigências irrenunciáveis da certeza jurídica.

De outra forma situam-se as coisas em uma teoria do sistema jurídico, segundo a qual esse compõe-se tanto de regras como de princípios, portanto em um *modelo-regras/princípios*. No modelo-regras/princípios permanece, de um lado, fundamentalmente, conservada a força vinculativa do plano das regras. Do outro lado, ele é um modelo fechado, à medida que princípios sempre são correspondentes e nele, por conseguinte, nenhum caso é possível que não possa ser decidido com base em critérios jurídicos. Com isso, o problema das lacunas chega, na base de uma tese da unidade, fundada na teoria dos princípios, que, como é observado na margem, em todo o caso, em aspectos parciais, pode ser considerada como reconstrução racional de ideias de unidade da jurisprudência dos conceitos,[29] ao âmbito da solubilidade. Também para o problema do andar no vazio uma solução parece estar próxima, porque direitos fundamentais interpretados pela teoria dos princípios têm uma força própria atuante contra limitações.

Os argumentos alegados contra esse modelo deixam enfeixar-se em três objeções: uma substancial, uma competencial e uma metodológica. Todas as três objeções podem ser infirmadas.

A *objeção substancial* faz valer que uma teoria dos princípios, concordante estruturalmente com a teoria dos valores, leva à destruição da liberdade individual no sentido liberal.[30] Acresce a isso uma orientação quanto ao conteúdo da liberdade jurídico-fundamental,[31] um emposse de valores.[32] Essa objeção ignora que a liberdade de fazer e de deixar o que se quer, mesma pode ser objeto de um princípio.[33] O princípio da liberdade jurídica exige um estado de regulação jurídica, no qual o mínimo possível é ordenado e proibido. O problema decisivo é o grau de cumprimento ótimo desse princípio perante princípios em sentido contrário. Sua solução não é prejudicada pela teoria dos princípios, certamente, porém, o caminho para ela é estruturado racionalmente. A teoria dos princípios mostra-se sob, esse aspecto, neutra.

---

[29] Comparar para isso, R. Dreier, Rechtsbegriff und Rechtsidee, Frankfurt a. M. 1986, S. 34 f.

[30] E. Forsthoff, Zur heutigen Situation einer Verfassungslehre, in: Epirrhosis, Festgabe für Carl Schmitt, hg. v. H. Barion/E. –W. Böckenförde/E. Forsthoff/W. Weber, Berlin 1968, S. 190.

[31] E. –W. Böckenförde, Grundrechtstheorie und Grundrechtsinterpretation, NJW 1974, S. 1533.

[32] H. Goerlich, Wertordnung und Grundgesetz, Baden-Baden 1973, S. 37.

[33] Comparar para isso, B. Rüthers, Rechtsordnung und Wertordnung, Konstanz 1986, S. 27, que chama a atenção sobre isto, que depende disto, que valores são aceitos como vigentes.

A *objeção competencial* é expressão do temor que a teoria dos princípios leve a uma remoção de poder inadmissível dos parlamentos para os tribunais, particularmente, para o tribunal constitucional federal. A autonomia do direito legislado ordinário perde-se em favor de uma competência plena, fundamentada pela teoria dos princípios, do direito constitucional. Também essa objeção ignora a multiplicidade daquilo que pode ser objeto de um princípio. Existem não só princípios materiais (quanto ao conteúdo), mas também formais (procedimentais).[34] Um princípio formal central é o do poder de decisão do dador de leis legitimado democraticamente. Esse princípio exclui a ideia que o sistema jurídico jurídico-ordinário total nada mais tem de ser que o conhecimento correto daquilo que os princípios constitucionais exigem. Ele cuida, juntamente com outros princípios procedimentais, de uma autonomia relativa do direito legislado ordinário[35] e é um fundamento essencial para os numerosos espaços que o tribunal constitucional federal deixa ao dador de leis.

Um problema sério causa, primeiro, a *objeção metodológica*. Ela é feita valer quando se diz que com a admissão de princípios no sistema jurídico nada está ganho, porque, por causa da presença, sempre dada, de princípios em sentido contrário, na base de uma teoria dos princípios tudo pode ser fundamentado e, por conseguinte, não faz diferença se se os conta ou não entre o sistema jurídico. Decisões jurídicas somente seriam cobertas.[36] A unidade que a teoria dos princípios promete é somente uma aparente. Ela significa somente que sempre um argumento jurídico é possível, não, porém, que o sistema jurídico sempre contém uma solução. No lugar da lacuna de abertura do modelo de regras, provocada por um defeito em critérios jurídicos, põe-se uma lacuna de indeterminação do modelo-regras/princípios, causada por uma abundância em critérios jurídicos. Na matéria, isso nada muda.

Essa objeção poderia ser refutada completamente se fosse possível uma ordem de princípios ou um ordenamento de valores que, de um modo intersubjetivamente controlável, em cada caso, leva, rigorosamente, a um resultado. Uma tal ordem deve ser designada como "ordem dura". A discussão do projeto de uma tal ordem dura mostrou que ele não é realizável.[37] Ele fracassa, em último lugar, no problema de uma metragem dos pesos e intensidades de realização dos valores ou princípios.

O fracasso de ordens duras, contudo, ainda não diz que uma teoria dos princípios, que oferece mais que um amontoamento de pontos de vista ou topoi, dos

---

[34] R. Alexy (nota 22), S. 89, 120.

[35] Comparar para isso, R. Wahl, Der Vorrang der Verfassung und die Selbständigkeit des Gesetzesrecht, NVwZ 1984, S. 401 ff.

[36] Comparar E. –W. Böckenförde (nota 31), S. 1534; semelhante E. Forsthoff (nota 30), S. 190 ff.; E. Denninger, Staatsrecht, Bd. 2, Reinbek 1979, S. 184; U. K. Preuß, Die Internalisierung des Subjekts, Frankfurt a. M. 1979, S. 151 ff.

[37] Comparar, em vez de muitos, B. Schlink, Abwägung im Verfassungsrecht, Berlin 1976, S. 129 ff., 158 ff.; J. M. Steiner, Judicial Discretion and the Concept of Law, in: Cambridge Law Journal 35 (1976), S. 152 ff.

quais se pode servir arbitrariamente, é impossível. O que é possível é uma ordem mole que se compõe de três elementos: (1) um sistema de condições de primazia, (2) um sistema de estruturas de ponderação e (3) um sistema de primazias-prima facie.

Como um sistema de condições de primazia nasce, mostra a já mencionada resolução de capacidade de negociação. Nela, a colisão entre o dever do estado para com a garantia de uma prática judicial penal apta a funcionar e o direito fundamental do inculpado à vida e integridade corporal é solucionada pelo fato de, sob a condição de um "perigo concreto, evidente que o inculpado, na realização da negociação principal, iria perder sua vida ou prejudicar gravemente sua saúde",[38] ser fixada uma primazia do direito fundamental. Isso significa que, sob as condições mencionadas, vale a consequência jurídica do princípio precedente, portanto, a realização da negociação principal é proibida. O último deixa generalizar-se para uma *lei de colisão* vigente para todas as colisões de princípios. Ela diz: as condições, sob as quais um princípio precede ao outro, formam o tipo de uma regra que declara a consequência jurídica do princípio precedente.[39]

As condições de primazia, fixadas até agora, cada vez, em um sistema jurídico, ou as regras, correspondentes a elas segundo a lei de colisão, dão informações sobre os pesos relativos dos princípios. Todavia, com o seu auxílio, por causa da possibilidade de novos casos com combinações de características, a serem novamente avaliadas, não se deixa construir uma ordem que em cada caso determina, rigorosamente, uma decisão. Pelo menos, elas abrem, porém, a possibilidade de um procedimento de argumentação, que não existiria sem princípios.

O segundo elemento fundamental de uma ordem mole, um sistema de *estruturas de ponderação*, resulta do caráter de princípios como mandamentos de otimização. Como tais, eles exigem uma realização, relativamente às possibilidades fáticas e jurídicas, tão ampla quanto possível. A referência às possibilidades *fáticas* leva aos princípios bem conhecidos da idoneidade e necessidade. A referência às possibilidades *jurídicas* implica uma *lei de ponderação*, que se deixa formular como segue: quanto maior é o grau de não cumprimento ou prejuízo de um princípio, tanto maior deve ser a importância do cumprimento do outro.[40] A lei da ponderação nada mais formula que o princípio da proporcionalidade em sentido restrito. Com isso, está dito que o princípio da proporcionalidade, com seus três princípios parciais, resulta logicamente do caráter de princípio de normas e este, daquele.[41] Quem desterra princípios do sistema jurídico também deve despedir o princípio da proporcionalidade. Este, sem dúvida, não oferece um procedimento de decisão que, em cada caso, leva, rigorosamente, a um re-

---

[38] BVerfGE 51, 324 (346).

[39] R. Alexy (nota 22), S. 83 f.

[40] Ders. (nota 22), S. 146; como exemplos da jurisprudência constitucional são citadas: BVerfGE 7, 377 (404 f.); 17, 306 (314); 20, 150 (159); 35, 202 (226); 41, 251 (264); 72, 26 (31).

[41] Comparar R. Alexy (nota 22), S. 100 ff.

sultado. Mas ele apresenta uma estrutura de argumentação racional, que nem em um sistema de regras puro nem na base de um mero catálogo de topoi estaria à disposição.

A terceira parte da ordenação mole são *primazias-prima facie*. Um exemplo oferece a sentença-Lebach, na qual, para o caso de uma reportagem atual sobre uma conduta punível grave em favor da liberdade de reportagem, é fixada uma primazia-prima facie perante a proteção da personalidade do autor.[42] Como primazia-prima facie de tipo geral, pode a "presunção de liberdade fundamental" do tribunal constitucional federal[43] ser interpretada.[44] Primazias-prima facie, sem dúvida, não contêm fixações definitivas. Pelo menos, porém, elas estatuem cargas da argumentação. Desse modo, também elas fundam uma certa ordem no âmbito dos princípios.

4. O modelo-regras/princípios/procedimento do sistema jurídico

O resultado da análise do modelo-regras/princípios é de tipo discrepante. De um lado, uma teoria dos princípios ordenada molemente é capaz de estruturar um bom pedaço, racionalmente, o decidir jurídico no âmbito da lacuna de abertura do sistema jurídico. Já isso é um fundamento suficiente para a inclusão de princípios no sistema jurídico. Uma renúncia no plano dos princípios seria uma renúncia à racionalidade.[45] A esse argumento metodológico acresce um substancial. Com os princípios constitucionais dirigentes, particularmente, os três princípios jurídico-fundamentais da dignidade, da liberdade e da igualdade e os três princípios de objetivo do estado e de estrutura do estado do estado de direito, da democracia e do estado social são incorporadas as fórmulas principais do direito racional moderno, como direito positivo, no sistema jurídico da república federal da Alemanha. Somente uma teoria dos princípios é capaz de fazer valer adequadamente os conteúdos de razão prática,[46] com isso, incluídos no sistema jurídico no grau de hierarquia extremo e como direito positivo imediatamente vigente.

Do outro lado, o acrescentamento do plano dos princípios leva só limitadamente a uma vinculação no sentido de uma determinação rigorosa do resultado. Também após a eliminação da lacuna de abertura do plano das regras permanece a lacuna de indeterminação do plano dos princípios. Um argumento para o mo-

---

[42] BVerfGE 35, 202 (231); comparar, ademais, BVerfGE 51, 386 (397) onde, para o caso de uma expulsão motivada preventivo-geral de um estrangeiro condenado por causa de uma conduta punível, que é casado com uma mulher alemã, é aceita uma primazia-prima facie da conservação do matrimônio perante o interesse na intimidação de outros estrangeiros para o cometimento de condutas puníveis semelhantes.

[43] BVerfGE 6, 32 (42); 13, 97 (105); 17, 306 (313 f.); 32, 54 (72).

[44] Comparar para isso, R. Alexy (nota 22), S. 517 ff.

[45] A esse argumento normativo pode ser acrescentado o argumento empírico, que princípios desempenham um papel central na argumentação jurídica que tem lugar realmente, o que leva à tese que sem a inclusão do plano dos princípios uma imagem adequada do sistema jurídico, como ele é, não pode ser obtida; comparar para isso, N. MacCormick, Legal Reasoning and Legal Theory, Oxford, 1978, S. 231 ff.

[46] Comparar para isso, M. Kriele, Recht und praktische Vernunft, Göttingen 1979, S. 15, 124.

delo das regras e contra o modelo-regras/princípios não se deixaria sobre isso, contudo, mesmo então, apoiar, se este fosse a última palavra. Que não se pode ter tudo não é fundamento de renunciar àquilo que se pode ter. Além disso, o modelo-regras/princípios ainda não é a última palavra. O que até agora foi descrito, o plano das regras e o dos princípios, ainda não dá uma imagem completa do sistema jurídico. Princípios como regras, não regulam mesmo sua aplicação. Eles apresentam somente o lado passivo do sistema jurídico. Se se quer ganhar um modelo completo, então deve, ao passivo, ser acrescentado um lado ativo, relacionado com o procedimento da aplicação de regras e de princípios. O plano das regras e o dos princípios devem, portanto, ser complementados por um terceiro. Esse terceiro pode, em um sistema jurídico orientado pelo conceito da razão prática, ser somente um procedimento assegurador de racionalidade. Desse modo, nasce um modelo-três-planos do sistema jurídico, que deve ser designado como *"modelo-regra/princípio/procedimento"*.

A ideia de um procedimento assegurador de racionalidade pode ser relacionada tanto ao processo da aplicação do direito como ao da disposição de direito.[47] Aqui, ela deve ser considerada somente com vista à aplicação do direito. Sob o processo de aplicação do direito pode ser entendido ou o processo de ideias e de argumentação não institucionalizado daquele que quer encontrar e fundamentar uma resposta à questão, o que em um determinado sistema jurídico, em um determinado caso, é ordenado ou o procedimento institucionalizado, abarcador daquele procedimento, do procedimento judicial.[48] No que segue, deve tratar-se exclusivamente do processo de ideias e de argumentação não institucionalizado.

III. Razão prática

Pressuposto do modelo-três-planos é que um procedimento assegurador de racionalidade é possível, que pode ser acrescentado ao plano das regras e dos princípios com o objetivo de fechar suas lacunas. Se essa possibilidade existe, então, em vista da razoabilidade, já exposta, da pertinência tanto de regras como de princípios ao sistema jurídico, o modelo-regra/princípio/procedimento é aquele modelo do sistema jurídico, que assegura um máximo de razão prática no direito e, por esse fundamento, é digno de preferência perante todos os outros modelos.

O aprofundamento de um procedimento assegurador de racionalidade da aplicação do direito é objeto de uma teoria da argumentação jurídica.[49] Ela está

---

[47] Comparar R. Alexy, Die Idee einer prozeduralen Theorie der juristischen Argumentation, in: Rechtstheorie, Beiheft 2 (1981), S. 185 ff. [número 4, página 84 e ss.].

[48] Ders. (nota 47), S. 187 f.

[49] Comparar para isso, como apresentação sintética, U. Neumann, Juristische Argumentationslehre, Darmstadt 1986, assim como monografia mais recente A. Aarnio, The Rational as Reasonable, Dordrecht/Boston/Lancaster/Tokio 1986.

diante de duas tarefas. A primeira resulta da razoabilidade da pertinência, tanto de um plano de regras como de um dos princípios ao sistema jurídico. Esses ajustes, fundados em autoridade, pedem o desenvolvimento de regras de método que asseguram a vinculação a ela.[50] A segunda tarefa resulta do conhecimento, que entrementes se generalizou na doutrina do método jurídico, que um sistema de regras do método, que em cada caso determina, rigorosamente, um resultado, não é possível. Em todos os casos, mais ou menos problemáticos, valorações são necessárias, que não se deixam depreender coercitivamente do material dado, fundado em autoridade. A racionalidade do procedimento de aplicação do direito depende, com isso, essencialmente disto, se e em qual proporção essas valorações adicionais são acessíveis a um controle racional. A resposta a essa questão é a segunda tarefa da teoria da argumentação jurídica.

A questão pela possibilidade de um procedimento de aplicação do direito assegurador de racionalidade leva, com isso, à questão pela fundamentabilidade racional de juízos de valor. A discussão dessa questão foi prejudicada longamente por uma contraposição estéril de duas posições fundamentais, que aparecem em sempre novas variantes, de posições subjetivistas e relativistas, por um lado, e por posições objetivistas e cognitivísticas, por outro. Para uma tal postura-tudo-ou-nada, contudo, não existe nenhum motivo. Sem dúvida, teorias morais *materiais*, das quais, para cada questão moral, com certeza coercitiva intersubjetivamente, pode ser depreendida, rigorosamente, uma resposta, não são possíveis, possíveis são, porém, teorias morais *procedimentais*, que formulam regras ou condições de argumentar racional prático.[51] Uma versão particularmente prometedora de uma teoria moral procedimental é aquela do discurso prático racional.[52]

A parte nuclear da teoria do discurso forma um sistema de regras do discurso e princípios do discurso, cuja observância assegura a racionalidade da argumentação e seus resultados. As tentativas de formular e de fundamentar um tal sistema, detalhada e explicitamente, aqui, não podem ser salientadas.[53] Se se reúne rudimentarmente, então se deixam identificar quatro postulados de racionalidade prática procedimental. Exigido é (1) uma medida máxima de clareza conceitual-idiomática, (2) uma medida máxima de ser informado empiricamente, (3) uma medida máxima de generabilidade e (4) uma medida máxima de liberdade de pré-juízos.

Está claro que essas exigências têm caráter ideal. Elas podem, sob condições reais, ser realizadas só aproximativamente. Isso exclui a produção de certeza absoluta em cada questão. O último iria fundamentar uma objeção concludente se racionalidade devesse ser equiparada com certeza. Isso, contudo, não é o caso.

---

[50] Para um sistema formulado explicitamente de tais regras, comparar R. Alexy (nota 25), S. 273 ff.

[51] Comparar R. Alexy (nota 47), S. 177 ff. [número 4, página 77 e ss.].

[52] Comparar J. Habermas, Diskursethik – Notizen zu einem Begründungsprogramm, in: ders., Moralbewußtsein und kommunikatives Handeln, Frankfurt a. M. 1983, S. 53 ff.

[53] Comparar para isso, R. Alexy (nota 25), S. 221 ff.; A. Peczenik, Grundlagen der juristischen Argumentation, Wien/New York 1983, S. 167 ff.

A razão prática não faz parte daquelas coisas que podem ser realizadas ou só perfeitamente ou, no fundo, não. Ela é realizável aproximativamente e sua realização suficiente não afiança, sem dúvida, uma correção definitiva, porém, certamente, uma relativa. Isso basta como fundamento para uma irrenunciabilidade da incorporação das regras e princípios de racionalidade prática procedimental no sistema jurídico.

Para o modelo-três-planos isso significa que cada um dos três planos propicia, no total, uma contribuição necessária para a racionalidade do sistema jurídico. Cada um dos três planos mostra déficits que, considerados isoladamente, são graves. Sua união não leva esses ao desaparecimento, leva, porém a uma medida alta de compensação mútua. Pode ser presumido que, sob condições humanas, mais em razão prática, no direito, não é possível.

Ponto de partida das reflexões aqui feitas foi a controvérsia entre legalismo e constitucionalismo. Com o modelo-três-planos do sistema jurídico, de modo nenhum todas as questões, nesse litígio, estão decididas. Certamente, porém, está obtida uma linha fundamental. Deve ser excluído um legalismo orientado por regras rigorosamente. A presença de princípios e, com isso – em outra terminologia –, de valores no sistema jurídico é, por fundamentos de racionalidade prática, irrenunciável. Em um estado constitucional democrático, os princípios, de modo nenhum, têm somente, contudo, em uma boa parte, seu lugar jurídico-positivo na constituição. A autonomia do direito legislado ordinário, com isso, não se perde. Ela converte-se no modelo-três-planos em um problema de ponderação entre o princípio formal do poder de decisão do dador de leis, legitimado democraticamente, e princípios constitucionais materiais. Os resultados dessa como também de outras ponderações são fundamentáveis racionalmente. Tudo isso é um argumento para isto, que um constitucionalismo moderado é aquela concepção do sistema jurídico que é capaz de realizar uma medida máxima de razão prática.

10. Direitos individuais e bens coletivos

A relação entre direitos individuais e bens coletivos faz parte dos temas filosófico-jurídicos, cuja discussão não quer terminar. Dois fundamentos para isso são rapidamente identificados: um normativo e um analítico. O problema normativo resulta disto, que cada determinação da relação no sentido de uma ponderação de direitos individuais e bens coletivos abarca decisões sobre a estrutura fundamental do estado e da sociedade. Um consenso sobre a sua ordem correta pressupõe concórdia sobre aquilo que é justo. A ponderação de direitos individuais e bens coletivos permanecerá, por conseguinte, em litígio enquanto existe dissenso na teoria da justiça. O problema analítico tem a sua causa nisto, que a determinação da relação pressupõe clareza sobre aquilo que deve ser fixado na relação, portanto, clareza sobre os conceitos do direito individual e do bem coletivo. Falta de clareza desses conceitos levam à confusão na solução do problema normativo.

No primeiro plano de minhas reflexões está o problema analítico. Minhas exposições estruturam-se em três partes. Na primeira parte trata-se dos conceitos do direito individual e do bem coletivo. Objeto da segunda parte são as relações conceituais entre direitos individuais e bens coletivos. Na terceira parte, finalmente, serão expostas algumas teses normativas para a relação entre direitos individuais e bens coletivos.

I. Os conceitos do direito individual e do bem coletivo

1. O conceito de direito individual

A análise, a ser aqui exposta, do conceito do direito individual descansa sobre duas colunas:

1. um modelo-três-graus de direitos individuais e

2. uma teoria dos princípios desses direitos.

O modelo-três-graus abarca um sistema de posições fundamentais jurídicas.

a) Um modelo-três-graus de direitos individuais

A base do modelo-três-graus forma a distinção entre (1) os fundamentos para direitos individuais, (2) os direitos individuais como posições e relações jurídicas e (3) o poder ser imposto de direitos individuais.[1] A distinção defeituosa entre esses três graus é um fundamento essencial para o litígio contínuo pelo conceito do direito individual.

(1) Fundamentos para direitos

Como fundamento para um direito, coisa muito diferente entra em questão. Fundamentos clássicos são o interesse do titular no objeto do direito e o fazer possível da atuação de sua liberdade de vontade. Tais fundamentos para direitos são algo diferente que os direitos mesmos. Esses consistem em posições e relações jurídicas e devem, com isso, ser tratados no segundo grau do modelo-três-graus. Assim como o fundamento para uma norma deve ser distinguido da norma que é apoiada por esse fundamento, assim o fundamento para um direito é uma coisa e o direito, que é aceito em virtude desse fundamento, uma outra. Dificuldades numerosas, tanto da teoria do interesse como da vontade, nascem pelo fato de o fundamento para um direito ser tratado como característica do conceito de direito. Exemplos para a transformação da relação-fundamental em uma relação conceitual oferecem a definição de Jhering dos direitos subjetivos "como interesses juridicamente protegidos"[2] e a definição de Windscheid do direito subjetivo como "um poder de vontade ou de domínio concedido pelo ordenamento jurídico".[3] A ideia, que deve ter, rigorosamente, um fundamento geral decisivo para direitos individuais, que deve ser abarcado na definição, obstrui o caminho para o conhecimento que atrás de um direito individual pode ter um feixe de fundamentos heterônomos e que direitos distintos podem ser apoiados por fundamentos completamente diferentes.

Se se distingue entre fundamentos para direitos e os direitos como posições e relações jurídicas, então entram, como fundamentos, em consideração não só bens individuais como interesses dos respectivos titulares do direito ou sua liberdade de vontade, mas também bens coletivos. Assim, pode tentar-se justificar o direito de propriedade do particular exclusivamente por um bem coletivo, por exemplo, pela efetividade econômica geral de uma ordem econômica baseada na propriedade privada.

Sobre a base da dicotomia de bens individuais e coletivos podem ser distinguidas três justificações de direitos. Um direito pode ser justificado geral ou em uma determinada situação (1) exclusivamente por bens individuais, (2) tanto por

---

[1] Comparar para isso, R. Alexy, Theorie der Grundrechte, Baden-Baden 1985 (Frankfurt a. M. 1986), S. 164 ff.

[2] R. v. Jhering, Geist des römischen Rechts auf den verschiedenen Stufen seiner Entwicklung, Teil 3, 5. Aufl., Leipzig 1906, S. 339.

[3] B. Windscheid, Lehrbuch des Pandektenrechts, 9. Aufl., bearb. v. Th. Kipp, Bd. I, Frankfurt a. M. 1906, S. 156.

bens individuais como coletivos e (3) exclusivamente por bens coletivos. Isso pode ser tido em conta terminologicamente de modos diferentes. No quadro do modelo-três-graus é decisivo que o direito como tal, portanto, a posição jurídica, que existe quando um direito existe, também então é um direito do particular e, por conseguinte, um direito individual, quando ele é justificado por bens coletivos. Parece, por isso, justificado designar todos os direitos do particular – somente esses devem, aqui, ser considerados – como "direitos individuais". Esse conceito de direito individual cobre-se, sob esse aspecto, com o conceito do direito subjetivo, aclimatado na dogmática jurídica, que todos os direitos individuais são direitos subjetivos e todos os direitos subjetivos do particular, direitos individuais. À medida que – como aqui – se trata de direitos do particular, podem os termos "direito individual" e "direito subjetivo", portanto, ser empregados permutavelmente.

Outras terminologias são possíveis e tudo o que aqui deve ser dito também se deixa expor nelas. Assim, poderia pensar-se nisto, de designar como ""individual" somente direitos que são justificados exclusivamente ou, pelo menos, também por fundamentos individuais. Direitos que exclusivamente, e, eventualmente, direitos, que, pelo menos, são justificados também por bens coletivos, poderiam, então, por exemplo, ser classificados de "direitos subjetivos". Pelos fundamentos citados, um conceito amplo do direito individual deve ser preferido a esse modo de proceder. As diferenças deixam compreender-se melhor pelo fato de a própria justificação ser designada como "individual" ou/e "coletiva".

(2) Direitos como posições e relações jurídicas

Os direitos, a serem estabelecidos no segundo grau, como tais, consistem em posições e relações jurídicas. O que são posições e relações juridicamente e quais existem, deixa expor-se, o mais simplesmente, no quadro de um sistema de posições fundamentais jurídicas. Um sistema, utilizável para finalidades teóricas como também para práticas, nasce quando se divide as posições, a serem designadas como direitos, com apoio na distinção de Bentham, entre "direitos a serviços", "liberdades" e "poderes",[4] assim como na distinção de Bierling entre "pretensão jurídica", "ter a permissão de jurídica ordinária" e "poder jurídico",[5] em (1) direito a algo, (2) liberdades e (3) competências.[6] Aqui somente deve ter importância que os direitos, a serem associados no segundo grau, como tais, em todas as suas formas, têm um caráter puramente deontológico.

Direitos a algo são relações de três variáveis entre o titular (a), o destinatário (b) e o objeto (G) do direito.[7] Rigorosamente então, quando essa relação entre

---

[4] J. Bentham, Of Laws in General, hg. v. H. L. A. Hart, London 1970, S. 57 f., 82 ff., 98, 119, 173 ff.

[5] E. R. Bierling, Zur Kritik der juristischen Grundbegriffe, 2. Teil. Gotha 1883, S. 49 ff.

[6] Comparar para isso, como para o seguinte, R. Alexy (nota 1), S. 171 ff.

[7] Para uma concepção semelhante, que, porém, ao contrário das exigências do modelo-três-grau, também abarca o fundamento justificador, comparar A. Gewirth, Why Rights are Indispensible, in: Mind 95 (1986), S. 328.

a, *b* e *G* existe, *a* encontra-se em uma posição jurídica que é caracterizada pelo fato de ele, perante *b*, ter um direito a *G*. A forma mais geral de uma proposição sobre um direito a algo pode por:

$$RabG$$

ser reproduzida. Cada proposição dessa forma é com a proposição sobre a obrigação relacional correspondente:

$$ObaG$$

equivalente. Direitos a algo são, com isso, redutíveis a modalidades deônticas relacionais.

A forma mais simples da liberdade jurídica consiste na conjunção da permissão, de fazer algo, e da permissão, de não fazer o mesmo. Formas mais complicadas nascem pela união dessas posições com direitos a algo. Os detalhes podem, aqui, ser deixados. Para o caráter, que interessa neste ponto, do segundo grau do modelo-três-graus somente tem importância que também liberdades jurídicas, em todas as suas formas, podem ser compreendidas completamente com auxílio das modalidades deônticas, em que essas, todavia, novamente devem ser relacionadas.

Nas competências, a redutibilidade às modalidades fundamentais deônticas não é tão fácil de reconhecer. A chave para elas é o conceito do dever possível ou potencial. O conteúdo normativo de uma competência é idêntico com a classe dos mandamentos, proibições e permissões possíveis imediata e mediatamente segundo aquela. Com isso, é a potencialização segundo a relacionação a segunda operação, com cujo auxílio as posições do segundo grau nascem exclusivamente das modalidades fundamentais deônticas.[8]

Com isso, está claro que os direitos individuais, a serem associados no segundo grau, têm um caráter puramente deontológico. No primeiro grau, no dos fundamentos para direitos, é necessário, pelo contrário, tratar-se de bens e interesses e, com isso, do emprego de conceitos axiológicos e antropológicos.[9]

(3) Poder ser imposto

No terceiro plano, devem ser estabelecidas as posições jurídicas relacionadas com a imposição do direito que, sobretudo, consistem em competências e

---

[8] Se se agrega que as modalidades fundamentais deônticas (mandamento, proibição, permissão) podem ser reduzidas uma sobre a outra por meio da negação, então a tese da redução de Ross, que diz que no âmbito do dever sai-se bem com uma modalidade fundamental (A. Ross, Directives and Norms, London 1968, S. 117 ff.), mostra-se correta com a reserva de que, para isso, são necessárias três operações: a negação, a relacionação e a potencialização.

[9] Comparar para isso, R. Alexy (nota 1), S. 126 f.

permissões. Não raramente é, entre tais posições e o conceito de direito, produzida uma relação analítica, assim, por exemplo, quando, em Kelsen, se diz: "O direito subjetivo no sentido específico é o poder jurídico de fazer valer o cumprimento de um dever existente."[10] Contra isso deve ser objetado que a existência de um direito é um fundamento substancial para o seu poder ser imposto,[11] o que não seria possível se o poder ser imposto já estivesse contido no conceito de direito. À relação-fundamental entre o primeiro e o segundo grau acresce, com isso, uma relação-fundamental entre o direito e o seu poder ser imposto, portanto, entre o segundo e o terceiro grau. No abarcamento do poder ser imposto no conceito de direito, isso não poderia ser compreendido.

b) Teoria dos princípios

Uma análise, suficiente para a determinação da relação de direitos individuais e bens coletivos, do conceito do direito individual pressupõe, ao lado do modelo três-graus, uma segunda peça teórica: uma teoria dos princípios de direitos individuais. A teoria dos princípios é necessária para reconstruir um fenômeno familiar e, para a relação de direitos individuais e bens coletivos, central, a colisão entre direitos individuais e bens coletivos, assim como sua solução por ponderação.

A teoria dos princípios, aqui sustentada,[12] refere-se a distinção de Esser de princípio e norma,[13] assim como na dicotomia de Dworkin de regras e princípios.[14] Nisso, é sustentada a tese que ambos os autores, sem dúvida, destacam, acertadamente, algumas qualidades de regras e princípios, mas não avançam para o núcleo da distinção. Esse consiste nisto, que princípios são mandamentos de otimização. Isso significa que eles são normas que ordenam que algo seja realizado em uma medida, tão alta quanto possível, relativamente às possibilidades jurídicas e fáticas. Regras são, pelo contrário, mandamentos definitivos. Elas contêm fixações no espaço do possível fática e juridicamente. Dessa distinção resultam todas as outras diferenças, assim, por exemplo, esta, que princípios como mandamentos de otimização são cumpríveis em graus diferentes, enquanto regras, como mandamentos definitivos, sempre somente ou podem ser cumpridas ou não cumpridas.

---

[10] H. Kelsen, Allgemeine Theorie der Normen, Wien 1979, S. 269; ders., Reine Rechtslehre, 2. Aufl., Wien 1960, S. 139 ff.

[11] Comparar N. MacCormick, Rights in Legislation, in: Law, Morality, and Society, Essays in Honour of H. L. A. Hart, hg. v. P. M. S. Hacker/J. Raz, Oxford 1977, S. 203 f., 207 f.

[12] Circunstanciado para isso R. Alexy, Rechtsregeln und Rechtsprinzipien, in: Archiv für Rechts- und Sozialphilosophie, Beiheft 25 (1985), S. 13 ff. [Nota do tradutor: ver também infra, número 5, nota 12.]; ders. (nota 1), S. 71 ff.

[13] J. Esser, Grundsatz und Norm in der richterlichen Fortbildung des Privatrechts, 3. Aufl., Tübingen 1974, S. 95 ff.

[14] R. Dworkin, Taking Rights Seriously, 2. Aufl., London 1978, S. 22 ff.

A expressão "mandamento", nas uniões de palavras "mandamento de otimização" e "mandamento definitivo", deve, aqui, ser empregada em um sentido amplo, no qual ela também abrange permissões e proibições. Acima foi exposto que todas as posições jurídicas são reduzíveis às modalidades fundamentais deônticas. Por isso, pode ser dito que direitos individuais têm ou o caráter de mandamentos de otimização ou o caráter de mandamentos definitivos.

À medida que direitos têm o caráter de mandamentos de otimização, não se trata, neles, de direitos definitivos, mas de direitos-prima facie que, quando eles colidem com bens coletivos ou direitos de outros, podem ser limitados. Somente direitos com caráter de regra são direitos definitivos. A tese de Dworkin, que direitos são "trunfos sobre alguma justificação de fundo para decisões políticas que estabelecem um objetivo para a comunidade como um todo",[15] implica que eles, em todo o caso, perante bens coletivos, essencialmente, têm caráter definitivo. Deverá ser exposto que a tese, tanto sob aspectos analíticos como sob normativos, é muito rudimentar. Nisso, consequências, que devem ser tiradas da estrutura dos mandamentos de otimização para a solução de colisões, irão desempenhar um papel decisivo. Primeiro, porém, deve ser abordado o conceito de bem coletivo.

2. O conceito de bem coletivo

É mais fácil de citar exemplos para bens coletivos que dizer o que é um bem coletivo. Exemplos para bens coletivos são a segurança interna e externa, a prosperidade da economia nacional, a integridade do meio ambiente e um nível cultural alto. Para demonstrar o que transforma tal em bens coletivos devem ser distinguidas três coisas:

1. a estrutura distributiva de bens coletivos,

2. seu status normativo e

3. sua fundamentação.

a) A estrutura distributiva de bens coletivos

O conceito de bem coletivo é empregado em todas as disciplinas práticas. O mais exaustivamente, ele foi analisado nas ciências econômicas. Para defini-lo são discutidos, em geral, os conceitos da não exclusividade do aproveitamento e da não rivalidade do consumo.[16] Assim, a segurança externa é um caso relativamente claro de um bem coletivo, porque, primeiro, ninguém (mais rigorosamente: ninguém que se pode deter na área afetada) pode ser excluído do seu

---

[15] R. Dworkin, A Matter of Principle, Cambridge, Mass./London 1985, S. 359.

[16] Comparar, aqui, em vez de muitos, M. Peston, Public Goods and the Public Sector, London/Basingstoke 1972, S. 13 ff. Para uma definição, que segundo a matéria direciona para o princípio da exclusão, do conceito de bem coletivo na filosofia do direito e moral, comparar J. Raz, Right-Based Moralities, in: J. Waldron (Hg.), Theories of Rights. Oxford 1984, S. 187.

aproveitamento e porque, segundo, o aproveitamento por *a* nem prejudica nem estorva o por *b*. Em seus pormenores, ambas as características levam a numerosos problemas da análise econômica, que aqui não interessam.

Para delimitar direitos individuais de bens coletivos é necessário um conceito de bem coletivo que forma um equivalente útil para com o de direito individual. Um tal conceito de bem coletivo deixa formar-se com auxílio do conceito da não distributividade. Um bem é um bem coletivo de uma classe de indivíduos, se conceitual, fática ou juridicamente é impossível decompor esse bem em partes e associá-las aos indivíduos como partes. Se isso é o caso, então o bem tem um caráter não distributivo. Bens coletivos são bens não distributivos.

b) O status normativo de bens coletivos

O caráter não distributivo exposto ainda não basta para a definição do conceito de bem coletivo. Ele também pode caber a coisas que não são bens coletivos, mas mal coletivo, como, por exemplo, uma cota de criminalidade alta, a fealdade de uma cidade ou um clima de intolerância. Deve, por conseguinte, ser perguntado, o que significa que algo é um bem.

Se se considera argumentações, nas quais se trata de bens coletivos, então se encontra três formulações conceituais: uma antropológica, uma axiológica e uma deontológica.[17] A variante antropológica existe, por exemplo, então, quando é dito que o *interesse* na segurança externa deve ser ponderado contra um direito individual. De uma formulação axiológica trata-se, ao contrário, então, quando se fala do *valor* da segurança externa. O mesmo bem ganha, finalmente, um caráter deontológico, quando se diz que a produção e manutenção da segurança externa é *ordenada*.

No idioma cotidiano, como também no idioma da ciência do direito, essas três versões são empregadas permutavelmente. Do ponto de vista da ciência do direito a variante deontológica é digna de preferência. Interesses podem ser fundamentos para isto, que algo é um bem coletivo juridicamente relevante. Para um sistema jurídico tornar-se um bem coletivo, deve o meramente fático ser transformado em um interesse reconhecido juridicamente e, nesse sentido, justificado. Um tal interesse justificado porém, é nada mais que algo, cuja perseguição é ordenada prima facie ou definitivamente. Com isso, o interesse ganha um status normativo. O status normativo de bens coletivos é compreendido mais adequadamente pela versão deontológica que pela axiológica. Direitos têm, como exposto, um status deontológico. Se se escolhe do lado dos bens coletivos a formulação axiológica, então uma colisão entre direitos individuais e bens coletivos é uma colisão de diferente categorialmente. Isso pode facilmente ser evitado pela escolha da variante deontológica. Uma desvantagem não nasce por esse meio, porque

---

[17] Para essa tripartição dos conceitos práticos, comparar G. H. v. Wright, The Logic of Preference, Edinburgh 1963, S. 7.

a teoria dos princípios possibilita formular tudo aquilo que é dizível em uma terminologia axiológica em um idioma deontológico. Se se considera, mais além, que respostas a questões-direitos dizem o que é ordenado, proibido e permitido, então tudo fala em favor disto, já na sua fundamentação entrar no plano deontológico.

O conceito de bem coletivo pode, com isso, ser definido como segue: X é um bem coletivo quando X é não distributivo e a produção ou manutenção de X é ordenada prima facie ou definitivamente. Essa definição está relacionada a qualquer sistema de normas. Se se quer relacioná-la exclusivamente a sistemas jurídicos, ela deve ser complementada como segue: X é para o sistema jurídico S um bem coletivo, quando X é não distributivo e a produção ou manutenção de X é ordenada por S prima facie ou definitivamente. A admissão da dicotomia-definitiva/prima-facie nessa definição expressa que bens coletivos, do mesmo modo como direitos individuais, podem ter caráter de regra ou de princípio.

c) A fundamentação de bens coletivos

A definição citada de bens coletivos mostra que, sempre então, quando a favor ou contra uma decisão um bem coletivo é citado, é referido um mandamento e, com isso, uma norma. Algo é para um sistema jurídico, rigorosamente, então, um bem coletivo, quando uma norma vale, que o transforma para isso. Com isso, está claro que o problema da fundamentação de bens coletivos é um problema da fundamentação de normas.

Dos numerosos tipos de fundamentação devem, aqui, interessar somente dois: o econômico-do bem-estar e o teórico-consensual. Eles têm importância porque se poderia pensar nisto, de empregá-los para a definição do conceito de bem coletivo. Isso iria significar que, em vez de uma definição exclusivamente relacionada à distribuição, se ganharia ou uma exclusivamente relacionada à fundamentação ou uma também relacionada à fundamentação. É estabelecida a tese que é recomendado definir o conceito do bem coletivo – como já o do direito individual – sem referência à fundamentação.

Uma fundamentação econômico-do bem-estar de um bem coletivo existe quando é tentado justificar esse bem como função de bens individuais (utilidade, preferências). Tais fundamentações estão diante dos problemas da aglomeração de utilidade individual para coletiva.[18] Se a utilidade individual a ser aglomerada é medida em escala cardinal, então mal aparecem, em todo o caso, quando se trata de bens como os mencionados, dificuldades, a serem vencidas, da medição de utilidade e da comparação de utilidade.[19] Esses problemas podem, sem dúvida, ser evitados no emprego de escalas ordinais. Aqui, porém, a aglomeração encon-

---

[18] Comparar para isso, B. Schlink, Abwägung im Verfassungsrecht, Berlin 1976, S. 131 ff.

[19] Comparar R. Alexy (nota 1), S. 139 ff.

tra o teorema da impossibilidade de Arrow.[20] Com isso, a fundamentação de bens coletivos como função de bens individuais já se vê diante de grandes dificuldades. Tanto mais não deve entrar em consideração uma definição relacionada com isso. Caso não exista uma função adequada, iria resultar da definição de bens coletivos que não podem existir bens coletivos.

Existem várias variantes de uma fundamentação teórico-consensual. Segundo uma mais sem pretensão, um bem coletivo é então justificado, quando todos o aprovam faticamente, segundo uma mais cheia de pretensão, quando todos o iriam aprovar se determinadas condições de racionalidade estivessem cumpridas. A segunda variante pode ser exposta, circunstanciadamente, em uma teoria do discurso racional.[21] Aqui, somente tem importância que também então não se recomenda incluir a fundamentação teórico-consensual na definição, quando sua utilidade pode ser demonstrada. A aprovação fática ou hipotética de todos não é uma característica limitada a bens coletivos, o que pode ser reconhecido nisto, que não só sobre bens coletivos, mas também sobre direitos individuais um consenso é imaginável. Isso e a máxima geral, que não é conveniente agravar conceitos como o de norma,[22] de direito individual e de bem coletivo com problemas de fundamentação, são um fundamento suficiente para uma definição exclusivamente relacionada à distribuição.

II. Relações conceituais entre direitos individuais e bens coletivos

1. Quatro teses

Para a investigação da relação conceitual entre direitos individuais e bens coletivos, devem ser consideradas quatro teses, que podem ser estabelecidas entre as relações existentes entre esses conceitos:

1. relação-meio/finalidade I: todos os direitos individuais são exclusivamente meios para bens coletivos;

2. relação-meio/finalidade II: todos os bens coletivos são exclusivamente meios para direitos individuais;

3. relação de identidade: todos os bens coletivos são idênticos com estados, nos quais existem direitos individuais e são cumpridos;

---

[20] K. J. Arrow, Social Choice and Individual Values, 2. Aufl., New York/London/Sydney 1963; R. D. Luce/H. Raiffa, Games and Decisions, New York/London/Sydney 1957, S. 327 ff.

[21] Comparar para isso, R. Alexy, Theorie der juristischen Argumentation, Frankfurt a. M. 1978, S. 53 ff., 221 ff.; dens., Probleme der Diskurstheorie, in: Zeitschrift für philosophische Forschung 43 (1989), S. 81 ff. [número 5, página 87 e ss.].

[22] Comparar dens. (nota 1), S. 42 ff., 63 ff.

4. relação de independência: entre direitos individuais e bens coletivos não existem relações-meio/finalidade e relações de identidade.

De imediato é claro que essas quatro teses não esgotam o âmbito de relações possíveis entre os conceitos do direito individual e do bem coletivo. Precisa-se somente considerar a primeira tese. É bem possível que, sem dúvida, nem todos os direitos individuais são exclusivamente meios para bens coletivos, certamente, porém, alguns e, ademais, é bem possível que alguns direitos individuais, sem dúvida, não exclusivamente, certamente, porém, também são meios para bens coletivos. Tais atenuações tornam a tese mais plausível, mas também pouco interessante. Isso é um fundamento suficiente considerá-la primeiro em uma forma não atenuada, portanto, tão forte quanto possível.

Mais importante que o problema de atenuação é a questão sobre o status das quatro teses. Quem afirma que todos os direitos individuais exclusivamente são meios para bens coletivos, pode, com isso, querer dizer que essa relação existe em todos os sistemas normativos imagináveis e, por isso, é necessária conceitualmente. Sua afirmação tem, então, um status analítico. De um problema analítico trata-se, ademais, quando é perguntado se uma concepção de direitos individuais e bens coletivos, independente disto, se ela pode ser justificada quanto ao conteúdo, pelo menos, é imaginável e, por conseguinte, possível conceitualmente, torna-se verdadeira em uma das quatro teses. Pelo contrário, trata-se de uma afirmação normativa não analítica, quando uma das quatro teses é recusada, não por causa de sua impossibilidade conceitual, mas por fundamentos quanto ao conteúdo, portanto, porque ela somente pode ser mantida sobre a base de uma concepção, a não ser justificada, de direitos individuais e bens coletivos. A relação de possibilidade conceitual e correção normativa quanto ao conteúdo irá desempenhar, no que segue, um papel central.

2. Direitos individuais como meio para bens coletivos

Que é possível conceitualmente conceber alguns direitos individuais exclusivamente como meio para bens coletivos já foi, acima, afirmado.[23] Como exemplo, foi citado o direito de propriedade. É imaginável uma concepção de direito de propriedade, segundo a qual esse exclusivamente é meio para a produção e fomento da efetividade econômica da economia geral. Isso deixa generalizar-se. Conceitualmente é possível um caráter-meio, portanto, uma justificação puramente instrumental, em todos os direitos individuais. Considere-se somente direitos individuais tão fundamentais como os a dignidade, liberdade e igualdade. Não causa nenhumas dificuldades encontrar bens coletivos que podem ser concebidos como finalidades exclusivas desses direitos. Como exemplos, sejam mencionadas a tolerância, a prosperidade artística, científica e econômica, assim como a vivacidade e solidariedade de uma sociedade. Se, porém, direitos, como

---

[23] Página 177 e s.

os três direitos abstratos mencionados, exclusivamente podem ser justificados por bens coletivos, então isso também é possível em todos os direitos concretos.

Um caráter-meio universal de direitos individuais pode, portanto, fracassar não em problemas conceituais, mas somente em normativos. Deixam distinguir-se dois aspectos desse problema. O primeiro consiste nisto, que um direito individual, que exclusivamente é meio para um bem coletivo, perante este, conforme a definição, não pode desenvolver força própria. Se o direito perde o seu caráter-meio para o bem coletivo ou até impede a sua realização, não existe mais fundamento para esse direito. Em relação para com o bem coletivo ele, então, nem sequer tem uma validez-prima facie. Uma colisão no sentido da teoria dos princípios não existe, uma ponderação não se pode produzir. Cada limitação e cada retirada do direito individual é justificada se, por meio disso, o bem coletivo é fomentado.[24]

O segundo aspecto diz respeito a colisões de direitos individuais que, cada vez, são justificados por bens coletivos distintos, assim como a colisões de direitos individuais com outros bens coletivos que aquele que os justifica. Nessas conjunturas, ponderações são, sem dúvida, possíveis, mas essas não são, por causa do caráter-meio universal, em verdade, ponderações entre direitos individuais ou entre direitos individuais e bens coletivos, mas, exclusivamente, ponderações entre bens coletivos.

Se se junta ambos os aspectos, então se pode dizer que na concepção de direitos individuais como mero meio para bens coletivos nem sequer pode chegar a colisões autênticas entre posições jurídicas do particular e bens coletivos. Direitos individuais não desempenham, em casos de colisão, papel sistematicamente significativo.

O reconhecimento de direitos individuais fundamentados não coletiva, mas individualmente é expressão do fato que o particular, como particular, é levado a

---

[24] Em seus pormenores, deve ser diferenciado. Assim, na propriedade deve ser distinguido entre a propriedade privada como instituto jurídico e posições de propriedade individuais particulares. Como instituto jurídico, a propriedade compõe-se de um sistema de regras que normaliza a aquisição, a posse e a perda da propriedade. Quando resulta que esse sistema de regras não mais é um meio necessário para o asseguramento da efetividade econômica ou essa até inibe, então deixa de existir, em uma justificação exclusiva da propriedade pela efetividade econômica, cada fundamento para a conservação daquele sistema de regras. Para as posições de propriedade criadas sob ele nasce um problema transitório. De outra forma é a situação, quando, sem dúvida, não pode ser posto em dúvida, que o instituto jurídico da propriedade privada é um meio idôneo e necessário para o asseguramento da efetividade econômica, mas está fixado que isso não vale para posições de propriedade individuais determinadas. Sob aspectos morais, isso leva ao problema do utilitarismo do ato e da regra (comparar para isso, J. Rawls, Two Concepts of Rules, in: Ph. Foot (Hg.), Theories of Ethics, Oxford 1967, S. 144 ff.). Em um sistema jurídico, é mais conveniente transformar o instituto jurídico da propriedade, portanto, o sistema de regras definidor da propriedade, pelo dador de leis ou pelo juiz, de modo que somente as posições de propriedade que servem à efetividade econômica gozam de proteção. Uma posição que não ou não mais cumpre o critério de efetividade iria, segundo esse modelo, gozar de proteção somente até uma transformação legislativa ou judicial por causa da existência do instituto jurídico. No total, pode ser dito que então, quando a propriedade exclusivamente é um meio para um bem coletivo, a existência de posições de propriedade particulares depende ou imediata ou mediatamente da existência da relação-meio/finalidade. Independente dela, direitos morais têm, no máximo, uma força proporcionada pelo utilitarismo da regra e direitos jurídicos, no máximo, uma força fundamentada pela inércia do sistema jurídico.

sério. Às avessas, o seu não reconhecimento é expressão do fato que o particular, como particular, não é levado a sério. Para a primeira tese, isso significa que ela, sem dúvida, é possível conceitualmente, mas somente se torna verdadeira em um sistema normativo, no qual o particular, como particular, não é levado a sério. Deverá ser exposto que um tal sistema normativo não é suscetível de justificação. Se é acertada essa afirmação, então a primeira tese é, sem dúvida, possível conceitualmente, mas normativamente impossível.

3. Bens coletivos como meio para direitos individuais

A segunda tese é acertada se é possível conceitual e normativamente conceber todos os bens coletivos exclusivamente como meio para direitos individuais. Um bem coletivo deve ser considerado exclusivamente como meio para direitos individuais se sua produção ou manutenção nada mais significa que pressupostos são criados para o exercício de direitos por seus titulares e o cumprimento por seus destinatários.[25] Para a criação de pressupostos para o exercício pode tratar-se de liberdades e competências, para a criação de pressupostos para o cumprimento, de direitos a algo.

A questão diz se bens coletivos podem ser considerados exclusivamente como pressupostos para direitos individuais no sentido duplo, acima esboçado. Tome-se, como exemplo, o pleno emprego como objetivo da política econômica. Esse objetivo é perseguido por dois governos. Um governo sustenta uma teoria rigorosamente individualista das tarefas do estado, o outro, uma essencialmente coletivista. O governo orientado rigorosamente individualisticamente persegue o objetivo do pleno emprego exclusivamente para a finalidade que cada um possa exercer realmente seu direito de livre escolha de um posto de trabalho. Todas as outras repercussões de sua política do pleno emprego, ele considera, em parte, sem dúvida, efeitos secundários bem-vindos, mas não ordenados e, em parte, preço necessário para a realização, tão ampla quanto possível, de um direito ao trabalho. Que uma orientação exclusivamente individualista não apenas afirma, mas também é praticada deve ser reconhecido nisto, que em casos, nos quais o objetivo do pleno emprego colide com outros objetivos, o peso daquele objetivo é determinado exclusivamente pelo peso dos direitos individuais afetados. Os efeitos secundários bem-vindos não desempenham na ponderação nenhum papel. O objetivo do pleno emprego permanece, com tudo isso, um bem coletivo. Não é determinável quem tem que parte nele e quem, mesmo em realização extremamente ampla, não ganha com ele. Para o governo, orientado essencialmente coletivisticamente, o asseguramento de direitos individuais, pelo contrário, é somente um fundamento, entre muitos, para a política do pleno emprego. Em primeiro lugar, ele aspira, com seus objetivos, à paz social e ao bem-estar da população. Esses objetivos desempenham, em casos de colisão, o papel essencial.

---

[25] Comparar para isso, J. L. Mackie, Can There be a Right-Based Moral Theory?, in: J. Waldron (Hg.), Theories of Rights, Oxford 1984, S. 170.

O exemplo torna claro que a questão, se um bem coletivo exclusivamente pode ser um meio para direitos individuais, não pode ser respondida somente com base em uma consideração isolada do bem coletivo. A resposta depende, ao contrário, do papel que o bem coletivo desempenha no respectivo sistema de bens, normas e direitos.[26][26] Esse papel, em contrapartida, é condicionado pela teoria normativa que está na base. Pode, por isso, dizer-se que existem bens coletivos que exclusivamente podem ser aspirados como meios para direitos individuais e que a existência de tais bens coletivos depende da teoria normativa que está na base. Isso sugere a conclusão, que também na questão, se bens coletivos podem ser exclusivamente meios para direitos individuais, trata-se de um problema puramente normativo e não de um conceitual. Essa suposição carece, contudo, ainda, de uma revisão circunstanciada.

Um adversário da tese do caráter exclusivamente normativo do problema poderia procurar por exemplos para bens coletivos que, já por fundamentos conceituais, podem ser não exclusivamente meio para direitos individuais. A beleza das cidades e da paisagem parece ser um tal exemplo. Tais exemplos causam, de fato, problemas, mas esses não são de tipo conceitual, mas normativo. Ao representante de uma teoria rigorosamente individualista estão à disposição duas possibilidades. Ele pode citar direitos individuais, para os quais esse bem exclusivamente é um meio, ou ele pode afirmar que, no fundo, não se trata de um bem e, por conseguinte, também não de um bem coletivo. Se o primeiro caminho é escolhido, devem ser aceitos direitos à beleza da imediação, que são constituídos de modo que o bem coletivo, relativamente a eles, pode mostrar-se mero meio. Isso é conceitualmente possível, mas normativamente problemático. Generalizadamente esse caminho termina nisto, que para tudo aquilo que o estado cria em coisas úteis, agradáveis e valiosas simplesmente direitos individuais correspondentes são encontrados como suas finalidades. Pode duvidar-se se todos tais direitos deixam justificar-se normativamente. Também o segundo caminho é conceitualmente possível, normativamente, porém, problemático. É difícil de impugnar que a beleza da imediação – independente de como a ser definida – é um bem. O segundo exemplo mostra, por isso, que na possibilidade conceitual, de conceber bens coletivos exclusivamente como meio para direitos individuais, também em casos extremos pode ser perseverado, ele, porém, também, torna claro que, para isso, deve ser pago o preço de uma teoria normativa problemática. Deverá ser mostrado que esse preço é muito alto.

Problemas conceituais resultam, primeiro, de um outro fundamento, ou seja, da indeterminação da relação-meio/finalidade. Essa indeterminação existe, sem dúvida, também quando direitos individuais são considerados exclusivamen-

---

[26] Isso abre a possibilidade de distinguir entre dois conceitos do bem coletivo, um simples e um plenamente formado. Se se parte do conceito simples, então se pode dizer que ambos os governos perseguem o mesmo bem coletivo. Pelo conceito plenamente formado determina-se aquilo que é um bem coletivo, essencialmente, pelo papel que o bem desempenha no respectivo sistema dos bens, normas e direitos. Segundo esse conceito, trata-se, para ambos os governos, de bens diferentes.

te como meio para bens coletivos, mas ela tem sistematicamente outro caráter quando bens coletivos devem ser exclusivamente meios para direitos individuais. O fundamento reside no caráter não distributivo de bens coletivos. Uma elevação das cotas de emprego não é meio para a realização de direitos individuais, particulares determinados, ao trabalho. Elevado é somente a oportunidade de uma classe de indivíduos de realizar os seus direitos. Isso deixa transferir-se para todos os bens coletivos que não criam para todos os indivíduos a possibilidade segura da realização de seus direitos. Nesses casos, o bem coletivo é, por fundamentos conceituais, só potencialmente um meio para o direito individual.

Resumidamente deixa, por isso, dizer-se que é conceitualmente possível conceber bens coletivos exclusivamente como meio para direitos individuais. Em alguns casos, a relação-meio/finalidade é, porém, por fundamentos conceituais, somente uma tese potencial e, em alguns casos, a suposição da relação-meio/finalidade pressupõe teses normativas problemáticas.

4. Relação de identidade

A terceira das quatro teses é acertada, quando todos os bens coletivos são idênticos com estados, nos quais existem e são cumpridos direitos individuais. Devem ser consideradas três variantes: uma relação de identidade geral, uma relação de identidade especial e uma relação de abstração.

a) Relação de identidade geral

Segundo a primeira variante, bens coletivos consistem em nada mais que em uma classe de direitos individuais, existentes e cumpridos, de conteúdo, fundamentalmente, qualquer. Como o bem coletivo, segundo isso, é o mesmo como uma classe de direitos, existentes e cumpridos, de tipo geral, isto é, não determinado quanto ao conteúdo, pode ser falado de uma "relação de identidade geral". Essa variante não é compatível com o caráter não distributivo de bens coletivos. Uma mera classe de direitos existentes e cumpridos, por causa de seu caráter completamente distributivo, necessariamente não é bem coletivo. Ela é algo perfeitamente distribuído e, com isso, o contrário de um bem coletivo.

b) Relação de identidade especial

Um recurso poderia consistir nisto, que não se direciona para qualquer direitos, mas a direitos de tipo especial, ou seja, a tais que têm por conteúdo a produção ou manutenção do bem coletivo. Tais direitos são direitos ao bem coletivo em conjunto. É, já sob pontos de vista normativos, duvidoso se indivíduos têm um direito individual à produção e manutenção de todos os bens coletivos. Mais sérios são os problemas conceituais. A tentativa de produzir identidade pelo fato de direitos individuais serem aceitos, cujos objetos, rigorosamente, são os bens coletivos, significa não só a trivialização do problema, mas também o malogro de sua solução. Como objetos de direitos individuais a bens coletivos permanecem os bens coletivos conservados como aquilo que eles são: como bens coletivos. A relação entre um direito e seu objeto, porém, não é uma relação de identidade. Cada tentativa de descobrir algo assim como uma "relação de identidade especial" deve, por conseguinte, fracassar. Ela não pode existir.

c) Relação de abstração

A terceira possibilidade consiste em uma abstração. Nisso, é considerado como bem coletivo não a classe de direitos individuais, existentes e cumpridos, mas o fato que eles existem e são cumpridos. O bem coletivo, com isso, diz respeito ao estado da existência e cumprimento de direitos individuais. O estado da existência e cumprimento de direitos individuais pode, de fato, ser considerado como um bem coletivo. Ele, todavia, não é a mesma coisa como a classe dos direitos individuais, existentes e cumpridos, porque ele tem um status lógico diferente. Por conseguinte, não existe entre aquele estado e os direitos individuais uma identidade no sentido restrito. O que existe, contudo, é uma identidade quanto ao conteúdo. Justamente essa identidade quanto ao conteúdo, porém, causa problemas. Quem considera o estado da existência e cumprimento de direitos individuais como bem coletivo, faz isso porque esse estado abarca outros elementos. Em caso contrário, ele não teria fundamento, em vez de falar da classe dos direitos existentes e cumpridos, do estado de sua existência e cumprimento. Entre os outros elementos abarcados contam, por exemplo, o saber mútuo pela existência e cumprimento de direitos individuais, a confiança disso resultante, assim como o caráter pacífico e disposição de cooperação elevada, unida, provavelmente, com isso. Nesses outros elementos trata-se, cada vez, de bens coletivos que, sem dúvida, estão unidos com direitos individuais, mas com eles, em nenhum sentido são idênticos. Devem, por isso, ser distinguidos dois estados da existência e cumprimento de direitos individuais: um, que não abarca tais elementos excedentes, e, um, que faz isso. Ambos são bens coletivos. O primeiro é idêntico com direitos individuais quanto ao conteúdo, justamente, por conseguinte, porém, como bem coletivo, pouco interessante; o segundo é, como bem coletivo, interessante, mas com direitos individuais não idêntico quanto ao conteúdo.

A tese da identidade pode, com isso, sem dúvida, com razão fazer valer que o mero estado da existência e cumprimento de direitos individuais é um bem coletivo e que, sob esse aspecto, existe uma identidade quanto ao conteúdo. Deve ser retido, porém, que uma identidade quanto ao conteúdo, que ultrapassa esse caso especial e, além disso, normativamente pouco interessante, já por fundamentos conceituais não entra em consideração e, além disso, não pode ser justificada normativamente.

5. Relação de independência

Sobre a relação de independência, após o exposto até agora, não mais muito resta a dizer. Uma independência no sentido que, por fundamentos conceituais, em nenhum caso, pode ser dada uma das três relações consideradas, não existe.

No que concerne à primeira relação-meio/finalidade, assim, a tese da independência já não pode ser verdadeira analiticamente, porque é conceitualmente possível conceber direitos individuais e bens coletivos de modo que todos os direitos individuais exclusivamente são meios para bens coletivos. Mas também fundamentos normativos não levam à sua verdade. Sem dúvida, como logo deverá ser mostrado, uma teoria normativa, segundo a qual todos os direitos individuais exclusivamente são meios para bens coletivos, não pode ser justificada, que alguns direitos individuais também como meio para bens coletivos entram em questão, contudo, é, sem mais, plausível.

Mais fácil ainda se deixa, no âmbito da segunda relação-meio/finalidade, argumentar contra a tese da independência em sua forma forte. Que alguns bens coletivos – embora somente no sentido potencial exposto – podem ser meio para direitos individuais, não deve ser posto em dúvida. Se se aceita teses normativas problemáticas, então se pode até dizer que todos os bens coletivos exclusivamente são meios para direitos individuais.

No que concerne, finalmente, à relação de identidade, assim, deve ser retido que a tese da independência forte não pode ser exata à medida que há, rigorosamente, um bem coletivo, no qual existe uma identidade quanto ao conteúdo, ou seja, o mero estado da existência e cumprimento de direitos individuais.

A tese da independência mostra-se, com isso, em sua forma forte, fácil de refutar e, por conseguinte, bem pouco interessante. Essencialmente mais interessantes são suas formas fracas. Nelas, ela diz que, apesar de possibilidades de redução parciais distintas, uma redução completa de direitos individuais a bens coletivos ou bens coletivos a direitos individuais em nenhuma das três relações é possível. Na terceira relação, uma tal possibilidade de relação, já por fundamentos conceituais, não deve entrar em consideração. Na primeira e segunda, isso depende de fundamentos normativos. Sobre elas seja, agora, dada uma olhada concisa.

III. Relações normativas entre direitos individuais e bens coletivos

Na relação normativa de direitos individuais e bens coletivos colocam-se dois problemas: o problema da redução e da ponderação. O problema da redução resulta disto, que, como mostrado no título precedente, em teses normativas correspondentes por meio de uma relação-meio/finalidade, tanto direitos individuais podem ser reduzidos a bens coletivos como bens coletivos a direitos individuais. O problema da ponderação coloca-se quando tais reduções não são aceitáveis, de modo que se podem produzir colisões autênticas entre direitos individuais e bens coletivos, que devem ser solucionadas por ponderação. Ambos os problemas levam a questões profundas da filosofia prática. Mais do que o esboço de um caminho de solução, aqui, não pode ser oferecido.

1. O problema da redução

Conceitualmente é, com auxílio da relação-meio/finalidade, possível tanto uma redução completa de direitos individuais a bens coletivos como uma redução completa de bens coletivos a direitos individuais. Seja, primeiro, considerada a possibilidade normativa do primeiro caminho.

a) A não redutibilidade de direitos individuais

Direitos individuais não são, como exposto, redutíveis por uma relação-meio/finalidade a bens coletivos se existem fundamentos para ela, que dão expressão à ideia que o particular, como particular, deve ser levado a sério. A discussão desses fundamentos é tão velha como a discussão sobre os direitos do homem. Nessa discussão misturam-se numerosas estratégias de fundamentação e muita retórica. Seis estratégias, que podem entrar umas com as outras nas uniões mais distintas, devem ser distinguidas: 1. a teológica, 2. a jurídico-natural, 3. a intucionista, 4. a decisionista, 5. a convencionalista e 6. a jurídico-racional. A apresentação e discussão dessas estratégias de fundamentação iria terminar em uma filosofia do direito e da moral ampla. Aqui, deve somente ser dada uma olhada concisa em uma variante da estratégia, certamente, mais prometedora, da jurídico-racional. No caso de poderem ser encontradas variantes intersubjetivamente convincentes das outras estratégias, é isso, como apoio adicional, só bem-vindo.

A variante, aqui sustentada, da fundamentação jurídico-racional é de tipo pragmático-transcendental.[27] Ela segue, na matéria, linhas kantianas, metodologicamente ela serve-se de argumentos filosófico-idiomáticos, e precisamente, da análise de pressuposição.[28] A fundamentação realiza-se em dois passos: em um primeiro passo, é mostrado que, no discurso, cada argumentador, deve fazer pressuposições gerais e necessárias, que abarcam que ele leva a sério os destinatários de seus argumentos como parceiro do discurso e, com isso, como particular. Uma

---

[27] Comparar para isso, J. Habermas, Diskursethik – Notizen zu einem Begründungsprogramm, in: ders., Moralbewußtsein und kommunikatives Handeln, Frankfurt a. M. 1983, S. 53 ff.; R. Alexy (nota 21), S. 161 ff., 230 ff.

[28] Comparar para isso, A. J. Watt, Transcendental Arguments and Moral Principles, in: The Philosophical Quarterly 25 (1975), S. 40 ff.

infração explícita contra tais pressuposições existe, por exemplo, então, quando é manifestado: "Um mais inteligente iria entender meu argumento facilmente como vicioso, mas tu deves deixar-te convencer por ele." Também sem uma análise mais profunda dessa manifestação devem ser reconhecidas três coisas: (1) que ela é viciosa, (2) que ela, por causa de infração contra pressupostos da argumentação necessários, é viciosa, entre outras coisas, contra este, que da tentativa de uma convicção, de outra forma como da de uma persuasão, somente então se pode tratar, se argumentos são expostos, dos quais o argumentador acredita que eles podem convencer cada um[29] e (3) que a viciosidade abarca que o parceiro da argumentação abordado, como particular, não é levado a sério.

O dito até agora concerne, certamente, só ao plano do discurso. Nesse plano, também deve aquele, que cita argumentos contra isto, que o particular deve ser dotado com direitos individuais, fundamentados individualmente, levar a sério o particular como parceiro da argumentação, porque ao ele argumentar, ele aceita, necessariamente, pressupostos da argumentação correspondentes. Disto, que o particular como parceiro do discurso deve ser levado a sério, porém, ainda não resulta que ele também na vida, isto é, fora do discurso, como particular, deve ser levado a sério.[30] Para demonstrar isso, é necessário um segundo passo da fundamentação.

O segundo passo da fundamentação inicia com a comprovação, que aquele que na fundamentação de normas pode tomar parte como particular com os mesmos direitos, em todo o caso, sob esse aspecto, é qualificado como indivíduo autônomo. Como tal, atua ele tanto contra suas possibilidades como contra seus interesses, dados com essa qualificação, quando ele aprova uma instalação da ordem normativa da vida social, que não o leva a sério como particular. Uma tal ordem, por conseguinte, não é um objeto possível de um consenso alcançado discursivamente. Ela é discursivamente impossível.[31] Com isso, não está dito para quais direitos individuais uma fundamentação individual é necessária. Está, porém, excluído que uma ordem normativa não contém direitos individuais com uma fundamentação individual. Isso basta para a refutação da redutibilidade de direitos individuais a bens coletivos.

b) A não redutibilidade de bens coletivos

Tornou-se claro que existem dois caminhos de reduzir bens coletivos a direitos individuais.[32] O primeiro é seguido quando, com o fim de apoio da tese,

---

[29] Para a distinção, que está na base desse argumento, de convicção e persuasão, comparar Kant, Kritik der reinen Vernunft, A 820, B 848.

[30] Para isso, que a conclusão imediata de regras do discurso sobre regras de atuação é uma conclusão defeituosa, comparar J. Habermas (nota 27), S. 96.

[31] Para esse conceito, comparar R. Alexy, Die Idee einer prozeduralen Theorie der juristischen Argumentation, in: Rechtstheorie, Beiheft 2 (1981), S. 182 ff. [número 4, página 80 e ss.].

[32] Comparar supra, página 187 e ss.

que todos os bens coletivos nada mais são que meios para a realização de direitos individuais, é afirmado que para cada bem coletivo deixam citar-se direitos individuais correspondentes como sua finalidade exclusiva. O segundo é tomado quando, com o fim do apoio daquela tese, é afirmado que tudo aquilo que, geralmente, é designado como bem coletivo então, quando ele não é redutível desse modo a direitos individuais, é normativamente insignificante, portanto, não é nenhum bem e, por conseguinte, também nenhum bem coletivo. Ambas as teses levam a isto, que bens coletivos não mais tem força normativa autônoma em argumentações morais e jurídicas. Seja afirmado que tanto uma como a outra são falsas.

Pode considerar-se como bem coletivo que uma sociedade está formada de modo que nela deixa viver-se agradável e variadamente e pode, ademais, afirmar-se que o estado, quando coisas mais fundamentais estão asseguradas, é obrigado a produzir e manter esse bem coletivo. Mas deve ser impugnado, que existem direitos individuais para os quais esse bem exclusivamente é um meio. Direitos individuais são, como acima exposto, fundamentos para o seu poder ser imposto. A imposição não poderia, por causa do caráter não distributivo, limitar-se a meras partes no bem coletivo. Ela deveria, por conseguinte, consistir nisto, que cada particular pudesse impor o bem coletivo relacionado com todos. Pode haver casos nos quais podem existir bons fundamentos para isto, dotar o particular com direitos, de modo que ele pode impor, para si ou como advogado da comunidade, bens coletivos. Isso, contudo, não pode ser generalizado. Em regra, os melhores fundamentos falam em favor disto, para direitos coletivos criar somente um modo coletivo de imposição, como o processo político, em um sistema democrático, o apresenta.

Que não existam direitos individuais correspondentes não significa que o bem coletivo não existe. Isso pode ser reconhecido nisto, que se pode considerar o estado como obrigado a, por asseguramento de coisas fundamentais, cuidar disto, que circunstâncias de vida agradáveis e variáveis sejam criadas e coisas belas e úteis, produzidas. Com isso, deve ser apresentada somente a justificação fundamental da suposição de bens coletivos não redutíveis. Dizer quais, em seus pormenores, devem ser supostos, é tarefa de uma teoria normativa do estado e da sociedade, particularmente de uma teoria das tarefas do estado.

2. O problema da ponderação

Se se aceita o dito até agora, então deve ser partido disto, que em um sistema normativo, suscetível de justificação, existem tanto direitos individuais como bens coletivos com força própria. A experiência mostra que colisões entre ambos é algo cotidiano. A questão sobre a sua solução leva ao problema da ponderação.

a) A colisão entre direitos individuais e bens coletivos

De uma colisão de direitos individuais e bens coletivos somente pode ser falado, se e à medida que eles têm caráter de princípio, portanto, são mandamentos de otimização. Se e à medida que eles têm caráter de regra, somente é possível um conflito de regras, que é algo completamente diferente que uma colisão de princípios.[33] Um exemplo da jurisprudência pode aclarar isso. Na resolução de capacidade de negociação do tribunal constitucional federal,[34] trata-se da admissibilidade da realização de uma negociação principal contra um inculpado que, em virtude do agravamento de um tal procedimento, ameaça o perigo de um ataque apoplético e um enfarte cardíaco. O tribunal comprova uma colisão entre o bem coletivo de uma prática judicial penal funcionante e o direito individual à vida e integridade corporal, que ele soluciona por ponderação no caso concreto. Isso mostra que ele trata o direito individual e o bem coletivo como princípios, o que, como mostrado acima,[35] sem mais, é possível. Se ele partisse de um conflito de regras, então ele deveria, para a solução do caso, declarar inválido ou o direito individual ou o bem coletivo e despedir do ordenamento jurídico ou introduzir em um de ambos uma exceção, que permite considerá-la em todos os outros casos como ou regra cumprida ou não cumprida. O tribunal escolhe um outro caminho. Ele comprova uma relação de primazia condicionada ao ele, com referência ao caso, indicar condições sob as quais um princípio precede ao outro. Que isso não leva somente a uma casuística-ad hoc deve ser reconhecido nisto, que as condições, sob as quais um princípio precede ao outro, formam o tipo de uma regra –, certamente, relativamente concreta – que expressa a consequência jurídica do princípio precedente.[36]

b) A ponderação entre direitos individuais e bens coletivos

A relação de primazia condicionada, que soluciona colisões, expressa uma fixação, relacionada ao caso, dos pesos relativos dos princípios participantes e é, sob esse aspecto, resultado de uma ponderação. Contra o conceito de ponderação foi, sempre de novo, feita a objeção de irracionalidade.[37] Essa objeção, contudo, não acerta o procedimento de ponderação mais forte que a argumentação geral prática e jurídica, como tal. O fundamento para essa resistência relativa da ponderação contra a objeção de irracionalidade é que da estrutura dos princípios resultam regras de ponderar racional.

---

[33] Comparar R. Alexy (nota 1), S. 77 ff.

[34] BVerfGE 51, 324.

[35] Página 180 e ss.

[36] Circunstanciado para isso R. Alexy (nota 1), S. 81 ff.

[37] Comparar, em vez de muitos, E. Forsthoff, Zur heutigen Situation einer Verfassungslehre, in: Epirrhosis, Festgabe f. C. Schmitt, hg. v. H. Barion/E. –W. Böckenförde/E. Forsthoff/W. Weber, Berlin 1968, S. 190 ff.

Como mandamentos de otimização, princípios exigem uma realização, relativamente às possibilidades jurídicas e fáticas, tão ampla quanto possível. Disso resultam três consequências, que são expostas no exemplo de uma colisão entre o direito individual à liberdade de opinião e o bem coletivo da segurança externa do estado. Duas concernem à relativização, contida na definição do mandamento de otimização, das possibilidades fáticas. A primeira diz que uma atuação então, quando ela não é idônea para fomentar a realização de um princípio, no exemplo, a do princípio da segurança externa, mas é idônea para inibir a realização do outro princípio, portanto, a do direito à liberdade de opinião, é proibida com referência a ambos os princípios. A segunda diz que uma atuação então, quando existe uma alternativa para ela, que fomenta a realização de um princípio, no exemplo, a do princípio da segurança externa, pelo menos, igualmente bem, a do outro, portanto, a do direito à liberdade de opinião, porém, inibe menos, com referência a ambos os princípios é proibida. Em ambos os casos, o espaço das possibilidades fáticas contém alternativas de atuação que satisfazem melhor às exigências normativas dos princípios a serem considerados. As duas regras mencionadas dão expressão à ideia da otimidade-Pareto. No direito alemão, correspondem a elas ambos os primeiros de três princípios parciais do princípio da proporcionalidade, os princípios da idoneidade e necessidade.[38]

Relacionado com as possibilidades jurídicas, resulta do caráter de princípio o terceiro princípio parcial do princípio da proporcionalidade, o princípio da proporcionalidade em sentido restrito, que também pode ser designado como "preceito da proporcionalidade". Ele torna-se relevante quando – de outra forma como em ambos os princípios relacionados com as possibilidades fáticas – o cumprimento de um princípio não é possível sem o não cumprimento ou prejuízo do outro. Para esses casos, deixa formular-se a regra seguinte como lei da ponderação:

> quanto maior é o grau do não-cumprimento ou prejuízo de um princípio, tanto maior deve ser a importância do cumprimento do outro.[39]

A lei da ponderação, que expressa ideias, que se deixam apresentar com auxílio de curvas de indiferença,[40] diz respeito à ponderação em sentido restrito e verdadeiro. Essa consiste no ponderar de princípios em realizabilidade possível somente a custa do, cada vez, outro princípio.

Contra a lei da ponderação pode, sem dúvida, com razão, ser feito valer que ela não formula um procedimento de decisão definitivo; contudo, ela não é sem valor. Ela estrutura a ponderação ao ela coagir a isto, formular e fundamentar proposições sobre graus de não cumprimento ou graus de prejuízo, assim como proposições sobre graus de importância, em que entra em questão cada argumen-

---

[38] Para isso, assim como para o seguinte, R. Alexy (nota 1), S. 100 ff.

[39] Para a aplicação dessa regra na jurisprudência, comparar BVerfGE 7, 377 (404 f.); 17, 306 (314); 20, 150 (159); 35, 202 (226); 41, 251 (264); 72, 26 (31).

[40] Comparar R. Alexy (nota 1), S. 146 ff.

to possível na argumentação jurídica. Com isso, a argumentação é dirigida em caminhos que não existiriam sem a lei da ponderação. Deve, todavia, ser retido que essa estruturação é neutra quanto ao conteúdo e, nesse sentido, tem caráter formal. Isso, sem dúvida, não modifica nada em sua irrenunciabilidade e não elimina o seu valor, mas significa que o desejo por uma determinação quanto ao conteúdo da relação de direitos individuais e bens coletivos permanece não cumprido por ela. Que esse desejo não tem de permanecer completamente não cumprido deve, agora, ser mostrado.

c) A primazia-prima facie de direitos individuais

Seja afirmado que uma determinação quanto ao conteúdo geral da relação de direitos individuais e bens coletivos por uma primazia-prima facie em favor de direitos individuais é ordenada por fundamentos normativos. O argumento principal consiste em uma ampliação da fundamentação pragmático-transcendental, acima dada, da necessidade de uma ordem normativa da vida social que leva a sério o particular como particular. O conceito do levar a sério não abarca que posições de particulares não podem ser eliminadas ou limitadas em favor de bens coletivos, mas ele abarca que, para isso, deve ser possível uma justificação suficiente. O conceito do levar a sério pode, com isso, ser explicitado desde o ponto de vista teórico da fundamentação. Nenhuma justificação suficiente para uma eliminação ou limitação existe quando, em um caso de colisão, é duvidoso se para o direito individual ou o bem coletivo existem fundamentos melhores, ou se, em um tal caso, está fixado que para ambos deixam citar-se fundamentos igualmente bons. O postulado, a ser explicitado pela exigência da justificação suficiente, do levar a sério do particular pede, em ambos os casos, a primazia do direito individual. A primazia, em casos duvidosos, e a primazia, na certeza de fundamentos igualmente bons, podem ser reunidas sob o conceito da primazia-prima facie. Existe, portanto, uma primazia-prima facie geral em favor de direitos individuais. Essa primazia-prima facie repercute em uma carga da argumentação em favor de direitos individuais e por conta de bens coletivos.

Contra uma primazia-prima facie de direitos individuais, que se deixa, no que concerne a direitos de liberdade, também formular na fórmula "in dubio pro libertate", foi feito valer que ela leva a uma ordem normativa que é individualista em uma medida a não ser justificada. Assim, fala-se de um individualismo anárquico e um liberalismo econômico exagerado como consequência de um tal princípio.[41] Na base dessa objeção está ou uma sobreestimação do significado quanto ao conteúdo da primazia-prima facie ou um ignorar de sua direção ou uma teoria política coletivista a não ser justificada. O significado quanto ao conteúdo da primazia-prima facie é sobreestimado quando ela é confundida com uma primazia definitiva ou também interpretada somente no sentido de uma primazia

---

[41] Comparar A. Keller, Die Kritik, Korrektur und Interpretation des Gesetzeswortlauts, Winterthur 1960, S. 279; comparar, ademais, H. Ehmke, Prinzipien der Verfassungsinterpretation, in: VVDStRL 20 (1963), S. 87.

regular. A primazia-prima facie não exclui o conter de direitos individuais por bens coletivos. Ela pede somente que, nisso, falem fundamentos mais fortes em favor da solução exigida por bens coletivos que para a exigida por direitos individuais. Com isso, o sistema normativo ganha, sem dúvida, uma tendência individualista, ela, porém, é tão fraca que ela não iria bastar a um representante de uma teoria política rigorosamente individualista, o que, adicionalmente, mostra quão pouco sustentável é a objeção do individualismo. A direção da primazia-prima facie é ignorada quando ela não é interpretada como primazia de todos os direitos pertencentes à classe dos direitos individuais perante bens coletivos, mas como primazia somente de uma classe parcial desses direitos, por exemplo, somente como primazia dos direitos de liberdade. Primazias-prima facie no interior da classe dos direitos individuais são um problema novo, a não ser aqui tratado. Uma teoria política coletivista a não ser justificada, finalmente, está na base da objeção do individualismo, quando nem sequer é aceita a tendência individualista fraca efetuada pela primazia-prima facie. Sem ela não pode ser falado disto, que o particular, como particular, é levado a sério.

11. Direitos fundamentais como direitos subjetivos e como normas objetivas

I.

A dimensão objetiva dos direitos fundamentais é na dogmática dos direitos fundamentais do tempo de pós-guerra o instrumento mais importante para a obtenção de conteúdos jurídico-fundamentais novos.[1] Uma cunhagem inicial e paradigmática, a doutrina da dimensão objetiva recebeu na sentença-Lüth, do ano 1958.[2] Segundo isso, o título de direitos fundamentais da lei fundamental tem um significado duplo. Ele concede, em primeiro lugar, "direitos de defesa do cidadão contra o estado". Mais além, porém, ele deve conter um "ordenamento de valores" ou um "sistema de valores" que, "como decisão fundamental jurídico--constitucional", vale "para todos os âmbitos do direito": "Dação de leis, administração e jurisdição recebem dele linhas diretivas e impulsos".[3] Essa formulações remetem além, amplamente, do problema do efeito perante terceiros, do qual se tratou na sentença-Lüth. Assim, não pode causar surpresa que a ideia de uma dimensão objetiva – frequentemente em união estreita com a do valor – quase em toda a parte encontrou aplicação onde o quadro de uma interpretação de direitos fundamentais meramente jurídico-defensiva foi excedido. O espectro estende-se dos direitos de prestação jurídico-fundamentais originários,[4] sobre deveres de proteção jurídico-fundamentais do estado[5] e direitos ao procedimento de acordo com os direitos fundamentais,[6] até exigências jurídico-fundamentais à organização, por exemplo, das escolas superiores[7] e da radiodifusão.[8] Nisso,

---

[1] Comparar K. Hesse, Bestand und Bedeutung der Grundrechte in der Bundesrepublik Deutschland, in: EuGRZ 1978, S. 431 ff.; H. D. Jarass, Grundrechte als Wertenentscheidungen bzw. objektivrechtliche Prinzipien in der Rechtsprechung des Bundesverfassungsgerichts, in: AÖR 110 (1985), S. 363 ff.; D. Grimm, Rückkehr zum liberalen Grundrechtsverständnis?, in: recht 1988, S. 41 ff.

[2] BVerfGE 7, 198. Em uma forma menos desenvolvida, a ideia de uma dimensão objetiva encontra-se já em decisões mais antigas; comparar, por exemplo, BVerfGE 6, 55 (72).

[3] BVerfGE 7, 198 (204 f.).

[4] BVerfGE 33, 303 (330); 43, 291 (313 ff.).

[5] BVerfGE 39, 1 (41 f.); 46, 160 (164); 65, 54 (73); 76, 1 (49 ff.); 77, 170 (214).

[6] BVerfGE 53, 30 (65).

[7] BVerfGE 35, 79 (114 ff.).

[8] BVerfGE 12, 205 (259 ff.); 31, 314 (326 ff.); 57, 295 (319 ff.); 73, 118 (152 ff.); 74, 297 (323 ff.).

existem, em seus pormenores, grandes diferenças. Comunidades e continuidade tornam-se visíveis quando o tribunal constitucional federal, em 1987, na quinta sentença-televisão, apoia sua tese, que o artigo 5, alínea 1, da lei fundamental, normaliza "a liberdade de opinião como princípio objetivo do ordenamento jurídico total", com uma referência à sentença-Lüth, e somente a essa.[9]

A jurisprudência orientada pela ideia do objetivo foi criticada sob vários aspectos. Nisso, tratava-se, contudo, em geral, não da dimensão objetiva como tal. Ao contrário, no primeiro plano estavam problemas substanciais, funcionais e metodológicos. Sob pontos de vista *substanciais*, foi discutido o perigo de uma contenção desmesurada da liberdade liberal, garantida jurídico-defensivamente, em favor de conteúdos de direitos fundamentais estatal-sociais, democráticos e institucionais.[10] Aqui se trata, em último lugar, do problema, qual teoria dos direitos fundamentais deve ser tomada por base de uma interpretação de direitos fundamentais correta.[11] Sob aspectos *funcionais*, a extensão de conteúdos jurídico-fundamentais chamou crítica, porque nela trata-se de deveres positivos, sobretudo, do dador de leis.[12] O perigo de intervenções inadmissíveis nas competências de outros poderes é, em deveres positivos, maior que em negativos.[13] No centro das objeções *metodológicas* estava, sobretudo, o recurso a um sistema de valores.[14] Pode, porém, também independente disto, ser criticada a indeterminação de princípios objetivos.

Aqui, deve a dimensão objetiva como tal estar no centro da consideração. A questão diretiva diz: em qual proporção normas de direitos fundamentais concedem direitos subjetivos e não apenas uma proteção meramente objetiva? Essa frase está de través para com as distinções de uso comum entre a dimensão subjetiva e a objetiva, nas quais a dimensão subjetiva é identificada com os conteúdos jurídico-defensivos e a objetiva com todos os jurídico-fundamentais que ultrapassam isso.[15] Que tais distinções somente são de valor limitado, deve ser reconhecido nisto, que em todos os conteúdos, que ultrapassam um direito de defesa, pode ser perguntado se a proteção é subjetiva ou meramente objetiva. Essa questão está estreitamente unida com os problemas substanciais, funcionais e metodológicos mencionados. A concentração na questão diretiva não pode,

---

[9] BVerfGE 74, 297 (323); do mesmo modo BVerfGE 57, 295 (319 f.).

[10] Comparar, por exemplo, H. H. Klein, Die Grundrechte im demokratischen Staat, 2. Aufl., Stuttgart/Berlin/ Köln/Mainz 1974, S. 48 ff.

[11] E. –W. Böckenförde, Grundrechtstheorie und Grundrechtsinterpretation, in: NJW 1974, S. 1529 ff.

[12] G. F. Schuppert, Funktionell-rechtliche Grenzen der Verfassungsinterpretation, Königstein/Ts. 1980, S. 10 ff.

[13] Comparar G. Robbers, Sicherheit als Menschenrecht, Baden-Baden 1987, S. 160 ff.

[14] Comparar C. Schmitt, Die Tyrannei der Werte, in: Säkularisation ind Utopie, Festschrift für E. Forsthoff, Stuttgart/Berlin/Köln/Mainz 1967, S. 37 ff.; E. Forsthoff, Zur heutigen Situation einer Verfassungslehre, in: Epirrhosis, Festgabe f. C. Schmitt, hg. v. H. Barion/E. –W. Böckenförde/E. Forsthoff/W. Weber, Berlin, 1968, S. 190 ff.; U. K. Preuß, Die Internationalisierung des Subjekts, Frankfurt a. M. 1979, S. 11 ff.; B. Schlink, Abwägung im Verfassungsrecht, Berlin 1976, S. 127 ff.

[15] Comparar, por exemplo, D. Grimm (nota 1), S. 41 ff.

por conseguinte, ser mais que uma acentuação temática. Minhas reflexões estruturam-se em duas partes. Objeto da primeira parte é o conceito da dimensão objetiva. Na segunda parte irá tratar-se da relação entre a dimensão subjetiva e a objetiva dos direitos fundamentais.

II.

O *conceito da dimensão objetiva dos direitos fundamentais* é tudo, menos claro.[16] Um indício exterior para isso é uma desordem terminológica. Tome-se somente algumas das expressões, com as quais é tentado, na sentença-Lüth, circunscrever o objetivo: "ordenamento de valores objetivo", "sistema de valores", "decisão fundamental jurídico-constitucional", "direitos fundamentais como normas objetivas", "linhas diretivas" e "impulsos".[17] É com essas expressões considerado o mesmo ou, cada vez, algo diferente? Se o último é o caso, em que consiste a diferença? E o que, finalmente, é o verdadeiramente objetivo? O peso dessas questões intensifica-se se se olha na jurisprudência ulterior. "Norma de princípio decididora de valores",[18] "decisão de valores jurídico-objetiva",[19] "princípios estruturais",[20] "princípios fundamentais",[21] "norma diretiva",[22] "norma de critério"[23] e "postulado"[24] são somente alguns exemplos para a multiplicidade terminológica a ser descoberta lá. Tudo isso ainda é sobrepujado pela literatura. Todavia, a olhada na terminologia leva também a algo positivo. Ela sugere a presunção que na dimensão objetiva dos direitos fundamentais não se trata de um objeto simples, mas de um complicado. Deve ser tentado compreendê-lo em um vigamento conceitual, que mostra três partes.

1. a) A primeira parte do vigamento consiste na divisão de possíveis normas de direitos fundamentais com base em três distinções. A primeira é entre normas de direitos fundamentais *vinculativas* e *não vinculativas*.[25] Como "vinculativa" deve ser designada uma norma de direito fundamental se é possível que sua violação seja comprovada pelo tribunal constitucional federal, seja qual for o procedimento.[26] Normas de direitos fundamentais não vinculativas são, pelo contrário, normas cuja violação, em nenhum caso, pode ser comprovada pelo tribunal cons-

---

[16] Isso motivou a Schwabe designar o conceito de objetivo como um "conceito nebuloso"; comparar J. Schwabe, Probleme der Grundrechtsdogmatik, Darmstadt 1977, S. 286.

[17] BVerfGE 7, 198 (205).

[18] BVerfGE 35, 79 (112); 39, 1 (47).

[19] BVerfGE 49, 89 (142).

[20] BVerfGE 31, 58 (69).

[21] BVerfGE 31, 58 (70).

[22] Ebd.

[23] BVerfGE 21, 73 (85).

[24] BVerfGE 35, 79 (114).

[25] Comparar R. Alexy, Theorie der Grundrechte, Baden-Baden 1985 (Frankfurt a. M. 1986), S. 456.

[26] Essa definição está relacionada com um sistema jurídico como o da república federal da Alemanha, que conhece um controle judicial-constitucional amplo. Com vista a um sistema jurídico que deixa a proteção dos

titucional federal. Elas são, nesse sentido, meras proposições programáticas, ou seja, normas, às quais não cabe uma validez jurídica, mas somente uma moral ou política. Segundo essa divisão, os pedidos constitucionais não justiciáveis de Häberle, que devem atuar "como apelo às instâncias políticas"[27] e cujo cumprimento deve ser garantido, sobretudo, pela produção de publicidade,[28] não são normas de direitos fundamentais vinculativas.

A questão diz se tais normas não vinculativas devem ser incluídas na dimensão objetiva dos direitos fundamentais da lei fundamental. Isso pressupõe que às determinações da lei fundamental, no fundo, podem ser associadas normas de direitos fundamentais não justiciáveis. Contra isso, fala a cláusula de vinculação do artigo 1, alínea 3, da lei fundamental. Ela está dirigida contra um mero caráter de proposição programática de normas de direitos fundamentais. Agora se poderia fazer valer, com Häberle, que a equiparação de vinculação jurídica e controle judicial é malograda.[29] Essa tese é, como tese teórico-jurídica geral, de fato, bem sustentável. Assim pode, sem mais, ser dito que um órgão jurisdicional supremo, como órgão jurisdicional, por um lado, está vinculado juridicamente e, por outro, como órgão jurisdicional supremo, conforme a definição, não mais pode estar sujeito a nenhum controle judicial. Também a normas de direito internacional público pode ser remetido. Mas isso são casos especiais, nos quais, por fundamentos conceituais ou fáticos, um controle judicial não é possível. Tais fundamentos não existem quando se trata das normas de direitos fundamentais da lei fundamental. Mas, então, pode aquele, que leva a sério a cláusula de vinculação do artigo 1, alínea 3, da lei fundamental, associar às determinações de direitos fundamentais somente normas que são suscetíveis de controle judicial-constitucional e, nesse sentido, juridicamente vinculativas. Isso significa que um conceito, correspondente à lei fundamental e, nesse sentido, correto da dimensão objetiva dos direitos fundamentais somente então pode nascer, quando somente normas juridicamente vinculativas, isto é, normas justiciáveis, podem ser incluídas nele.

Com isso, não está dito que normas de direitos fundamentais não possam ter conteúdo excedente ou ideal.[30] Essas não têm, contudo, o caráter de conteúdos não vinculativos, mas o de conteúdos com a estrutura de princípios. A diferença consiste nisto, que conteúdos com a estrutura de princípios devem ser colocados em ponderações, conteúdos juridicamente não vinculativos, pelo contrário, não. Os detalhes deverão ser tratados na distinção entre regras e princípios.

b) A segunda distinção é aquela entre normas que concedem direitos subjetivos e normas que obrigam só objetivamente seus destinatários. Um *direito*

---

direitos fundamentais completamente a cargo da jurisdição ordinária, essa definição deveria ser modificada. Decisivo é que também, nesse caso, a extensão da vinculação corresponde à da controlabilidade judicial.

[27] P. Häberle, Grundrechte im Leistungsstaat, in: VVDStRL 30 (1972), S. 115, 140.

[28] Ders. (nota 27), S. 128.

[29] Ders. (nota 27), S. 107 f.

[30] Comparar R. Alexy (nota 25), S. 469 ff.

subjetivo a algo é uma relação de três variáveis entre o titular, o destinatário e o objeto do direito.[31] Rigorosamente então, quando o titular, *perante o destinatário*, tem um direito a uma determinada atuação, é o destinatário, perante o titular, obrigado a fazer essa atuação. Tais deveres relacionais e direitos subjetivos de conteúdo igual são dois lados da mesma matéria. Um resulta logicamente do outro.[32] Pelo contrário, uma norma obriga um sujeito de direito *só objetivamente* nesta medida, na qual ela fundamenta deveres que não existem perante outros sujeitos de direito. Aqui, devem ser consideradas somente normas de direitos fundamentais. De normas de direitos fundamentais deve ser dito, que elas obrigam o estado só objetivamente quando os deveres, por elas fundados, não existem perante alguns titulares de direitos fundamentais, portanto, quando elas não concedem direitos subjetivos em forma de direitos subjetivos.

O conceito da dimensão objetiva dos direitos fundamentais pode ser definido pelo fato de essa não conter nenhuma norma que concede um direito fundamental em forma de um direito subjetivo. Isso admite duas interpretações. Na primeira interpretação, a dimensão objetiva contém exclusivamente só normas objetivas no sentido antes exposto. Desse modo, nasce entre a dimensão objetiva e a subjetiva uma separação rigorosa. Na segunda interpretação, a dimensão objetiva abarca a subjetiva sob supressão do aspecto subjetivo. Esse abarcamento é possível porque cada direito subjetivo é equivalente a uma obrigação relacional. Se, porém, o estado, perante um titular de direitos fundamentais, é obrigado a efetivar uma determinada atuação, então ele é absolutamente obrigado a efetivar essa atuação.[33] A possibilidade de objetivar todas as normas de direitos fundamentais por abstração do lado subjetivo deverá ser abordada mais abaixo. Aqui deve ser comprovado que então, se a distinção entre a dimensão subjetiva e a objetiva deve ser conveniente como distinção entre duas classes de normas, o conceito da dimensão objetiva deve ser formulado de modo que essa contenha exclusivamente só normas de direitos fundamentais objetivas, portanto, exclusivamente normas que não concedam nenhum direito fundamental em forma de direitos subjetivos.

c) A terceira dicotomia é dirigida a uma distinção teórico-normativa que, para a dogmática dos direitos fundamentais, tem importância fundamental amplamente além do problema do objetivo. É a distinção entre *regras* e *princípios*.[34]

---

[31] Comparar dens. (nota 25), S. 171 ff.

[32] Ders. (nota 25), S. 186 ff.

[33] Ders. (nota 25), S. 478. Sob esse aspecto, toda norma de direito fundamental tem um caráter objetivo. Esse conhecimento forma a base da classificação de normas de direitos fundamentais como normas de competência negativa; comparar para isso, K. Hesse, Grundzüge des Verfassungsrechts der Bundesrepublik Deutschland, 16. Aufl., Heidelberg 1988, S. 118. [Nota do tradutor: esse livro foi vertido para a língua portuguesa, da 20. edição alemã, 1995, sob o título "Elementos de direito constitucional da república federal da Alemanha", publicado por Sergio Antonio Fabris, Porto Alegre, 1998. Tradutor: Luís Afonso Heck.]

[34] A distinção de regras e princípios, na Alemanha, experimentou, sobretudo por Josef Esser, um tratamento pormenorizado (J. Esser, Grundsatz und Norm in der richterlichen Fortbildung des Privatrechts, 3. Aufl., Tübingen 1974, S. 50 ff.). Uma discussão internacional ampla dessa diferença e suas implicações foi provocada primeiro por Ronald Dworkin (R. Dworkin, Taking Rights Seriously, 2. Aufl., London 1978, S. 22 ff.). Para

Regras são normas que, no cumprimento de determinados pressupostos, ordenam, proíbem ou permitem algo definitivamente ou autorizam a algo definitivamente. Elas podem, por conseguinte, simplificadamente ser designadas como *"mandamentos definitivos"*. A forma de aplicação característica para elas é a subsunção. Pelo contrário, princípios são *mandamentos de otimização*. Como tais, eles são normas que ordenam que algo seja realizado em uma medida, tão alta quanto possível, relativamente às possibilidades fáticas e jurídicas. Isso significa que eles podem ser cumpridos em graus diferentes e que a medida ordenada de seu cumprimento depende não só das possibilidades fáticas, mas também das jurídicas.[35] Objeto de um princípio pode ser tanto um direito individual como um bem coletivo.

A teoria dos princípios oferece a chave para a explicação de figuras dogmático-jurídico-fundamentais centrais. Aqui, tem importância que o caráter de princípio implica o princípio da proporcionalidade. Seus primeiros ambos princípios parciais, os princípios da idoneidade e da necessidade, resultam da dependência da medida ordenada do cumprimento das *possibilidades fáticas*. Suponha-se que um determinado meio, por exemplo, uma proibição de circulação absoluta para determinados produtos alimentícios, é, para a realização de um determinado princípio, nesse caso, para a realização da proteção do consumidor, empregado.[36] O meio inibe a realização da liberdade de profissão. Se a proibição de circulação, para a realização da proteção do consumidor, não é idônea ou não necessária, então existe, em vista das circunstâncias fáticas, a possibilidade de realizar um princípio, ou seja, o da liberdade de profissão, em medida superior sem que nasçam custos para o outro princípio. Se se junta ambos os mandamentos de otimização, então o emprego do meio está proibido, o que corresponde ao princípio da otimidade-Pareto. O princípio da proporcionalidade em sentido restrito deixa deduzir-se da relativização das possibilidades *jurídicas*. Se um princípio colide com um outro princípio, de modo que um somente pode ser realizado às custas do outro, então a possibilidade jurídica da realização de ambos os princípios depende do, cada vez, outro. Para chegar a uma decisão, uma ponderação é necessária. Como ambos os mandamentos de otimização igualmente pedem a sua realização, essa pode somente se orientar na lei de ponderação seguinte: quanto maior é o grau de não realização de um princípio, tanto maior deve ser a importância da realização do outro.[37] Com isso, está claro que entre o caráter de princípio de normas e o princípio da proporcionalidade existe a conexão mais estreita imaginável: o cará-

---

a disputa com a teoria do princípio de direito de Dworkin, assim como para a crítica de algumas propagadas outras concepções, comparar R. Alexy, Zum Begriff des Rechtsprinzips, in: Rechtstheorie, Beiheft I (1979), S. 59 ff. [número 8, página 137 e ss.].

[35] R. Alexy (nota 25), S. 75 ff. Para o emprego da expressão "mandamento de otimização" na jurisprudência, comparar BVerwGE 71, 163 (165).

[36] Comparar para isso, BVerfGE 53, 135 (143 ff.).

[37] Comparar R. Alexy (nota 25), S. 146. Para a lei de ponderação na jurisprudência do tribunal constitucional federal, comparar BVerfGE 7, 377 (404 f.); 17, 306 (314); 20, 150 (159); 35, 202 (226); 41, 251 (264); 72, 26 (31).

ter de princípio implica o princípio da proporcionalidade e este, implica aquele.[38] Quem aceita o princípio da proporcionalidade também deve aceitar o caráter de princípio das normas, em cujo âmbito ele encontra aplicação. Se o tribunal constitucional federal, em um modo de falar algo obscuro, diz que o princípio da proporcionalidade resulta "no fundo já da essência dos próprios direitos fundamentais",[39] então isso pode ser assim interpretado, que ele resulta logicamente do caráter de princípio das normas de direitos fundamentais.

Ao lado da conexão entre o caráter de princípio e o princípio da proporcionalidade tem, aqui, importância uma segunda conexão: a entre o conceito de princípio e o de valor. Na sentença-Lebach, o tribunal constitucional federal fala de um conflito entre os "valores da constituição" da proteção da personalidade e da liberdade de radiodifusão.[40] Não teria modificado nada na matéria se ele, em vez de um conflito de dois valores, tivesse falado de uma colisão entre dois princípios: entre o da proteção da personalidade e o da liberdade de radiodifusão. Isso torna claro que entre princípios e valores existe uma concordância estrutural. Eles distinguem-se somente em um ponto: princípios dizem o que prima facie é devido, valores, o que prima facie é bom.[41] A teoria dos princípios pode, por conseguinte, ser considerada como uma teoria dos valores limpada de suposições insustentáveis.

A questão é como a distinção entre regra e princípio reage à entre uma dimensão subjetiva e uma objetiva dos direitos fundamentais. Como princípios e valores concordam estruturalmente, poderia, em vista do fato, que o tribunal constitucional federal emprega expressões como "decisão de valores jurídico-objetiva"[42] e "princípio objetivo do ordenamento jurídico total"[43] como fórmulas correntes, chegar-se ao resultado que princípios, bem genericamente, devem ser incluídos na dimensão objetiva. Isso seria, contudo, uma conclusão defeituosa. A distinção entre regras e princípios é, perante a entre uma dimensão subjetiva e uma objetiva, neutra. Tanto normas que concedem direitos subjetivos como normas que obrigam o estado só objetivamente podem ter caráter de princípio. Assim, uma norma, que diz que o cidadão tem um direito tão amplo quanto possível à liberdade de manifestação de opinião, é um princípio que concede um direito subjetivo, e precisamente, um direito-prima facie subjetivo. Pelo contrário, pode o mandamento, deixar "a multiplicidade das opiniões existentes" encontrar "expressão em amplitude e completitude tão ampla quanto possível",[44] ser concebido como um mero princípio objetivo. Somente os princípios meramente objetivos fazem parte da dimensão objetiva.

---

[38] Mais pormenorizado R. Alexy (nota 25), S. 100 ff.

[39] BVerfGE 19, 342 (348 f.); 65, 1 (44); 76, 1 (50 f.).

[40] BVerfGE 35, 202 (225).

[41] R. Alexy (nota 25), S. 133 f.

[42] Comparar, por exemplo, BVerfGE 49, 89 (142).

[43] Comparar, por exemplo, BVerfGE 57, 295 (320).

[44] Ebd.

d) Os três pares de critérios da primeira parte do vigamento conceitual deixam combinar-se arbitrariamente. Desse modo, obtém-se oito normas de estrutura completamente diferente, o que se deixa apresentar como segue:[45]

vinculativo				não vinculativo			
subjetivamente		objetivamente		subjetivamente		objetivamente	
def.	p. f.*	def.	p. f.	def.	p. f.	def.	p. f.
1	2	3	4	5	6	7	8

Somente dois desses oito tipos de normas fazem parte da dimensão objetiva: normas vinculativas meramente objetivas, que fundamentam deveres definitivos, portanto, têm caráter de regra (3) e normas vinculativas meramente objetivas, que fundamentam deveres-prima facie, portanto, têm caráter de princípio (4).

2. A primeira parte do vigamento conceitual não basta para compreender tudo aquilo que o tribunal constitucional federal acha quando ele fala de "princípios objetivos do ordenamento jurídico total",[46] "decisão de valores jurídico-objetiva",[47] "direitos fundamentais como normas objetivas",[48] uma "função jurídico-objetiva como 'norma de princípio decididora de valores'"[49] ou semelhantemente. Isso torna-se, por exemplo, então claro, quando o tribunal constitucional federal, na terceira como na quinta sentença-televisão, primeiro, observa, que o artigo 5, alínea 1, da lei fundamental, normaliza "liberdade de opinião como princípio objetivo do ordenamento jurídico total" e, então, continua: "em que elementos jurídico-subjetivos e jurídico-objetivos reciprocamente penetram e apoiam".[50] Isso sugere a interpretação, que a liberdade de opinião, como princípio objetivo do ordenamento jurídico total, abarca tanto elementos jurídico--objetivos como jurídico-subjetivos. Essa tese, inicialmente, soa paradoxalmente. Como pode algo objetivo abarcar algo subjetivo? Todavia, ela poderia, porém, esclarecer como do "princípio objetivo do ordenamento jurídico total", da "norma de princípio decididora de valores" ou do "conteúdo da norma de direito fundamental (como norma objetiva)" pode resultar um direito subjetivo que ultrapassa a existência de direitos de defesa usuais. Exemplos para isso oferecem a sentença sobre a regulação legal provisória para uma lei de escola superior geral de Niedersachsen, na qual se diz: "Ao titular individual do direito fundamental

---

[45] R. Alexy (nota 25), S. 456.

* Nota do tradutor: def.: definitivamente e p. f.: prima facie.

[46] Comparar, por exemplo, BVerfGE 57, 295 (320).

[47] Comparar, por exemplo, BVerfGE 49, 89 (142).

[48] Comparar, por exemplo, BVerfGE 7, 198 (205).

[49] Comparar BVerfGE 77, 170 (214).

[50] BVerfGE 57, 295 (319 f.); 74, 297 (323).

do artigo 5, alínea 3, da lei fundamental, resulta da decisão de valores um direito a tais medidas estatais, também de tipo organizacional, que são indispensáveis para a proteção de seu espaço de liberdade assegurado jurídico-fundamentalmente"[51] e a resolução-armas C, na qual o tribunal expõe "que o artigo 2, alínea 2, proposição 1, da lei fundamental, afiança não somente um direito de defesa subjetivo, mas, simultaneamente, apresenta uma decisão de valores jurídico-objetiva da constituição, que vale para todos os âmbitos do ordenamento jurídico e fundamenta deveres de proteção jurídico-constitucionais ... Se esses deveres de proteção são violados, então reside nisso, simultaneamente, uma violação do direito fundamental do artigo 2, alínea 2, proposição 1, da lei fundamental".[52] A questão diz como isso deve ser entendido.

O caminho para uma resposta leva sobre uma *abstração* tríplice. Tome-se a liberdade de opinião como direito de defesa, portanto, como direito do cidadão perante o estado a isto, que ele omita essas intervenções em sua liberdade de manifestação de opinião. Esse direito tem, sem dúvida, grande importância para o conteúdo do sistema jurídico. Mas ele é muito especial para irradiar sobre o sistema jurídico total e, nesse sentido, ser um princípio objetivo do ordenamento jurídico total. O último pressupõe que seja abstraído do titular do direito (do autorizado), do destinatário do direito (do obrigado) e das modalidades do objeto do direito (aqui: da omissão de intervenções). Por essa abstração tríplice resulta do direito, bem estruturado do cidadão, perante o estado, à omissão de intervenções em sua liberdade de manifestação de opinião o mero ser devido da liberdade de opinião.[53] Tais princípios devem ser designados como "*princípios fundamentais*". A suposição que o catálogo de direitos fundamentais contém princípios fundamentais tem vantagens e desvantagens. As vantagens residem em sua flexibilidade. Eles podem ser empregados como pontos de partida de uma fundamentação dogmática de exigências jurídico-fundamentais concretas arbitrárias tanto de tipo subjetivo como objetivo. Rigorosamente nisso reside, porém, também sua desvantagem. Eles convidam a uma das formas mais obscuras da fundamentação jurídica, à "dedução" ou à "derivação" de conteúdo concreto de princípios abstratos.

Um tal emprego não racional é, certamente, só uma das possibilidades unidas com os princípios fundamentais, não, porém, uma necessidade. Também é possível que eles encontrem aplicação como pontos de partida de uma fundamentação racional, na qual as premissas precisadoras são indicadas e justificadas.

O que isso significa, deixa demonstrar-se com base na tese de Grimm sobre a dimensão objetiva dos direitos fundamentais. Sua primeira tese diz que direitos fundamentais atuam como "princípios diretivos supremos da ordem social". Rigorosamente nisso, deve consistir a função dos direitos fundamentais jurídico-

---

[51] BVerfGE 35, 79 (116); comparar já BVerfGE 7, 198 (206 f.).

[52] BVerfGE 77, 170 (214).

[53] Comparar R. Alexy (nota 25), S. 479; semelhante H. D. Jarass (nota 1), S. 366.

objetiva.[54] Com isso, a porta para conteúdos de direitos fundamentais, que ultrapassam os direitos de defesa, é arrombada, quanto ao conteúdo, porém, ainda nada é dito. A segunda tese diz que o conteúdo dos princípios diretivos supremos dos direitos fundamentais consiste "no objetivo de liberdade individual igual".[55] Isso deixa, ainda, muitas questões abertas, assim, a sobre a relação de liberdade e igualdade e, particularmente, esta, o que deve ser entendido sob liberdade. Uma terceira tese dá resposta ao último. Segundo ela, os direitos fundamentais protegem também "os pressupostos materiais do uso da liberdade".[56] Que também a liberdade fática é objeto de proteção dos direitos fundamentais é uma afirmação dogmático-jurídico-fundamental rica em conteúdo e debatida. Ela não resulta da tese que o catálogo de direitos fundamentais estatui princípios diretivos ou fundamentais, porque esses podem limitar-se também à liberdade jurídica. Por conseguinte, é necessária uma fundamentação substancial dogmático-jurídico-fundamental e teórico-jurídico-fundamental.[57] A tese dos princípios diretivos ou princípios fundamentais nada contribui para essa fundamentação. Ela apresenta somente algo assim como uma permissão de, no fundo, iniciar com uma tal fundamentação.

Isso leva a dois conhecimentos. O primeiro, diz que os princípios fundamentais, independente de como designados, são formas dogmáticas extremamente vazias de conteúdo, com cujo auxílio deixam associar-se às determinações de direitos fundamentais da lei fundamental conteúdos jurídico-fundamentais que ultrapassam os direitos de defesa. Quem quer limitar os direitos fundamentais aos direitos de defesa irá ser propenso a isto, renunciar a princípios fundamentais. Quem não recusa conteúdos jurídico-fundamentais adicionais pode servir-se deles. Nisso, porém, deve ser realçado que os princípios fundamentais somente são um estojo. Decisivo é a argumentação jurídico-fundamental substancial com a qual ele é enchido. O segundo conhecimento diz que é extremamente equivocado designar os princípios fundamentais como "objetivos". Com seu auxílio, podem ser fundamentadas tanto normas meramente objetivas como normas que concedem direitos subjetivos. Com isso, os princípios fundamentais conduzem-se perante a dicotomia subjetivo/objetivo neutralmente. Se deve ser aceito um direito subjetivo ou uma norma meramente objetiva não depende deles, mas de argumentos jurídico-fundamentais substanciais. Recomenda-se, por isso, renunciar a sua caracterização como "objetivo". Eles podem, sem dúvida, ser fundamentos para normas, que devem ser contadas entre a dimensão objetiva, mas eles mesmos não fazem parte dessa, porque eles também podem ser fundamentos para normas que se deve incluir na dimensão subjetiva.

---

[54] D. Grimm (nota 1), S. 43.

[55] Ders. (nota 1), S. 45.

[56] Ebd.

[57] Comparar para isso, R. Alexy (nota 25), S. 458 ff.

3. Na terceira parte do vigamento conceitual trata-se da distinção entre uma fundamentação de normas de direitos fundamentais subjetiva e uma objetiva. Uma fundamentação é *subjetiva*, quando ela direciona para o significado da norma de direito fundamental para o *particular*, para sua situação de vida, seu interesse, sua liberdade. Ela é *objetiva*, quando ela apoia-se no significado da norma de direito fundamental para a *totalidade*, portanto, para interesses comunitários ou bens coletivos.[58] Em vez de uma fundamentação "subjetiva" e uma "objetiva" poderia, também, falar-se de uma "individual" e uma "coletiva".

De uma fundamentação objetiva trata-se quando o tribunal constitucional federal, na primeira sentença-televisão, diz que "a liberdade de radiodifusão" tem "importância tão fundamental para a vida toda, pública, política e jurídico-constitucional, nos estados" que disso resulta uma "posição jurídico-constitucional do estado-membro no estado federal", que pode ser defendida em um litígio-federação-estado.[59] Uma fundamentação objetiva parece, ademais, quando a liberdade de radiodifusão, em ambas as primeiras sentenças, é designada como "liberdade institucional"[60] ou quando, na segunda sentença-televisão, trata-se da "natureza particular da radiodifusão como uma organização obrigada à comunidade".[61]

Pelo contrário, as três sentenças-televisão que seguem são caracterizadas por uma atenuação clara da fundamentação objetiva e uma intensificação da subjetiva. É instrutivo comparar a tese do significado da primeira sentença com a da terceira. Na primeira sentença trata-se de "um significado para a vida pública, política e jurídico-constitucional toda".[62] Na terceira sentença é falado do "significado ... para a vida *individual* e pública".[63] Poderia achar-se que uma fundamentação subjetiva ou individual sempre deve levar a um direito subjetivo. Tão simples, contudo, a matéria não é. Quem fundamenta o dever do dador de leis, cuidar de uma organização de acordo com os direitos fundamentais, por exemplo, da radiodifusão, exclusivamente objetivamente, portanto, exclusivamente com referências a interesses comunitários, irá, regularmente,[64] chegar a isto, que as exigências jurídico-fundamentais têm um caráter meramente objetivo. Pelo contrário, pode uma fundamentação subjetiva, sem dúvida, como mostra a sentença da escola superior,[65] levar a um direito subjetivo, isso, contudo, não tem de ser regularmente o caso.

---

[58] Comparar dens. (nota 25), S. 448.

[59] BVerfGE 12, 205 (259).

[60] BVerfGE 12, 205 (261 f.); 31, 314 (326).

[61] BVerfGE 31, 314 (328).

[62] BVerfGE 12, 205 (259).

[63] BVerfGE 57, 295 (321) – realce de R. Alexy; comparar, ademais, BVerfGE 73, 118 (152); 74, 297 (323).

[64] Necessário isso não é, porque direitos subjetivos podem também ser fundamentados objetivamente; comparar R. Alexy, Individuelle Rechte und kollektive Güter, in: Internationales Jahrbuch für Rechtsphilosophie und Gesetzgebung I (1989), S. 50 f. [número 10, página 176 e ss.].

[65] BVerfGE 35, 79 (116).

Que, apesar de uma fundamentação subjetiva, deve ser aceita somente uma norma de direitos fundamentais meramente objetiva pode tentar-se fundamentar, pelo menos, em quatro modos. A primeira estratégia utiliza a distinção, realçada por Häberle, entre interesse de direitos fundamentais e direitos fundamentais.[66] Assim, pode, por exemplo, ser dito que os "mandamentos ou proibições da liberdade de radiodifusão",[67] que concernem à organização da radiodifusão, não devem proteger direitos fundamentais do participante da radiodifusão, mas somente seus *interesses de direitos fundamentais*. Para o seu asseguramento, porém, são suficientes normas meramente objetivas. "Existem, então, somente reflexos de direitos fundamentais".[68] Também a segunda estratégia concede que uma organização relacionada aos direitos fundamentais como a da radiodifusão, sem dúvida, em último lugar, sempre serve ao particular. Mas ela faz valer que ela faz isso, muitas vezes, pelo fato de ela servir ao particular como *parte de uma totalidade* de particulares. Isso exclui, por fundamentos conceituais e processuais, a suposição de direitos subjetivos. Uma terceira estratégia apoia-se em objeções *funcionais ou competenciais*.[69] Finalmente, podem, quarto, ser expostas objeções *processual-constitucionais*. A questão diz se e em qual proporção tais argumentos têm o direito em favor de uma dimensão meramente objetiva e por conta da dimensão subjetiva dos direitos fundamentais. Essa questão concerne à relação entre a dimensão subjetiva e a objetiva dos direitos fundamentais. Ela deve, agora, ser seguida.

III.

1. Minha tese para a *relação entre a dimensão subjetiva e a objetiva dos direitos fundamentais* diz que existe uma presunção em favor da dimensão subjetiva. Quem afirma que uma norma de direito fundamental tem um caráter meramente objetivo suporta, para isso, a carga argumentativa. Essa tese pode ser denominada de *"tese da subjetivação"*. Ela diz que a cada dever jurídico-fundamental vinculativo do estado, tenha esse um caráter definitivo ou um meramente prima facie, fundamentalmente, correspondem direitos fundamentais em forma de direitos subjetivos.[70] Com isso, o conteúdo limitado da tese da subjetivação está claro. A tese da subjetivação, como tal, não diz até que ponto os direitos fundamentais devem ser estendidos além do âmbito jurídico-defensivo. Com ela é simplesmente afirmado, que então, quando uma extensão realiza-se, essa, fundamentalmente, deve levar a direitos subjetivos correspondentes. Isso pode, sem dúvida, ter retroatividades sobre os novos conteúdos, mas não afeta esses imediatamente.

---

[66] P. Häberle (nota 27), S. 122.

[67] BVerfGE 74, 297 (342).

[68] K. Stern, Das Staatsrecht der Bundesrepublik Deutschland, Bd. III/1, München 1988, S. 992.

[69] Ders. (nota 68), S. 988 ff.

[70] Comparar R. Alexy (nota 25), S. 452.

210

a) Para a tese da subjetivação deixam citar-se dois argumentos. Ao lado desses argumentos positivos coloca-se a refutação das objeções. O primeiro argumento é o argumento do *individualismo dos direitos fundamentais*. Ele diz que finalidade e, com isso, o fundamento para os direitos fundamentais é a proteção do particular e não a garantia de ordens objetivas ou bens coletivos. Esse argumento pode apoiar-se na sentença de co-determinação, na qual se diz: "Segundo a sua história e seu conteúdo atual, eles são, em primeiro lugar, direitos individuais ... A função dos direitos fundamentais, como princípios objetivos, consiste na intensificação fundamental de sua força de validez ..., tem, contudo, sua raiz nesse significado primário ... Ela, por conseguinte, não se deixa soltar do núcleo verdadeiro e independentizar em uma estrutura de normas objetivas, à qual o sentido original e permanente dos direitos fundamentais retrocede."[71] Com o argumento do individualismo dos direitos fundamentais não é afirmado, que não pode haver bens jurídico-fundamentais coletivos. Mas é feito valer que eles nunca podem ter o caráter de uma finalidade de proteção autônoma, mas sempre somente o de um meio para a proteção do particular. A finalidade dos direitos fundamentais, por conseguinte, em todos os casos, fala em favor de uma subjetivação.

b) O segundo argumento é o da *otimização dos direitos fundamentais*. Direitos fundamentais têm – em todo o caso, também – caráter de princípio. Como princípios, eles pedem que eles sejam realizados em medida, tão alta quanto possível, relativamente às possibilidades fáticas e jurídicas. Vale, bem genericamente, que a atribuição de direitos subjetivos significa uma medida maior em realização que a estatuição de deveres de conteúdo igual meramente objetivos. Assim, um dever de proteção meramente objetivo é menos que um direito de proteção de conteúdo igual. Por conseguinte, a subjetivação de todas as normas de direitos fundamentais é ordenada prima facie.[72] O caráter de princípio exclui, com isso, fundamentalmente, uma redução de direitos fundamentais a meros interesses de direitos fundamentais ou reflexos de direitos fundamentais.

c) Ambos os argumentos, considerados isoladamente, ainda dizem pouco. Sua força pode ser determinada, primeiro, em vista dos argumentos contrários.

(1) A primeira objeção direciona para os *limites funcionais da jurisdição constitucional*. Ela faz valer que uma subjetivação ampla significa um alargamento inadmissível das competências do tribunal constitucional federal. Isso é fundamentado com as diferenças que existem entre os direitos subjetivos, que estão em questão aqui, e os direitos de defesa. Eles obrigam o estado a uma ação positiva. Nisso, eles dirigem-se, particularmente, ao dador de leis. Além disso, eles têm, preponderantemente, caráter de princípio.[73] Essa objeção aponta, de fato, a um problema central. Esse problema coloca-se, contudo, igualmente em deveres meramente objetivos e em direitos subjetivos, neles correspondentes.

---

[71] BVerfGE 50, 290 (337).

[72] R. Alexy (nota 25), S. 414.

[73] Comparar K. Stern (nota 68), S. 988 ff.

Tome-se o dever positivo do dador de leis para a proteção da vida e da integridade corporal do cidadão. Esse dever positivo distingue-se, fundamentalmente, dos deveres negativos, que correspondem aos direitos de defesa. Se é *proibido* destruir ou prejudicar algo, então *cada* atuação, que apresenta ou efetua uma destruição ou prejuízo, é proibida. Pelo contrário, é, então, quando é *ordenado* proteger ou fomentar algo, *não cada* ação, que apresenta ou efetua uma proteção ou fomento, ordenada. Assim, a proibição de matança implica, em todo o caso, prima facie, a proibição de cada atuação de matança, um mandamento de salvação, pelo contrário, não o mandamento de cada atuação de salvamento. Se é possível salvar alguém que se está afogando, tanto a nado como pelo lançamento de uma bóia de salvação, como com auxílio de uma barca, de modo nenhum estão ordenados, simultaneamente, todas as três atuações de salvação. Ordenado é, ao contrário, fazer a primeira *ou* a segunda *ou* a terceira atuação. Isso, porém, diz que o destinatário do mandamento de salvação, se outros fundamentos não se acrescentam limitadoramente, tem um *espaço*, dentro do qual ele pode escolher como ele quer cumprir o mandamento.[74] Esse espaço, que resulta da estrutura de direitos positivos, pode ser designado como "espaço estrutural". O espaço estrutural leva a isto, que dois outros espaços obtêm peso particular: o espaço de prognose e o espaço de ponderação.

A discussão desses problemas mostrou que uma regra simples, que delimita claramente, em todos os casos, a competência para decisão do dador de leis da competência para controle do tribunal constitucional federal, não se deixa formular. Necessários são "critérios diferenciados".[75] Em seu aprofundamento trata-se, em último lugar, de uma ponderação entre o princípio jurídico-fundamental material afetado, cada vez, e o princípio formal da competência para decisão, legitimada democraticamente imediatamente, do dador de leis em um sistema divisor de poderes.[76] As particularidades das conjunturas de casos distintas devem, no quadro dessa ponderação, ser tornadas eficazes.

Aqui, é somente de interesse que existem deveres jurídico-fundamentais positivos definitivos,[77] mesmo que sua extensão, também em muitos casos, deva ser limitada estreitamente por um critério como a fórmula de evidência da resolução de ruídos de aviões.[78] Se existem deveres jurídico-fundamentais positivos definitivos, então o seu cumprimento pode ser controlado judicial-constitucionalmente. Sua subjetivação não significa nenhuma intensificação quanto ao conteúdo da competência para o controle. Ela tem somente como consequência que aos procedimentos, nos quais o controle pode ser realizado, um é acrescentado, ou seja, o do recurso constitucional. Isso, porém, não é um problema da delimitação das competências do tribunal constitucional federal, particularmente, perante

---

[74] Comparar R. Alexy (nota 25), S. 420 f.

[75] BVerfGE 50, 290 (333); 77, 170 (215); comparar para isso, em vez de muitos, K. Stern (nota 68), S. 991.

[76] Comparar BVerfGE 56, 54 (81).

[77] Comparar, por exemplo, BVerfGE 39, 1 (51 ff.).

[78] BVerfGE 56, 54 (80 f.).

o dador de leis, mas um problema processual-constitucional que, mais abaixo, deve ser abordado.

Não completamente tão simples é a matéria nos deveres-prima facie jurídico-fundamentais positivos. Sua subjetivação leva, para referir-se a uma formulação acertada da jurisprudência sobre numerus clausus, a direitos-"em si",[79] que carecem da limitação.[80] Tais direitos-em si ou prima facie excedentes são bem familiares à dogmática dos direitos fundamentais. Eles estão na base da distinção, constitutiva para os direitos de defesa, entre âmbito de proteção e barreira. Contra a transferência desse esquema a direitos a prestações positivas do estado deixam, sem dúvida, fazer-se objeções, essas podem, contudo, ser eliminadas.[81] Sob aspectos competenciais, direitos-prima facie não causam mais problemas que deveres-prima facie de conteúdo igual. A competência do tribunal termina no limite do definitivamente devido. Esse determina-se não somente segundo o peso dos princípios materiais em sentido contrário, mas também segundo os formais em sentido contrário. Entre os últimos conta, sobretudo, o da competência para decisão do dador de leis legitimado democraticamente. Problemas podem, no máximo, aparecer sob pontos de vista processual-constitucionais.

(2) Na segunda objeção trata-se da *estrutura de direitos subjetivos*. O objeto imediato de deveres jurídico-fundamentais objetivos numerosos é um bem coletivo, portanto, um bem que é caracterizado pela não exclusividade do aproveitamento e a não rivalidade do consumo.[82] Um exemplo para um tal bem coletivo é a existência da radiodifusão, na qual domina multiplicidade equilibrada.[83] Corresponde ao mandamento jurídico-fundamental, de produzir e manter essa existência, um direito subjetivo do cidadão contra o estado a isto, que o estado organize a radiodifusão de modo que domine multiplicidade equilibrada? As opiniões sobre a subjetivação dos "mandamentos ou proibições da liberdade de radiodifusão",[84] exigidos pelo artigo 5, alínea 1, proposição 2, da lei fundamental, são fendidas. Um direito, que pode ser imposto judicialmente, do cidadão "a uma organização de radiodifusão e a um procedimento na designação de grêmios, que asseguram um programa equilibrado", é afirmado por Starck, isso, certamente, ainda relacionado a um monopólio de radiodifusão jurídico-público e sob uma condição, ou seja, somente sob o pressuposto que os direitos, recomendados primariamente[85] por Starck, dos grupos relevantes socialmente não podem ser aceitos. Starck apoia esses direitos tanto na liberdade de informação como na de

---

[79] BVerfGE 43, 291 (315).

[80] BVerfGE 43, 291 (314).

[81] R. Alexy (nota 25), S. 468.

[82] Comparar M. Peston, Public Goods and the Public Sector, London/Basingstoke 1972, S. 13 ff.

[83] Comparar BVerfGE 57, 295 (323 ff.); 73, 118 (156); 74, 297 (326).

[84] BVerfGE 74, 297 (342).

[85] Comparar v. Mangoldt/Klein/Starck, Das Bonner Grundgesetz, 3. Aufl., München 1985, Art. 5 Abs. 1, 2, Rdnr. 80, onde se trata somente de um direito das "forças relevantes, socialmente manifestas".

radiodifusão.[86] Rupp considera, em todo o caso, possível, "que a cada um resulta do artigo 5, alínea 1, proposição 2, da lei fundamental, uma pretensão de organização, asseguradora de liberdade, dos monopólios de informação públicos", porque "uma organização de radiodifusão constitucional serve não só ao interesse geral, mas, primariamente, ao interesse de cada particular".[87] Pelo contrário, a 1. câmara, do primeiro senado, do tribunal constitucional federal, sustenta a concepção que o cidadão, como participante de radiodifusão ou recipiente, não é titular da liberdade de radiodifusão, protegida pelo artigo 5, alínea 1, proposição 2, da lei fundamental, e que também a liberdade de informação, concedida pelo artigo 5, alínea 1, proposição 1, da lei fundamental, não lhe dá o poder de, no caminho do recurso constitucional, dirigir-se contra normas de organização "que o dador de leis, no cumprimento de sua tarefa jurídico-constitucional, criou para a formação da liberdade de radiodifusão".[88] Daqueles que compartilham a opinião que a deveres do dador de leis, como, por exemplo, a de, no âmbito da radiodifusão, cuidar da multiplicidade equilibrada, não correspondem direitos subjetivos, seja citado, aqui, somente Bethge[89] que, perante uma "capacidade de demanda em matéria de asseguramento do pluralismo", faz valer a objeção da demanda popular. Uma tal capacidade de demanda iria transferir o particular na posição de um "mero funcionário do ordenamento jurídico objetivo".[90]

O argumento do individualismo dos direitos fundamentais e da otimização dos direitos fundamentais falam em favor de uma subjetivação. Pergunta-se, contudo, se a estrutura particular do objeto do direito que está em questão, apesar disso, não exclui essa.[91] Para isso, poderia ser citado o argumento de totalidade,

---

[86] C. Starck, Teilhabeansprüche auf Rundfunkkontrolle und ihre gerichtliche Durchsetzung, in: Presserecht und Pressefreiheit, Festschrift f. M. Löffler, München 1980, S. 388.

[87] H. H. Rupp, Urteilsanmerkung, in: JZ 1979, S. 29.

[88] BVerfG, JZ 1989, S. 339.

[89] H. Bethge, Urteilsanmerkung, in: JZ 1989, S. 339 f.

[90] H. Bethge, Rechtsschutzprobleme eines rundfunkspezifischen Pluralismus, in: UFITA 81 (1978), S. 92; comparar, ademais, H. D. Jarass, Die Freiheit der Massenmedien, 1978, S. 261 f.

[91] Aqui, deve ser discutida somente essa questão. Ela coloca-se em cada subjetivação de mandamentos jurídico-constitucionais, cujo objeto imediato é um bem coletivo. Ao lado de tais problemas dogmáticos gerais devem ser solucionados problemas especiais da interpretação da determinação de direitos fundamentais, cada vez, correspondente. Assim, poderia achar-se que já o *texto* da lei fundamental exclui uma subjetivação da liberdade de radiodifusão em favor de recipiente. A fórmula "liberdade de reportagem por radiodifusão" admite, de fato, não só uma interpretação objetiva, mas também a sugere (comparar E. –W. Böckenförde/J. Wieland, "Die Rundfunkfreiheit" – ein Grundrecht?, in: AfP 1982, S. 78). Isso somente, contudo, não pode ser decisivo. Encontram-se numerosas proposições formuladas objetivamente na lei fundamental, que, sem dúvida, em todo o caso, também, devem ser interpretadas subjetivamente. Exemplos são o artigo 5, alínea 3, proposição 1, artigo 6, alínea 1, e artigo 14, alínea 1, proposição 1, da lei fundamental. Também a *história da origem* não pode – em todo o caso, no que concerne ao recipiente – ser citada contra uma subjetivação. Böckenförde e Wieland tentaram mostrar que a história da origem fala contra uma interpretação subjetiva da liberdade de radiodifusão no sentido de uma liberdade de organização privada. Eles chegam, nisso, ao resultado que a "formação de opinião livre do cidadão ... estava no ponto de vista dos deputados, não sua atuação (econômica) como organizador de radiodifusão" (dies. (nota 91), S. 79). Aqui pode ficar em aberto qual força desse argumento é capaz de desenvolver contra a suposição de uma liberdade de organização garantida jurídico-fundamentalmente. Em todo o caso, deve ser comprovado que o fato, que os escritores da lei fundamental primariamente queriam a formação de opinião livre do cidadão, antes fala em favor do que contra um direito de recipiente rigorosamente relacio-

já mencionado acima, que, sem dúvida, concede que uma organização da radiodifusão, ordenada pelos direitos fundamentais, em último lugar, sempre serve ao particular, mas faz valer que ela faz isso pelo fato de ela servir ao particular como parte de uma totalidade. O núcleo desse argumento formula Ossenbühl na fórmula seguinte: "Onde *todos* igualmente estão afetados não pode mais se tratar de um estar afetado *individual*."[92] Com essa proposição não pode ser considerado que então, quando todos os indivíduos de uma classe estão afetados, não cada indivíduo particular está afetado, porque o último resulta logicamente do primeiro. O que pode ser considerado é que os indivíduos particulares não sozinhos estão afetados, mas juntamente com outros indivíduos. Isso, porém, não exclui a violação de direitos subjetivos de particulares.[93] O particular, que requer para si a possibilidade de formação de opinião livre no quadro de um sistema de radiodifusão, que é caracterizado por multiplicidade equilibrada, faz valer o seu direito e não, para a comunidade, um bem coletivo. Que seu direito somente pode ser cumprido ao direitos de outros também serem cumpridos, modifica nada nisto, que ele salvaguarda seu direito. Sob uma constituição, que leva o particular a sério, esses direitos não podem ser negados apenas porque seu cumprimento consiste em uma conduta do estado de acordo com a constituição, que também favorece outros e a comunidade. Com isso, deixa de existir a objeção da demanda popular. O demandante particular não se torna ativo como funcionário do ordenamento jurídico objetivo, mas em imposição de seus direitos.

Até agora, tratou-se de objeções que dizem respeito à subjetivação de uma norma jurídico-fundamental objetiva, cujo objeto imediato é um bem coletivo. Um ponto de vista estrutural de tipo completamente diferente Jarass traz ao jogo. Trata-se, nisso, do problema, se o reconhecimento de direitos subjetivos do tipo do direito de recipiente, aqui discutido, significa um ter parte inadmissível nos direitos subjetivos de outros. Jarass acha que direitos de recipiente estão excluídos, porque de um direito fundamental de liberdade podem resultar direitos sub-

---

nado com isso. Em questão entra, ademais, um argumento *sistemático* contra a subjetivação da liberdade de radiodifusão em favor do recipiente. Sua primeira premissa diz que a posição do recipiente é protegida exclusivamente pelo artigo 5, alínea 1, proposição 1, 2 meia-proposição, portanto, completamente compreendida pela liberdade de informação (comparar H. D. Jarass (nota 90), S. 261 f.). Sua segunda premissa diz que a liberdade de informação deve ser interpretada exclusivamente como direito de defesa (BVerfGE 27, 71 (81 ff.); JZ 1989, S. 339; BVerwG, VerwRspr. 1979, 20 (21); v. Mangoldt/Klein/Starck (nota 85), Art. 5 Abs. 1, 2, Rdnr. 35). Se se aceita ambas as premissas, então um direito do recipiente à produção e manutenção de multiplicidade equilibrada, de antemão, não entra em questão. A fraqueza desse argumento consiste nisto, que ambas as premissas podem ser impugnadas. Aqui, deve interessar somente a primeira. Para demonstrar que direitos de recipiente positivos não existem, não basta deslocar a proteção do recipiente somente em uma liberdade de informação interpretada negativamente. Deve ser fundamentado que ela se limita a isso. Para demonstrar isso, devem ser alegados argumentos substanciais contra uma subjetivação do dever objetivo, a ser associado à liberdade de radiodifusão, de produção e manutenção de multiplicidade equilibrada. Se, como no texto é tentado demonstrar, os argumentos para uma subjetivação são mais fortes que os argumentos contra uma subjetivação, então o direito deve ser associado à norma que é subjetivada, portanto, à liberdade de radiodifusão, garantida pelo artigo 5, alínea 1, proposição 2, da lei fundamental. Em favor disso fala, também, que no direito à produção e manutenção de multiplicidade equilibrada trata-se de uma problemática especificamente de direito de radiodifusão.

[92] F. Ossenbühl, Kernenergie im Spiegel des Verfassungsrechts, in: DÖV 1981, S. 7.

[93] R. Alexy (nota 25), S. 453; K. Stern (nota 68), S. 713, 715.

jetivos somente para as pessoas, cuja liberdade individual é concedida.[94] Isso, porém, são, segundo Jarass, no caso da liberdade de radiodifusão, somente as empresas de radiodifusão e os colaboradores de radiodifusão.[95] Os recipientes devem, pela concessão de liberdade, perante esses titulares de direitos fundamentais, só mediatamente ser beneficiados. Jarass compara, nessa conexão, a posição do recipiente com a do consumidor, que pela concorrência, unida com a liberdade de empresa, sem dúvida, é beneficiado, mas não tem direito subjetivo à observância da liberdade de empresa.[96] Esse argumento ignora uma diferença essencial. No caso dos direitos de recipiente não se trata de um direito a isto, que os direitos subjetivos de outros permaneçam salvaguardados, mas da subjetivação de mandamentos e proibições jurídico-fundamentais objetivos. Vantagens da atividade livre de privados não são elevadas à hierarquia de direitos subjetivos, mas deveres do estado, que no sistema de radiodifusão dual dizem respeito também ao controle da atividade de privados, subjetivados. Em último lugar, são os fundamentos, que na liberdade de radiodifusão – de outra forma como na liberdade de empresa[97] – levaram a uma objetivação,[98] que falam em favor de uma subjetivação do lado do recipiente.

(3) Permanecem objeções que dizem respeito a *pontos de vista processual-constitucionais.* Por fundamento de simplificação, a consideração, aqui, deve ser limitada ao aspecto que levanta os maiores problemas, ou seja, àquele do controle judicial-constitucional do dador de leis. Já foi observado que a subjetivação não significa nenhuma intensificação quanto ao conteúdo da competência para o controle, mas somente tem como consequência que aos procedimentos, nos quais o controle pode ser realizado, o do recurso constitucional é acrescentado. Justamente, porém, isso poderia, sob o ponto de vista de um inchar do número de recursos constitucionais e, com isso, de uma sobrecarga do tribunal constitucional federal, ser problemático. É provável que num alargamento da subjetivação além daquilo que agora é reconhecido, primeiro, não só o número dos recursos constitucionais promovidos irá crescer, mas, também, o número dos recursos constitucionais a serem decididos pelo senado. Isso deveria, contudo, equilibrar-se assim que existir um número suficiente de precedentes. Questões jurídico-constitucionais de peso político são, aliás, trazidas no caminho dos outros procedimentos para a decisão. Realmente, será aberto de novo o caminho somente para tais questões que, primeiro, afetam direitos subjetivos e para as quais, segundo, nenhuma força política mais forte está disposta a lutar. Quem leva direitos fundamentais como direitos individuais a sério, deve desejar isso.

Além disso, o perigo de uma solicitação excessiva do tribunal constitucional federal não deve ser sobreestimado. Uma subjetivação ampla tem, sem dúvi-

---

[94] H. D. Jarass (nota 90), S. 262.

[95] Ders. (nota 90), S. 258 ff.

[96] Ders. (nota 90), S. 262.

[97] Comparar BVerfGE 50, 290 (337 f.).

[98] Comparar, por exemplo, BVerfGE 73, 118 (152 ff.).

da, como consequência que a inadmissibilidade, como fundamento para a recusa da aceitação do recurso constitucional pelas câmaras, perde em importância. Isso pode, contudo, ser amortizado por uma utilização do segundo fundamento de recusa do § 93 b, alínea 1, número 2, da lei do tribunal constitucional federal, que admite uma recusa quando o recurso constitucional "por outros fundamentos não tem perspectiva de êxito suficiente". Se também esse fundamento não pode ser utilizado e se a recusa também não se deixa apoiar no § 93 b, alínea 1, número 3, da lei do tribunal constitucional federal, que permite uma recusa, se deve ser esperado que o senado não irá aceitar o recurso constitucional, então uma recusa pelas câmaras não deveria entrar em questão. Portanto, também fundamentos processual-constitucionais, que direcionam para a capacidade de funcionamento do tribunal constitucional federal, não falam contra a subjetivação.[99]

2. Direitos fundamentais são posições do particular que, do ponto de vista do direito constitucional, são tão importantes que sua concessão ou não concessão não pode ser deixada a cargo da maioria parlamentar ordinária.[100] Essa é a ideia diretriz formal dos direitos fundamentais que, em último lugar, também está na base da tese da subjetivação. É possível que essa ideia diretriz, relacionada com os direitos fundamentais do particular, entre em contato com ideias que estão relacionadas com bens coletivos ordenados pela constituição e com interesses de particulares, que não têm a hierarquia de interesses protegidos jurídico-fundamentalmente. Um exemplo pode aclarar isso. Na quinta sentença-televisão, o tribunal constitucional federal fala disto, que o pedido da radiodifusão abrange não só a "formação da opinião e da vontade política", "mas também sua responsabilidade cultural".[101] Antes, tratou-se das "funções essenciais da radiodifusão" também "para a vida cultural na república federal".[102] Um nível elevado da vida cultural é um bem coletivo e muitos cidadãos têm um interesse nisto, que ele exista. Ele, contudo, não é objeto de um direito fundamental, também não de um direito fundamental-prima facie. Que tanto esse bem coletivo como o interesse individual, existente nisso, não protegido pelos direitos fundamentais, podem encontrar emprego em fundamentações jurídico-fundamentais, tem a sua causa na possibilidade de fundamentações cumulativas. Assim, uma organização da radiodifusão, ordenada jurídico-constitucionalmente, pode ser fundamentada pri-

---

[99] A modificação do procedimento de aceitação, pela quinta lei para a modificação da lei sobre o tribunal constitucional federal, de 2 de agosto de 1993 (BGBl. I. S. 1442), nada modifica nesse resultado; ao contrário, ela o intensifica. A regulação, agora vigente, não normaliza, de outra forma como a velha, fundamentos de recusa, mas fundamentos que obrigam positivamente para a aceitação. Um recurso constitucional deve, agora, ser aceito para a decisão quando lhe "cabe significado jurídico-constitucional fundamental" (§ 93 a, alínea 2, letra a, da lei sobre o tribunal constitucional federal) ou quando a aceitação para a imposição dos direitos mencionados no § 90, alínea 1, da lei sobre o tribunal constitucional federal, está "indicada", o que, "também" então, "pode" ser o caso, quando "ao promovente do recurso, pela recusação da decisão do fundo, nascer uma desvantagem particularmente grave" (§ 93 a, alínea 2, letra b, da lei sobre o tribunal constitucional federal). Essa regulação significa uma ampliação do espaço de aceitação do tribunal constitucional federal.

[100] Comparar R. Alexy (nota 25), S. 406 f.

[101] BVerfGE 74, 297 (324).

[102] BVerfGE 73, 118 (157 f.).

mariamente pela liberdade de opinião, de formação de vontade e de informação do particular, exigida jurídico-fundamentalmente. Sob esse aspecto, ela deve ser subjetivada. Essa fundamentação subjetiva pode ser intensificada por outros argumentos. Ela é intensificada por um fundamento objetivo, relacionado com um bem coletivo, quando o pedido do estado de cultura é citado. Ela é intensificada por um fundamento subjetivo não-jurídico-fundamental, quando é remetido ao interesse do particular em cultura.

Com isso, está claro o *limite da subjetivação*. Ele deve ser traçado lá onde terminam os fundamentos jurídico-fundamentais subjetivos. Onde fundamentos objetivos, juntamente com fundamentos subjetivos não-jurídico-fundamentais, exigem mais que os direitos fundamentais do particular, considerados isoladamente, o fazem, direitos subjetivos não mais podem ser feitos valer. Se aqueles fundamentos exigem algo que ultrapassa o exigido jurídico-fundamentalmente, pode ser falado de "conteúdos objetivos acessórios de direitos fundamentais". A conteúdos objetivos acessórios de direitos fundamentais não correspondem direitos subjetivos.

Abreviaturas

AfP	Archiv für Presserecht
AÖR	Archiv des öffentlichen Rechts
ArbGG	Arbeitsgerichtsgesetz
BGBl.	Bundesgesetzblatt (Teil, Seite)
BGHSt	Entscheidungen des bundesgerichtshofes in Strafsachen (Band, Seite)
BGHZ	Entscheidungen des Bundesgerichtshofes in Zivilsachen (Band, Seite)
BVerfG	Bundesverfassungsgericht
BVerfGE	Entscheidungen des Bundesverfassungsgerichts (Band, Seite)
BVerfGG	Bundesverfassungsgerichtsgesetz
BVerwG	Bundesverwaltungsgericht
BVerwGE	Entscheidungen des Bundesverwaltungsgerichts (Band, Seite)
DÖV	Die Öffentliche Verwaltung
EuGRZ	Europäische Grundrechte-Zeitschrift
GG	Grundgesetz für die Bundesrepublik Deutschland
GRUR	Gewerblicher Rechtsschutz und Urheberrecht
JZ	Juristenzeitung
KUG	Kunsturhebergesetz
LG	Landgericht
NJW	Neue Juristische Wochenschrift
NVwZ	Neue Zeitschrift für Verwaltungsrecht
ÖZöR	Österreichische Zeitschrift für öffentliches Recht und Völkerrecht
OLG	Oberlandesgericht
StBG	Strafgesetzbuch
StPO	Strafprozeßordnung
st. Rspr.	ständige Rechtsprechung
StVO	Straßenverkehrsordung
UFITA	Archiv für Urheber-, Film-, Funk- und Theaterrecht

VerwRspr.	Verwaltungsrechtsprechung
VVDStRL	Veröffentlichungen der Vereinigung der Deutschen Staatsrechtslehrer
VwGO	Verwaltungsgerichtsordnung
ZPO	Zivilprozeßordnung

Documentações de impressão

1. *Die logische Analyse juristischer Entscheidungen*, aus: Archiv für Rechts- und Sozialphilosophie, Beiheft NF 14 (1980), S. 181-212

2. *Normenbegründung und Normanwendung*, aus: Rechtsnorm und Rechtswirklichkeit, Festschrift für Werner Krawietz, hg. v. A. Aarnio/S. L. Paulson/O. Weinberger/G. H. v. Wright/D. Wyduckel, Berlin 1993, S. 3-17

3. *Juristische Interpretation*, deutsche Fassung des Artikels *Interpretazione giuridica*, geschrieben für die Enciclopedia delle Scienze Sociali, hg. v. dem Istituto della Enciclopedia Italiana, Rom

4. Die Idee einer prozeduralen Theorie der juristischen Argumentation, aus: Rechtstheorie, Beiheft 2 (1981), S. 177-188

5. *Probleme der Diskurstheorie*, aus: Zeitschrift für philosophische Forschung 43 (1989), S. 81-93

6. Diskurstheorie und Menschenrechte: bischer unveröffentlicht

7. Jürgen Habermas' Theorie des juristischen Diskurses, deutsche Fassung von Jürgen Habermas' Theory of Legal Discourse, in: Cardozo Law Review 17 (1996), S. 1027-1034

8. *Zum Begriff des Rechtsprinzips*, aus: Rechtstheorie, Beiheft 1 (1979), S. 59--87

9. *Rechtssystem und praktische Vernunft*, aus: Rechtstheorie 18 (1987), S. 405--419

10. *Individuelle Rechte und kollektive Güter*, aus: Internationales Jahrbuch für Rechtsphilosophie und Gesetzgebung, hg. v. O. Weinberger, Bd. 1 (1989), S. 49-70

11. Grundrechte als subjektive Rechte und als objektive Normen, aus: Der Staat 29 (1990), S. 49-68

Registro de pessoas

Aarnio 66, 77, 92, 173

Ackerman 124

Ackermann 22

Albert 64, 106

Alexy 19 ss.; 24 ss.; 43 ss.; 54 ss.; 65 ss.; 77 ss.

Alston 24

Apel 106, 110

Arrow 184

Atienza 66, 68

Behrends 154

Bell 145

Bentham 178

Bethge 214

Betti 61 s.; 64

Bierling 178

Böckenförde 163, 169 s.; 200, 214

Brandt 79

Brüggemann 19

Buchanan 103

Canaris 142, 144, 164

Chisholm 23, 105

Christie 141, 145

Cortina 118

Davidson 107

Denninger 170

Dilthey 64

Dorschel 106

Dreier 83, 164, 169

Dwars 132

Dworkin 66, 73, 82, 96, 129, 137 ss.; 143 ss.; 154, 157, 159 ss.; 165 s.; 180 s.; 203 s.

Eckhoff 142

Ehmke 197

Ehrlich 31

Engisch 22, 65, 67, 148

Esser 64, 142 ss.; 180, 203

Essler 22, 23 s.

Firth 79, 88

Føllesdal 22 s.

Forsthoff 163, 167, 169 s.; 195, 200

Frege 17, 32

Fusfield 107

Gadamer 62, 64

Gauthier 103

Gewirth 178

Globke124

Goerlich 169

Greenawalt 138

Grimm 199 s.; 208

Gross 143

Günther 46 ss.; 52 ss.; 66, 129, 132

Haag 17

Habermas 47, 49, 59, 66, 77, 87, 89, 104 ss.; 109 ss.; 114 s.; 121 ss.; 127, 128 ss.; 174; 192 s.

Häberle 202, 210

Hansson 23

Hare 21, 24 ss.

Hart 137 ss; 160, 167

Hartmann 163

Hassemer 18

Heidegger 61, 64

Heller 18

Hesse 199, 203

Hilbert 22

Hilpinen 18, 22 s.

Hintikka 23

Hirschberg 37, 155

Höffe 94 s.

Hubmann 37

Hughes 141

Ilting 95

Jarass 199, 207, 214 ss.

v. Jhering 177

Kant 97, 104, 113 s.; 120, 123, 167 s.; 193

Kaufmann 65

Keller 197

Kelsen 143, 167, 180

Kettner 106

Keuth 18, 106 s.

Klein 200

Klug 17 s.; 22

Koch 18, 24 s.; 30, 35, 66 s.; 68, 167

Kriele 72, 84, 86, 100, 172

Kuhlmann 87, 106 s.

v. Kutschera 22 s.

Larenz 37, 62, 142, 144, 151 s.; 156, 160

Lautmann 35

Leist 115

Lenk 18, 22

Lorenzen 92

Luce 184

Lüderssen 18

Luhmann 156

Lyons 36

MacCallum 138

MacCormick 66 ss.; 70, 73, 77, 122, 172, 180

Machiavelli 112, 119

MacIntyre 102

Mackie 187

Mahrenholz 163

Makkonen 18

Moens 17

Moore 155

Morscher 19 s.; 23, 44

Müller 18, 37

Neumann 66, 68, 73, 173

Nino 101, 104, 115 s.; 127

Niquet 106

Nozick 137

Olbrechts-Tyteca 66

Opp 35

Ossenbühl 215

Patzig 20, 32, 82, 106 s.; 110

Paulson 105 s.

Peczenik 25, 65 s.; 77, 142 s.; 174

Perelman 21, 66

Peston 181, 213

Preuß 170, 200

Quine 20, 23, 26, 31, 33, 36

223

Radbruch 168
Raiffa 184
Ralws 79, 88, 137, 186
Raz 139 s.; 141, 143, 145, 148, 154, 181
Reynolds 138
Robbers 200
Rödig 18, 20, 22 ss.; 26 s.; 32, 44
Ross 22, 148, 150, 179
Rottleuthner 18, 30
Rüßmann 18, 20, 25 ss.; 66 s.; 68, 167
Rüthers 169
Rupp 214

Sartorius 139 s.
v. Savigny, E. 18, 25 s.
v. Savigny, Fr. C. 70, 73, 167
Scheit 87
Scheler 155, 166
Schleiermacher 64
Schlink 37, 158, 170, 183, 200
Schmitt 163, 200
Schreiber 17
Schuppert 200
Schwabe 201
Seibert 18
Searle 25, 47
Shuman 142
Sieckmann 164
Simonius 143
Singer 153
Starck 214
Stegmüller 34 s.; 64
Steiner 158, 170
Stern 210 ss.; 215
Stevenson 19
Stuckart 124
Summers 66, 70 s.

Tammelo 17
Tapper 146
Tarski 19, 22, 94
Teubner 73
Trapp 27

Unwin 97
Urmson 19

Viehweg 66

Wagner 17
Wahl 170
Waismann 24
Wasserstrom 66
Watt 109, 192
Weinberger, C. 17, 147 s.
Weinberger, O. 17, 23, 44, 89, 95, 137, 147 s.
Wellmer 87, 95
White 78
Wieacker 160
Wieland 214
Windscheid 177
Wittgenstein 77, 82
Wolff 142

Woozley 82, 139
v. Wright 22 s.; 33, 38, 44, 64, 148, 150, 155, 182
Wróblewski 20, 27, 61, 67, 70
Wronkowska 142 s.

Yoshino 22, 27

Zecha 23
Zielinski 142
Ziembinski 142